W0029937

Erzherzog

JOHANN

Bildnachweis:
Archiv Pichler Verlag: 67, 204, 220
Bild- und Tonarchiv – Büro der Erinnerungen, Joanneum Graz: 8, 38, 132, 160, 190
Grafische Sammlung Albertina: 228, 244, Farbteil III: 2–3
Heeresgeschichtliches Museum Wien: 108, 116, Farbteil I: 4
Fotostudio Otto: 70
Imagno/Österreichische Nationalbibliothek: 24
Kunsthistorisches Museum Wien: 19
Musée National du Château de Versailles: 104
Museo del Prado, Madrid: 86
Nationalmuseum, Prag: 22
Österreichische Galerie: 76
Österreichische Nationalbibliothek: 253, 270
Österreichisches Staatsarchiv, Kriegsarchiv: 240
Porträtgalerie Schloss Ambras: 12
akg-images, Berlin: 9, 215
Privatbesitz: Farbteil II: 1, 2–3, 4; Farbteil III: 4
Schloss Belvedere, Wien: 42
Tiroler Landesmuseum Ferdinandeum, Innsbruck: 50; Farbteil I: 1, 2–3
Wien Museum: 223, 258; Farbteil III: 1; Farbteil IV: 1, 2–3, 4

ISBN 978-3-222-13255-1

Wien · Graz · Klagenfurt
www.styriaverlag.at

Buchgestaltung: Bruno Wegscheider
Umschlagfoto: Franz Kupelwieser – Erzherzog Johann
© Bild- und Tonarchiv – Büro der Erinnerungen, Joanneum Graz
Lektorat und Herstellung: Marion Mauthe
Druck: CPI BOOKS GmbH, Flensburg

Geschichte lebt

23/8/09 23[00h]
So

Spätestens seit der Veröffentlichung der Theorie vom »Ende der Geschichte« (1992) von Francis Fukuyama, wonach totalitäre Systeme am Ende seien, weil sie dem Liberalismus widersprechen, und dem Opus über den unvermeidlichen »Kampf der Kulturen» (1996) des Harvard-Professors Samuel Huntington, ist »Geschichte« wieder zu einem Schicksalsthema der Menschen geworden. Es ist jedenfalls müßig, Zweifel über den praktischen Nutzen der historischen Wissenschaft zu haben: Die Geschichte holt uns in jedem Fall unbarmherzig ein. Dieser Prozess ist allerdings zu wichtig, um ihn den akademischen Profis zu überlassen.

*

Mitteleuropa, vor allem Deutschland, Österreich, Italien – kurz: der Raum zwischen Nordsee und Adria – hat eine gut zweitausendjährige »Geschichte der Konfrontationen« aufzuweisen. Eroberungs- und Bürgerkriege, Religionskonflikte, soziale Verteilungskämpfe, dynastische Streitereien – sie alle waren aus heutiger Sicht opfervolle und zerstörerische Sinnlosigkeiten. Wobei sie auch noch im krassen Widerspruch zu den einzigartig-eindrucksvollen Schöpfungen der mitteleuropäischen Zivilisation stehen, zu den Werken der Kunst und Kultur von der Romanik bis zur Moderne, zur Zähmung der Natur durch Erfindungen und Entdeckungen; zur Humanisierung der grausamen Arbeitswelt.

»Er war einer jener wenigen Visionäre des Hauses Habsburg, die in demokratischen Alternativen dachten«: Erzherzog Johann in einem Porträt von Fanz Kupelwieser

Dieses Buch beschäftigt sich mit einer Persönlichkeit der mitteleuropäischen Geschichte, die zu ihren Lebzeiten nicht nur auf der Höhe der Zeit stand, sondern aktiv in den Ablauf der Geschichte eingegriffen hat – und das in einer Phase der totalen Veränderung. Erzherzog Johann (1782 bis 1859) war einerseits im Rahmen des dynastischen Gefüges Europas der Sohn des vorletzten Kaisers des Heiligen Römischen Reiches, Enkel des spanischen Königs, Bruder des österreichischen Kaisers und – kaum zu glauben – das erste demokratisch bestellte Staatsoberhaupt Deutschlands. Er war Heerführer, Forscher, Unternehmer, zugleich aber Bauer und Bürger; und er war das, was wir heute zweifellos einen Intellektuellen nennen würden: ein hochsensibler Nach-Denker zwischen Aufklärung, Liberalismus, Restauration und Nationalismus.

*

Nun ist zu beweisen, dass Erzherzog Johann das größte politische Talent unter den Habsburgern seit Joseph II. war, ein vitaler Feuergeist und unorthodox wie keiner seit Maximilian I. Und er war auch einer jener wenigen Visionäre des Hauses Habsburg, die sich nicht scheuten, in demokratischen Alternativen zu denken. Wie aber konnte dieser Mann zum grünen Hansl werden, zum Jodler und Jäger, zum steirischen Prinzen ohne Titel und Mittel, zum Liebhaber einer Postmeisterstochter?

*

Heute ist mir – mehr noch als vor drei Jahrzehnten, als ich mich mit Erzherzog Johann zu beschäftigen begann – bewusst, dass dieser Mann nicht ins Klischee passte, in das man nach 1918 alle Habsburger gepresst hatte; sie wären bigott, reaktionär, debil gewesen, so lautete die landläufige Meinung. Und da sollte einer mit diesem Erbgut ein besonderes politisches Talent gewesen sein, ein mutiger politischer »Macher«, ein Lebensphilosoph? Einer, der vielen seiner Zeitgenossen ein Rätsel blieb, gegen den »Mainstream« andachte und dabei erstaunlich unorthodox vorging?

»Der grüne Hansl«: Erzherzog Johann auf dem Gipfel der Hochwildstelle. Aquarell von Jakob Gauermann, um 1820

Johann verschwand jedenfalls nach 1918 ziemlich gründlich aus der gesamtösterreichischen Geschichtsschreibung. Lediglich in der Steiermark blieb er Lokalheld und Schutzpatron – wurde aber auch dort als Tourismusfigur definiert und in das traurige Milieu unfähiger Zeitgenossen gereiht. Dabei hatte Johann dem Alpenvölkchen am Tor zum Balkan überhaupt erst sein beachtliches Selbstbewusstsein zurückgegeben.

*

Was ist nun so außergewöhnlich an Erzherzog Johann, was sind die Motive für diese Biografie?

- In Florenz geboren und als Kind nach Wien verpflanzt, entdeckte Johann schon als junger Mann die Welt der Berge und ihrer Bewohner. Später gab er den Menschen der ganzen europäischen Alpenregion die Gewissheit, in einem Garten Eden zu leben, den es zu erhalten und zu schützen gilt.
- Weil Freiheit und Selbstbestimmung für ihn bereits hohe politische Werte der Aufklärung darstellen, wurde er zwei Jahrzehnte hindurch zu einem vehementen Streiter gegen Napoleons Armeen; er stand im Feld als Heerführer zwischen Bayern und Ungarn, Oberitalien und dem Elsass und begründete in Österreich die Landwehr als volksnahe Alternative zur adelig geführten Berufsarmee.
- Er war 1809/10 der wichtigste Verbindungsmann zu den aufständischen Tirolern unter dem tragischen Bauernrebellen Andreas Hofer.
- Er wies Zarenschwestern als Ehepartnerinnen zurück und heiratete gegen den größten Widerstand seiner kaiserlichen Familie, des Hofes und vieler Zeitgeister ein bürgerliches Mädchen. Sein Stil der Einfachheit, Ursprünglichkeit und Natürlichkeit prägte zugleich jedoch eine ganze Generation und wurde zum Symbol einer neuen Lebensnähe.
- Erst in unseren Tagen gehört es zur allgemeinen Einsicht, dass die Erhaltung der Natur, Nachhaltigkeit und der Einsatz sinnvoller Umwelttechnologien wichtige Voraussetzungen für Lebensqualität sind; Johann beschäftigte sich bereits vor fast zwei Jahrhunderten – theoretisch und praktisch – mit den Phänomenen der Industrialisierung in der Eisengewinnung und -verarbeitung, mit der Bedeutung der Ver-

In ganz Europa populär: Der Deutsche Reichsverweser Erzherzog Johann, zeitgenössische Lithografie, später koloriert

kehrs-Infrastruktur, mit Mobilität, dem Schul- und Gesundheitswesen sowie einer fortschrittlichen Agrarpolitik.

- So war er ein »Grüner« im eigentlichen und engeren Sinn des Wortes, weil seine persönliche Gesinnung mit seiner politischen Zielsetzung übereinstimmte.

- Auf Reisen machte er sich mit den fortschrittlichsten Ideen der Epoche vertraut und wurde zum Mitbegründer und ersten Kurator der Österreichischen Akademie der Wissenschaften. Technik und Industrie würden die Zukunft bestimmen, so lautete sein Credo – aber der gesellschaftlichen Kontrolle bedürfen. Als Unternehmer am steirischen Erzberg brachte er Reichtum in die Region.
- Johann wurde zwischen Wiener Kongress und der Revolution von 1848 zum wichtigsten Gegenspieler von Wenzel Fürst Metternich, dem »Kutscher Europas«. Er stritt vehement gegen Bespitzelung und Zensurwesen – und trat außenpolitisch für Autonomie und Eigenständigkeit der jungen erwachenden Nationen Europas ein.
- Das machte ihn in ganz Europa so populär, dass ihn 1848 das erste gewählte Parlament Deutschlands, die so genannte Frankfurter Paulskirche, zum Staatsoberhaupt wählte. Als »Reichsverweser« kam er so aufs Engste mit der Geschichte des europäischen Parlamentarismus in Verbindung.

*

Nun ist es der Sinn dieses Buches, Erzherzog Johanns Wirken für Land und Gesellschaft – 150 Jahre nach seinem Tod – darzustellen und neu zu definieren; dieser außergewöhnliche Nonkonformist soll überdies mit seinen menschlichen Stärken und Schwächen lebensnah präsentiert werden. Und es soll bewusst werden, wie sehr der Einfluss dieses ungewöhnlichen Österreichers auf die Volksmentalität in diesem Land nachwirkt. Denn Geschichte lebt, darüber gibt er keinen Zweifel.

*

Der vorliegende Band stellt eine Umarbeitung eines früheren Buches dar, das 1981 im Verlag Styria Graz, Wien–Köln erschienen ist und mehrere Auflagen erreichte. Johann als »Bauer, Bürger, Visionär« basiert überdies auf meiner im Amalthea-Signum-Wien-Verlag erschienenen Arbeit über »Josef II., Österreichs Weg in die Moderne« (2006). Sie ist keine streng wissenschaftliche Publikation, versucht aber, Denken und Fühlen Johanns aufzudecken; was angesichts sehr vieler hier wiedergegebener Originalzitate aus Tagebuchaufzeichnungen und seinen autobiografi-

schen Erzählungen möglich ist. Alle authentischen Zeugnisse wurden vom Autor behutsam in moderneres Deutsch transformiert.
Mein Dank gilt allen, die mich bei meiner Arbeit unterstützt haben; sowie dem Verlagshaus Styria, das sich mit Recht seiner steirischen Wurzeln bewusst ist.

Wien, im Oktober 2008 *Hans Magenschab*

Ein Kind im Wunderland der Toskana

Die Winter können in Florenz sehr kalt sein. Im Bergland der Toskana ist die Luft klar, die Teiche frieren zu und die Hügel um Fiesole sind am Morgen weiß überzuckert. Die Familie des habsburgischen Großherzogs pflegte die Winter üblicherweise am Meer zu verbringen, zumeist in Pisa, wo sich der Arno durch fruchtbare Ebenen schlängelt und sich ins Meer ergießt.

Im Jänner 1782 blieb man freilich in Florenz. Die Großherzogin Maria Ludovika erwartete ihr dreizehntes Kind. Und am 20. Jänner 1782 wurde sie auch glücklich von einem Sohn entbunden: Mit dem hellen Flaum und den blauen Augen schien der Kleine wohl stärker den habsburgischen als den bourbonischen Vorfahren zu gleichen.

Schon acht Tage nach der Geburt des Knaben sandte Kaiser Joseph II. ein Glückwunschschreiben an seinen Bruder Leopold, den Großherzog der Toskana: »Mit größter Freude habe ich den Kurier und Deinen lieben Brief empfangen, mit welchem Du mich von der glücklichen Niederkunft Deiner lieben Gattin und von der Geburt eines Sohnes benachrichtigst.« Zu diesem Zeitpunkt war die Taufe des kleinen Habsburgers bereits vorüber. Der Erzbischof von Florenz hatte die Zeremonie vorgenommen,

Maria Ludovika mit vier ihrer Kinder im Palazzo Pitti in Florenz. Gemälde von Wenzel Werlin (Ausschnitt)

und das Kind hatte den Namen des Patrons der Stadt erhalten – San Giovanni – Johannes. Die Namensgebung war ungewöhnlich: Wann hatte je ein habsburgischer Prinz Johann geheißen? Man mied in der Familie den Namen seit dem Jahr 1308. Damals war ein Habsburger zum Mörder geworden: Johann von Schwaben, Johann Parricida. Und nur noch einmal gab man einem Habsburger den Namen Johann – dem illegitimen Spross Karls V. und einer Augsburger Bürgerstochter. Er wurde eine strahlende Figur der spanischen Geschichte, dieser Don Juan d'Austria – als Sieger von Lepanto, Seeheld und Retter des Abendlandes im Kampf gegen die türkische Flotte im östlichen Mittelmeer.

Nun, im Jänner 1782 durchbrach Großherzog Leopold das familiäre Tabu. War es ein Ausdruck der Aufgeklärtheit, die Leopold deutlich machen ließ, dass er von historischen Irrationalitäten nichts hielt? Er, der Reformer, Verwalter, Menschenfreund, Bruder Josephs II.? Aber noch eine einschneidende Änderung der Usancen für habsburgische Prinzen wollte Leopold an dem kleinen Johann dokumentieren. Zwölf Geschwister Johanns hatten Mitglieder regierender Häuser oder Kirchenfürsten als Taufpaten erhalten: nur Johann, das dreizehnte Kind, wurde von einem kleinen, bescheidenen Handwerker des Florentiner Stadtviertels San Felicita, Giovanni Filippo Barellai, über das Taufbecken gehalten. Ein einfacher Bürger als Pate eines Prinzen? War sich Johann später dieses Umstandes bewusst, als »Bürgerfürst« ?

Lernen vom Vater

Wir wissen ziemlich genau Bescheid über die ersten Erlebnisse und Eindrücke des Kindes. Einerseits sind uns aus den Erinnerungen mehrerer Kinder Leopolds übereinstimmende Berichte erhalten geblieben; andererseits hat Johann selbst in seinen letzten Lebensjahren eine genaue Beschreibung seiner Kindheit, Jugend und Militärzeit verfasst. Diese *Denkwürdigkeiten* lassen erstaunen, wie genau sich Johann auch an Details erinnern konnte; wie sehr aber auch die Tage in Florenz für seinen Lebensweg, für seine so sehr aus der Reihe ragende Persönlichkeit prägend waren. Vater Leopold hatte überdies im Geburtsjahr Johanns eine Dar-

stellung der Kindererziehung in Florenz abgefasst, die für seine jüngere Schwester Karoline, die Königin von Neapel, bestimmt war. Man legte am Florentiner Hof beispielsweise Wert darauf, dass die kleinen Kinder einen Großteil der Zeit an der frischen Luft verbrachten – keine Selbstverständlichkeit im 18. Jahrhundert. Vor dem sechsten Lebensjahr gab es für sie kein Fleisch, überhaupt keine Süßigkeiten, dafür Suppen, Gemüse, Obst und Brot. Man sorgte für viel Bewegung, besonders bei den Knaben, und vermied Verweichlichung. Wenn sie stürzten und sich verletzten, »zeigt niemand Mitleid, und man lässt sie allein aufstehen« (so Vater Leopold). Ungehorsam und Trotz bestrafte man hingegen streng und legte Wert darauf, dass die kleinen Prinzen und Prinzessinnen lernten, »mit Leuten aller Art zu verkehren und für niemanden in ihrem Bekanntenkreis eine Vorliebe zu zeigen«. Die Frauen, die die Kinder versorgten, wurden danach ausgesucht, dass die Kinder gleichzeitig die italienische, französische und deutsche Sprache lernen konnten. Da war etwa eine Nürnbergerin, von der Johann später sagte, dass er sie »allen Welschen vorgezogen habe«, weil sie freundlich, fröhlich, gutherzig, gebildet und »biederen, edlen deutschen Charakters« gewesen sei. Großherzog Leopold richtete die Erziehung seiner Kinderschar offenbar nach den damals wesentlichsten Gesichtspunkten der aufgeklärten Pädagogik aus.
Es müssen wunderschöne Tage gewesen sein, als der Großherzog noch ganz und gar in seinen Aufgaben als toskanischer Reformer aufging; und als die gute Mutter sich noch täglich um ihre Kinder persönlich kümmern konnte. Bürgerlich fast und ohne überflüssigen Prunk ergab sich unter der warmen Sonne Italiens und hinter den machtvollen Mauern des Palazzo Pitti eine harmonische Idylle. Die Familie hatte den Palast, zu dem einst niemand Geringerer als Brunelleschi die Pläne geliefert hatte, als Residenz übernommen. Mit den mächtigen Quadern, der zweihundert Meter langen Fassade war im Pitti-Palais zweihundert Jahre vorher zuvor ein Gegenstück zum Medici-Palazzo auf der anderen Seite des Arno entstanden; mittlerweile mit Anbauten versehen, war der großherzogliche Sitz wohnlicher als sein äußerer Eindruck eigentlich erwarten ließ. Hier wurden (und sind) großartige Meisterwerke der Renaissance und des Manierismus zusammengetragen – Raffael, Tizian, Tintoretto und viele andere mehr. Als freilich

Leopold das Erbe seines Vaters Franz Stephan angetreten hatte, warnte ihn Maria Theresia vor den Florentiner »Nuditäten«, die so ganz und gar nicht nach ihrem frommen Geschmack waren. Hatte sie doch selbst keine besondere Beziehung zu Florenz gefunden – im Gegensatz zu Kaiser Joseph, diesem unruhigen »Graf von Falkenstein«, der sich im Kreis der großen Familie seines Bruders im Palazzo Pitti überaus wohl fühlte. Die Spielplätze der Kinder Leopolds lagen damals freilich weniger im ehrwürdigen Palais als in den herrlichen Boboli-Gärten, die unter Cosimo I. angelegt worden waren. Hier, auf Terrassen und zwischen Baumwegen, rund um die Statuen der antiken Helden und Götter wirkte und webte die Fantasie. Vor der märchenhaften Kulisse der Stadt Florenz war Platz und Bewegung, Schatten und Licht als Satyrspiel aus Gegenwart und Vergangenheit; und hier empfing wohl auch Johann die ersten Empfindungen im Treiben und Drängen mit seinen Geschwistern, vor allem den Brüdern – er, der kleine, magere Dreizehnte. Sechs Knaben waren es damals, die ihn an Größe und Stärke schon weit übertrafen; sechs, die vor ihm später Rechte und Pflichten wahrnehmen würden: als Kaiser, Palatine, Großherzöge. Was würde für ihn, den kleinen Giovanni, noch übrig bleiben? So stand Johann von den ersten Tagen an im Schatten seiner Brüder (und blieb es sein ganzes Leben). Weil aber Kinder grausam sind und »Rangordnungen« strikt einhalten, dürfen wir wohl vermuten, dass dem kleinen Johann sehr früh eindringlich klargemacht wurde, er würde immer den Älteren nachgereiht werden – verbunden mit dem Zwang zum Nachgeben, zum Hintanstellen von Ambitionen und persönlichem Ehrgeiz. Fürstensöhnen war und ist sozialer Aufstieg durch persönliche Tüchtigkeit praktisch verwehrt; und die Primogenitur schafft Barrieren, die der Bürger kaum kennt.

Dafür konnte Johann die Welt der einfachen Menschen bald erleben. Man führte die Kinder des Großherzogs bewusst und gewollt immer wieder zu den Häusern armer Bauern und Handwerker, um ihnen deren Lebensweise zu zeigen – und auch ein wenig vom Arbeitsleid fühlen zu lassen: ein Teil des aufgeklärten Erziehungssystems Leopolds. Rund um die Residenzen und kleinen Schlösser – wie Poggio Imperiale, die Villa Petraja oder die Casa Vitelli, dem Wintersitz bei Pisa – streiften die Kinder in den einfachen Dörfern umher. Man fing Krebse im Bach und besuchte die Bauern auf den Feldern und Weinbergen. Und Johann erinnerte sich später an viele Feste und Veranstaltungen, die in ihm lebenslang einen unauslöschlichen Eindruck hinterlassen hatten: etwa an den jeweiligen Tag des Stadtpatrons der Stadt Florenz, Johanns Namenstag, an dem man auf dem Palazzo Vecchio den Carroccio vorbeizog, einen turmartigen Prunkwagen mit dem Stadtbanner von Florenz; oder an Wagenrennen auf der Piazza vor Santa Maria Novella. Gut in Erinnerung blieben Johann auch die Visite der Kartause von Calci oder die Besichtigung des Leuchtturms im Hafen von Livorno. Er besuchte den Alabasterschnitzer Pietro Pisani in dessen Werkstatt und durfte gelegentlich sogar die Universität von Pisa aufsuchen. Das »Giochi del Ponte« in Pisa, bei dem man in historischen Kostümen um eine Arnobrücke kämpfte, prägte sich eindrucksvoll in seine Erinnerung ein. Einschneidend am Horizont der Kindheit blieb Johann aber vor allem das Zusammensein mit seinem Vater im Bewusstsein. Leopold hatte sich ein chemisches Laboratorium eingerichtet, und Johann durfte ihm bei den naturwissenschaftlichen Versuchen assistieren. Johann berichtete von elektrischen Experimenten, mikroskopischen Bildern, Insektensammlungen und anatomischen Wachspräparaten Florentiner Kunsthandwerker. Und in der Tat war dieser Leopold ein ganz außergewöhnlicher Mann – ein aufgeklärter, klug-vorsichtiger, gerechter und geschickter Verwalter eines großartigen Erbes. Denn in der Toskana schuf Leopold einen für das ausgehende 18. Jahrhundert beispielgebenden modernen Staat, weit weg auch vom Reform-Irrsinn seines Bruders Joseph II. Bewundernd schrieb Johann später, dass sein Vater auf größere Aufgaben gut vorbereitet war: *Seine Regierung in der Toskana betrachte ich als eine Vorbereitung, als eine Schule; die gemachten Erfahrungen hätte er gewiss gut angewendet. Aber zu kurz war seine Regierung.*

Der große Reformer

Bei so viel Bewunderung dürfte es sehr früh Johanns Ehrgeiz gewesen sein, seines Vaters bester Sohn zu werden – gewissermaßen ein Ebenbild. Aber was war das Außerordentliche, politisch Bleibende am Großherzog der Toskana und späteren Kaiser des Heiligen Römischen Reiches?

1789 – Johann war sieben Jahre alt – schrieb dieser Leopold sein so genanntes »Glaubensbekenntnis« nieder; es war das Jahr des Bastille-Sturms in Paris. Und darin finden sich folgende Sätze:
»Ich glaube, dass der Souverän, selbst der erbliche, nur der Delegierte des Volkes ist … dass jedes Land ein Grundgesetz oder einen Vertrag zwischen dem Volk und dem Souverän haben soll, welches die Autorität und die Macht des letzteren beschränkt … und wenn der Souverän dieses Gesetz nicht hält, (so) ist man nicht mehr verpflichtet, ihm zu gehorchen … dass die ausübende Gewalt dem Souverän, die gesetzgebende aber dem Volk und seinen Vertretern zusteht … dass der Souverän sich weder direkt noch indirekt in die Zivil- oder Kriminalgerichtsbarkeit einmischen darf … dass der Souverän dem Volke jährlich eine genaue Rechnung über die Verwendung der öffentlichen Einkünfte und Finanzen schuldet … dass das Militär nur zur Landesverteidigung verwendet werden darf und niemals gegen das Volk … dass niemand verhaftet oder abgeurteilt werden darf außer auf Befehl der ordentlichen Richter, nach den ordentlichen Formen und öffentlich … Ich glaube endlich, dass der Souverän nur durch das Gesetz regieren soll und dass dessen Schöpfer das Volk ist.« Was hier vorliegt, ist tatsächlich eine Magna Charta der Volkssouveränität; ein »Glaubensbekenntnis«, das die verfassungsgeschichtliche Entwicklung von rund 150 Jahren vorwegnimmt – und zu dem sich nur ein einziger Habsburger des 19. Jahrhunderts auch bekannte: Leopolds Sohn Johann.
Freilich, dieses nicht einmal ein Jahr vor Kaiser Josephs Tod niedergeschriebene Dokument war unter den Eindrücken einer Zerrüttung der habsburgischen Monarchie verfasst worden; damals waren die österreichischen Niederlande de facto bereits abgefallen, und in Ungarn war der offene Aufruhr ausgebrochen. Aber Leopolds »Credo« ist ein Dokument, in dem das Gottesgnadentum abgeschafft und die demokratische Gesellschaft vorgedacht ist.
Dank dieser Gesinnung erweckte Leopold – oder Pietro Leopoldo, wie er von den Bewohnern des Toskana genannt wurde – das Großherzogtum aus einem Dornröschenschlaf, in den es durch Generationen schwächlich gewordener Mediceer versenkt worden war. Erst unter den Habsburgern wurden in der Toskana die Binnenzölle abgeschafft; die zahlreichen Abgaben

zu einer einheitlichen Grundsteuer zusammengefasst, unfruchtbare, sumpfige Gebiete der Maremma kultiviert. Die Gemeinden erhielten von Leopold das Recht der Selbstverwaltung; er verzichtete auf ein stehendes Heer und richtete lediglich eine Polizeitruppe ein; und trat für Kirchenreformen im Geist der Aufklärung ein. Kernstück der Maßnahmen aber waren Leopolds *Bemühungen um den toskanischen Bauernstand.* So war sein Ziel die Schaffung einer für kleine und mittlere freie Bauern optimalen Agrarverfassung. Denn es hatte sich in der Toskana – wie auch im übrigen Italien – ein System drückender Grundrechte des Adels herausgebildet: Die zu Pächtern herabgesunkenen Bauern mussten neben gewohnheitsrechtlichen Abgaben auch stark belastende Servitute und Robotdienste leisten. Das dominierende Pachtsystem war dadurch entstanden, dass der Grund besitzende Adel den Bauern im Lauf der Zeit Grundstücke abgekauft hatte, wann und wodurch immer die Bauern in Schwierigkeiten geraten waren. Nun war das nicht nur wirtschaftlich unsinnig, sondern auch menschenunwürdig, eine »servile dipendenza colonica«. Zusammen mit seinem fähigen und aufgeklärten Finanzminister Gianni zwang Leopold die Großgrundbesitzer, Land an die Bauern abzugeben. Dieses Programm der »Allivellazione« bestand darin, große Ländereien in kleinere, aber lebensfähige Bauerngüter aufzuteilen; die Güter

Kaiser Joseph II. (rechts) und sein Bruder Leopold, der Großherzog von Toskana (links). Gemälde von Pompeo Batoni, entstanden 1769 im Auftrag Maria Theresias während eines Treffens der Brüder in Rom.

sollten den Bauern weitgehend lastenfrei oder in Erbpacht übergeben werden. Er selbst gab dem Adel und der Grund besitzenden Kirche ein persönliches Beispiel: Er verzichtete auf Grund- und Fischereirechte, beschränkte Jagdrechte und ließ für seine Bauern sogar ein Wohnbauprogramm verwirklichen; und die Schulden der Bauern auf den großherzoglichen Besitzungen, die sich in fast 40 Jahren gebildet hatten, wurden 1778 durch einen Federstrich erlassen. Es ging ihm darum, so schrieb er, die Bauern »als übel behandelte Sklaven ohne Stand und Ansehen zu freien Leuten« zu machen.

Sein Sohn Johann sollte eine Generation später ebenfalls dieses Ziel anstreben: eine auf breiter Bildung aufbauende Förderung der Landwirtschaft, Hilfen und Entlastungen des Bauernstandes und Weckung eines freien bäuerlichen Bewusstseins in den Alpenländern. Bescheidung, Selbstbeschränkung, konkretes Tun – alles das war es wohl, was Johann vom Vater übernahm; aber auch die Leutseligkeit, Menschenfreundlichkeit, die Abneigung gegenüber der Etikette. So schrieb Leopold, dass es für den Regierenden wesentlich sei, *sich leutselig zu verhalten, ohne Unterschied alle Leute zu grüßen, auch die Angehörigen des niederen Volkes, sich zu Fuß gehend sehen zu lassen, bei den Volksfesten zu erscheinen, bei den Pferderennen, den Tanzfesten.* Leopold erließ auch Verordnungen gegen den barocken Kleiderluxus und er führte eine sparsame Hofhaltung in Florenz ein, sodass sich ausländische Botschafter über die langweilige toskanische Residenz mokierten …

Stattdessen verkehrte der Großherzog gern mit aufgeklärten Intellektuellen des ausgehenden 18. Jahrhunderts und ließ sich von den vielen aus dem Norden kommenden Italienbesuchern aufsuchen. Einer von ihnen, Johann Gottfried Herder, hatte ein im Detail festgehaltenes Gespräch mit dem Großherzog und resümierte, dass Leopold sein Land »wie ein Hausvater sein Haus oder Landgut kenne«. Und: »Er sprach vom Eroberungsgeiste als von einem Reste aus rohen und barbarischen Zeiten. Und er hat durch die Grundsätze, nach denen er regiert – als auch durch die Grundsätze, in denen seine Prinzen erzogen werden – genugsam erwiesen, dass der Geist seiner Regierung nicht militärisch sei.«

Zivile Erziehung, Hinwendung zum Praktischen, Einfachheit, Sorge für

die Bauern: Johann ist später wirklich Leopolds Ebenbild, ein ganz und gar dem Vater nachstrebender, bewusst an ihn anknüpfender Erbe. Die festen Verbindungslinien aber müssen in jenen Tagen geknüpft worden sein, als im Palazzo Pitti die Großfamilie glückliche Tage verlebte.
Johann wurde mehrsprachig erzogen; der Privatunterricht vollzog sich natürlich nach aufgeklärten Gesichtspunkten, wobei die Vermittlung naturwissenschaftlicher Kenntnisse dem Vater besonders am Herzen lag. Die pädagogischen Fähigkeiten der diversen Erzieher und Lehrer ließen allerdings zu wünschen übrig. Vom Hofmeister Marchese Frederigo Manfredini sagte Johann später, dass er belesen und ein »Josephiner« durch und durch war, aber ansonsten ein Doktrinär und Pedant »ohne Aufrichtigkeit«; geeignet, den Geist der Jugend »zu drücken und keinen aufkommen zu lassen, welcher Selbstständigkeit entwickelte«.
Im Jahr 1790 überstürzten sich die Ereignisse in der Familie des Großherzogs. Kaiser Joseph starb am 20. Februar; Leopold hatte es unterlassen, den seit Monaten schwerkranken Bruder in Wien noch einmal zu besuchen; das hatte immerhin den Vorteil, persönlich unbelastet die zerrüttete Bürde des reformerischen Bruders zu übernehmen. Mit gutem Grund konnte Leopold plausibel machen, in die Politik Kaiser Josephs nicht involviert gewesen zu sein. Die österreichischen Niederlande hatten sich zu diesem Zeitpunkt bereits endgültig von Österreich gelöst, in vielen Teilen der Monarchie herrschte offener Widerstand des Adels und der Kirche. Dazu kam die außenpolitische Konstellation. In Frankreich drängte die Revolution einem eruptiven Höhepunkt zu; Ludwig XVI. war de facto bereits ein Gefangener der Nationalversammlung, und Leopolds Schwester Marie-Antoinette schickte laufend Hilferufe nach Wien. Erst im Februar 1792 kam es aber zu einem Bündnis zwischen Österreich und Preußen, das gegen Frankreich gerichtet war und eine gewaltsame Liquidierung der Französischen Revolution vorsah. Nach der Thronbesteigung des Vaters Leopold im Römisch-Deutschen Reich mussten nun auch die toskanischen Prinzen die Reise nach Wien antreten – die älteren als »Sekretäre« des Vaters.

Lehrer als Despoten, Brüder als Tyrannen

Herbst 1790: für Johann begann der Alltag in einer fremden Stadt. Der Vater war jetzt Kaiser; die Mutter Kaiserin; der älteste Bruder ein künftiger Kaiser. Wien war Zentrum einer Weltmacht. Aber das bedeutete auch für ein Kind: Die Hofburg war ein beklemmendes Gemäuer; kein Auslauf, kein Spielplatz; die Bewohner der Stadt in der Stadt einem allgegenwärtigen Zeremoniell unterworfen, die Höflinge steif und unpersönlich. Ein Wunder, wenn Johanns kindliches Gemüt, von der Toskana geprägt, schon bald in der großen grauen Metropole Widerwillen empfand. Auch später sollte sein ganzes Leben von einer tief sitzenden Animosität gegenüber Wien geprägt sein – der Stadt, die ihn bedrückte und bedrohte. Und sein Leben lang sprach er von den »Beschwernissen«, die ihm die Hauptstadt bereitete.

Gleich im Herbst 1790 erhielt Johann neue Lehrer. Ein steifer Schulbetrieb wurde zum Alltag; und in seinem Zimmer mit Blick auf die Bastei klagte und weinte das Kind, als man ihm die bisherigen Bezugspersonen wegnahm oder nur mehr stundenweise zuteilte. Aber er hatte dennoch – zumindest in seiner Erinnerung – Glück bei der Lehrerauswahl: Die meisten waren Offiziere, dazu kam ein Piaristenmönch als Lateinlehrer (»ein würdiger, äußerst guter, gelassener Priester«, wie Johann später schrieb), der Burgpfarrer Alois Langenau übernahm den Religionsunterricht, und

Johanns Vater starb nach nicht einmal zweijähriger Regierungszeit: Kaiser Leopold II. Gemälde von Franz Czermark

etwas später wurde der Kärntner Franz Graf Christallnig Johanns »Ajo«, also erster Erzieher. Überdies trat ein Schweizer, Armand Graf Mottet, in Johanns Leben. Und von ihm dürfte Johann erstmals mit der Historie der Eidgenossenschaft und dadurch der Frühgeschichte der Familie Habsburg vertraut gemacht worden sein. Zeitlebens hatte Johann dann auch eine besondere innere Beziehung zu den Schweizern und zu deren Schicksal in der Geschichte. Über Mottet meinte Johann, dass er nie vergessen würde, was er ihm zu verdanken habe: »So ein Freund ist unschätzbar.« Doch kaum hatte sich Johann in der Erziehungsanstalt so einigermaßen eingewöhnt, geschah das geradezu Unfassbare, das er erst später in voller Tragweite ermessen sollte: Kaiser Leopold II. starb, nachdem er nicht einmal zwei Jahre regieren konnte, an einer plötzlichen, zuerst unbedeutend scheinenden Krankheit, die sich als Ruhr herausstellte. Und nur wenige Monate überlebte die gute Maria Ludovika ihren Mann; Johann war, erst zehn Jahre alt, Vollwaise geworden; und Bruder Franz, 14 Jahre älter als Johann, stand unerwartet plötzlich inmitten eines Hexenkessels.

Unterwerfung als Prinzip

Der Wandel der Dinge nach des Vaters Tod war bereits bezeichnend: Johann wurde, nebst den jüngeren Geschwistern, zu Franz geführt. Alle mussten ihm die Hand küssen und sich seiner Gnade und seinem Schutz empfehlen. Kälte zog in die Kinderzimmer ein; Johann, offenbar sensibler und intelligenter als seine Brüder, reagierte mit einem subtilen System aus Widerstand und Unterwerfung – eine Vorgangsweise, die er bis ins späte Alter Kaiser Franz gegenüber beibehalten sollte. Und die ersten Briefe Johanns an den Bruder widerspiegeln deutlich den neuen Stil. Aus dem »lieben Bruder« wurde eine formelle »Majestät«. Denn Franz legte Wert auf Distanz – seine Brüder hatten sich gefälligst der Diktion der Unterwürfigkeit zu bedienen … ein Ton, der etwa unter Vater und Onkel, zwischen Kaiser Joseph und seinem Bruder Leopold, nie geherrscht hatte. Als Beispiel ein Brief Johanns vom 3. Juni 1792, also ein Vierteljahr nach der Thronbesteigung von Franz: *Wenn ich wage, Ihre Majestät zu bitten, so bitte ich, mich Seiner Majestät, dem König, zu Füßen zu legen.*

Ich bin mit tiefster Ehrerbietung Ihr ergebenster Diener … Zwischen »ehrerbietigster«, »gehorsamster«, »ergebenster« Unterwerfung zieht sich ein Faden strenger Formelhaftigkeit.

»Männer von gestern« traten auch im Staat unter dem 24-jährigen Kaiser Franz an die Stelle moderner, aufgeschlossener Aufklärer; die Reaktion bemächtigte sich nicht nur der Kinderzimmer, sondern auch der Staatskanzleien. Franz wollte in den Brüdern keine Ratgeber, keine künftigen Mitarbeiter erziehen – sondern offenbar willfährige Rekruten, die den Gang der Dinge mit Gehorsam zu vollziehen haben würden.

Allen gegenüber ging Franz auf kaiserliche Distanz. *Wir wurden beinahe vergessen*, berichtete Johann, *man begann, uns Kleinere und meine Schwestern entfernt zu halten.* Die Lehrer hatten – so Johann wörtlich – *willenlose Menschen zu erziehen, eines blinden Gehorsams, jede Überzeugung gefangen gebend. Jede Äußerung, welche mit den Ansichten, die man als Gesetze annahm, nicht übereinstimmte, wurde gerügt, ja geahndet und alles angewendet, um den Geist zu drücken und einzuschüchtern.* So bahnte sich zwischen Franz und den für Ungerechtigkeiten besonders feinfühlenden Johann schon damals ein spürbarer Konflikt an. Später war Johann klar, warum man so mit ihm verfuhr, denn *jene, die regieren wollten, mussten dahin wirken, dass jene, welche durch die Bande des Blutes berufen waren, den Regenten näher zu stehen … in entfernte Anstellungen gebracht oder kurz gehalten werden.* In Johanns Augen begann der Kaiser, ihn zu demütigen. *Damit das Feld frei bliebe*, so Johann, begann man, *jeden Schwung des Geistes, jede Selbstständigkeit des Charakters zu töten.* Und sein ganzes Leben als Einheit betrachtend, die in der Tortur einer brüderlichen Hintansetzung bestehen sollte, resümierte Johann dann später im Alter: *Dieses System habe ich durch 40 Jahre meines Lebens kennen gelernt.*

Gibt es ein vernichtenderes Urteil über Wesen, Charakter und Epoche des Kaisers Franz als jenes aus der Feder seines eigenen Bruders?

Tatsächlich fühlte sich Franz offenbar seinen Brüdern – und angesichts seiner Berufung allen anderen Untertanen – überlegen. Seine eigene Unsicherheit konnte er so am besten überwinden. Konservative Adelige und Geistliche bestärkten ihn in seiner Vorstellung von einer Welt, in der »oben« und »unten« durch Gott vorgegeben war. Franz reagierte auf die sozialrevolutionären Tendenzen daher auch nicht mit vorbeugenden Reformen, sondern mit dem seinem Charakter adäquaten Misstrauen gegen angemaßte Ansprüche, gegen den Geist der Gleichheit, gegen die Gefahr durch neue, intellektuelle Gesellschaftsthesen. Freimaurer, Demokraten, Literaten, Professoren: sie waren Franz ein Leben lang suspekt. Wer Macht durch Wissen und nicht durch Geburt erworben hatte, war für ihn ein potenzieller Rebell – ein möglicher Aufwiegler des Volkes, das Franz nur als jubelnde Kulisse liebte. Je mehr sich daher gerade Mitglieder seiner Familie – Brüder – mit dem »Volk« identifizierten, desto mehr richtete sich die Abneigung des Kaisers auch gegen sie: Und gerade Johann sollte daher auch 40 Jahre lang unter dem in diesen Jugendjahren herausgebildeten Widerspruch zu seinem kaiserlichen Bruder leiden. So bot sich auch nur selten die Möglichkeit für Johann, der Enge des Prinzendaseins und der Strenge seiner Lehrer zu entfliehen. Aber überraschenderweise ergab sich für den 15-jährigen dann doch über Nacht eine Gelegenheit.

Denn 1797 war die militärische Situation Österreichs prekär geworden. Die französischen Revolutionsarmeen standen schon seit fünf Jahren im Feld gegen Österreich. Frankreich war längst Republik, Johanns Tante Marie-Antoinette unter der Guillotine gestorben. Jetzt, im April, rückten sie über Oberitalien vor und ihre Vorhuten standen bald in der Obersteiermark. Vorsorglich erhielten daher die jungen Erzherzöge und Erzherzoginnen in Wien den Auftrag, sich nach Prag in Sicherheit zu bringen.

Und über diese Reise durch Böhmen verfasste Johann eine erste geografisch-volkskundliche Beschreibung; er besichtigte die Stadt Prag, ihre Fabriken, die Umgebung und kam mit mehreren weit angereisten Familienmitgliedern zusammen. Trotz des Kriegszustandes muss es fröhlich zugegangen sein und in einem Brief an seine Schwester Amalie mischte der junge Erzherzog deutsche, italienische und französische Sprachbrocken kunterbunt durcheinander. Dabei machte er sich in dem Brief auf humorvolle Weise über seine eigene Stellung lustig: *Ich bin von Ihnen meiner allergnädigsten Königin Ihr untertänig ver- und untertänigster Herr von Johann, Archidux, Dux, Fux, Lux, Archidux, Dux, Fuchs und Luchs wegen denen guten Augen die unser Herrgott mir gab, womit ich bis in das tiefste Kammerl des Herzens (schau)* ... Johann berichtet uns aus dieser Zeit auch über seine ersten Schritte am Tanzparkett: denn Tanzen, Fechten und Reiten hatte man ihm und den anderen kaiserlichen Prinzen sehr bald beigebracht; im Wiener Fasching erlebte er die »anständige Fröhlichkeit«, vielleicht auch eine erste Liebelei. (Jedenfalls wirken seine späteren Erinnerungen etwas schwärmerisch.)

Der Tradition gemäß wurde er Regimentsinhaber, und zwar des Innerösterreichischen Dragonerregiments Nr. 1. Er musste an Gesellschaften teilnehmen, und man ermahnte den heranwachsenden Jüngling, etwas mehr Geselligkeit zu zeigen und nicht wie ein »Stock« herumzustehen – er hatte die Kunst der zeitgemäßen Konversation zu erlernen.

In dieser Zeit musste Österreich die österreichischen Niederlande – das heutige Belgien – endgültig räumen, das linke Rheinufer wurde französisch. Und aus gutem Grund fürchtete man in der Hofburg ein Übergreifen des revolutionären Funkens auch auf das Reich und die österreichischen Erblande. Als das verbündete Preußen auf eigene Faust in Basel mit Frankreich Frieden machte, entschlossen sich Kaiser Franz und seine Berater, den Krieg dennoch fortzusetzen – man würde es den Revolutionären unter der Trikolore schon noch zeigen. Einzig Bruder Karl schätzte die »neuen« Franzosen, denen er lange gegenübergestanden war, richtig ein: Es waren Soldaten, die trotz schlechter Ausrüstung und Desorganisation tapfer und gut kämpften, weil sie von der Notwendigkeit ihres Einsatzes überzeugt waren – und sich den Errungenschaften der Revolution verpflichtet fühlten. Die Soldaten der österreichischen Monarchie hingegen waren nur mangelhaft motiviert und empfanden den Krieg am Rhein und in Italien nicht als Dienst für das Vaterland oder als Verteidigung der Heimat; vielmehr kamen sie aus einem Hinterland, in dem das System der polizeilichen Bespitzelung und Überwachung bereits längst zu einer Vertrauenskrise geführt hatte. Erzherzog Karl hatte daher schon damals von der Notwendigkeit eines »Volkskrieges« und einer allgemeinen Volksbewaffnung gesprochen – die aber für Kaiser Franz und seinen Minister Johann Amadeus Thugut eine horrible Sache war: »Die Kanaille unter Waffen« hätte ja wie in Frankreich zur Revolution gegen den Monarchen führen können!

Nun bewunderte der junge Johann seinen um elf Jahre älteren Bruder Karl außerordentlich. Dabei mag weniger die »Koalition« gegen Kaiser Franz eine Rolle gespielt haben als der Umstand, dass Karl auch menschlich Johanns Sympathien weckte. Die schon im Kind ausgeprägte Hilfsbereitschaft Johanns mag in Karl den von der Natur benachteiligten Menschen ins Herz geschlossen haben. Denn Karl war durchaus nicht der Inbegriff eines strahlenden Helden – er war vielmehr ein schwächlicher, kranker und zutiefst melancholischer Mensch.
Anders als Kaiser Franz oder Erzherzog Johann war Karl kleingewachsen; sein dunkler Haarschopf gab ihm einen Hauch von Verschlossenheit, ja Dämonie; und gewissermaßen korrespondierte dieses Äußere mit dem Charakter: Karl war ein typischer Zweitgeborener, introvertiert und misstrauisch, übersensibel und kontaktarm. Und er litt bereits seit den Kindertagen in der Toskana an Epilepsie. Seine Anfälle erschreckten die Geschwister; und sicher auch ihn selbst, weil er in der Phase der Ohnmacht zur Hilflosigkeit verurteilt war. Vater Leopold und Mutter Maria Ludovika hatten Karl auch nur für eine geistliche Laufbahn bestimmt gehabt – weshalb es umso erstaunlicher ist, dass gerade dieser Sohn zu einem der fähigsten Soldaten wurde, den die Familie Habsburg hervorgebracht hatte.
Johann hingegen hatte noch nicht über seine Zukunft entschieden; oder richtiger: Es war noch nicht über seine Zukunft entschieden worden. Aber der heranwachsende Prinz verfolgte das politische Geschehen während der so genannten Koalitionskriege mit größtem Interesse. Dazu kam, dass man ihm gestattet hatte, sich eine kleine Bibliothek anzulegen; Reisebeschreibungen und historische Werke bildeten einen ersten Schwerpunkt. *Ich hatte einen Drang, etwas zu wissen. Wo ich ein Buch bekommen konnte, las ich dasselbe*, erinnerte er sich später. Aber alles in allem hielt er rückblickend seine Ausbildung für stümperhaft, ja miserabel: *Durch das Trockene und Pedantische oder durch das höchst Mangelhafte und Unbefriedigende wurde Widerwillen gegen das Lernen erregt.* Und bald begann er, sich sein eigenes Weltbild zu formen; die Bücherstellage in seinem Zimmer baute er sich so auf, dass sich dadurch eine Art »Abteil« bildete – und damit eine eigene Welt, in der er sich mit jenen Dingen

beschäftigen und mit jenen Männern in Kontakt treten konnte, die in sein weiteres Leben ein Motiv des Umbruches einbrachten.
Ein Umbruch vollzog sich auch in der Welt: Der Stern des korsischen Abenteurers Bonaparte war strahlend aufgegangen; und in Wien schnitt man sich endgültig die Zöpfe ab, letzte Relikte der zu Ende gegangenen Ära – ein letzter Nachklang des Barock. *Ich werde niemals vergessen*, so berichtete Johann später, *wie ich, nachdem beim Heer die Locken abgeschafft wurden … am nämlichen Abend meinen Brüdern und allen unseren Dienstleuten dieselben abschneiden ließ und am folgenden Morgen unser Baron Hager über diese Veränderung verwundert und betrübt war … Obgleich wir uns viele Wünsche abschlagen mussten, waren wir zufrieden; von dem Fehler der Eitelkeit wurden wir bewahrt.*

Die Schweiz!

Zu Weihnachten 1795 mischte sich In die Berichte vom fernen Kriegsschauplatz im Westen für den jungen Mann eine unmittelbare, bewegende Nachricht: Eine junge Frau war angesagt, vier Jahre älter als Johann selbst – seine Cousine aus dem unruhigen Frankreich. Schmächtig, mit blasser Haut, überreizt, nervös. Ein Kind, das Narben der Zeit in der Seele trug. Es hieß: Marie-Thérèse – und es war die Tochter des Königs und der Königin von Frankreich, einst als »Madame Royal« in Versailles und Trianon gehätschelt, dann als Spross des Bürgerpaares Capet im Pariser Temple verspottet, am Ende ein Waisenkind, dessen Eltern als Staatsverbrecher mit der Guillotine hingerichtet worden waren. Marie-Thérèse, Johanns Cousine, war die lebendige Zeugin des Schreckens – eine Art Gespenst aus einer anderen Welt, lebendiger, sprechender Beweis für Dinge, die es wirklich und wahrhaftig gab.
Marie-Thérèse hatte die Stationen des Untergangs ihrer Eltern durchaus bereits bewusst erlebt. Sie war elf Jahre alt, als der Mob Ludwig XVI. und Marie-Antoinette zum Auszug aus Versailles zwang; zwölfeinhalb, als das Königspaar nach Varenne floh und als Gefangene zurückeskortiert wurde; dreizehn, als man die letzten toten Gardisten des Königs aus den Tuilerien trug; vierzehn, als der Vater zur Guillotine geführt wurde; fast fünf-

zehn, als auch die Mutter unter dem Johlen der Menge das Blutgerüst bestieg. Später waren da die Wächter: grobe, ungehobelte Kerle, brutale Vertreter des so genannten Volkes, auf das sie sich ständig beriefen. Und dann: Wochen, Monate in der Einsamkeit. Marie-Thérèse wurde zur Geisel für ein unberechenbares, kaltes Tribunal. Sechzehnjährig kam sie endlich im Austausch gegen französische Kriegsgefangene über Basel nach Österreich; als Heimatlose, zu Verwandten, die sie noch nie gesehen hatte, traumatisiert und vielfach gedemütigt. Aber in der Hofburg, in Schönbrunn und in Laxenburg konnte sie sich endlich sicher fühlen.
Johann ist wohl damals bewusst geworden, dass der Konflikt mit der Französischen Revolution kein abstraktes Ereignis war, sondern eine auch ihn konkret berührende und bestimmende Angelegenheit; man konnte nicht in der Loge sitzen und die Bühne der Welt aus der Distanz betrachten. Aber Johann fragte sich selbst und andere, ob nicht vielleicht die Eltern der hübschen Marie-Thérèse die Kluft zu groß werden ließen zwischen sich und den einfachen Menschen, zwischen Loge und Bühne. Hatte ein König das Recht, prunkvoll in Schlössern zu leben, wenn man in Bauernhütten hungerte? Und würde die Rache für einen Monarchen nicht überall grausam sein, wenn er seiner Pflicht als Mensch und Monarch nicht vom ersten Hahnenschrei bis zur guten Nacht nachkam? Man hatte in der Familie Habsburg viel und oft von der Königin von Frankreich gesprochen; und Johann wusste, was die Meinung seines Vaters Leopold über seine Schwester Marie-Antoinette gewesen war. Denn schon in Florenz hatte Leopold den liederlichen Hof von Versailles, die frivolen Lustbarkeiten, die exzessive Verschwendungsmanie seiner Schwester, dieser Tante Johanns, wiederholt verurteilt, getadelt, kritisiert.
Nun freilich war deren armes Kind, dieser Flüchtling ohne Heimat, nach Wien gekommen; Marie-Thérèse, die halbe Habsburgerin, Zeugin der Gewalt, der Grausamkeit. Und Johann mag nun erstmals einen Auftrag, eine Funktion empfunden haben – alles mag ihm deutlicher als bis-

Sechzehnjährig kam die Tochter Ludwigs XVI. und Marie-Antoinettes im Austausch gegen französische Kriegsgefangene nach Österreich: Marie-Thérèse de Bourbon, Gemälde von Heinrich Friedrich Füger, 1783

her klar geworden sein: Auf der einen Seite dieses permanenten Krieges stand seine Familie; sein Vater hatte das Bündnis gegen das revolutionäre Frankreich angebahnt; sein Bruder Franz den österreichischen Regimentern den Marschbefehl erteilt; sein Bruder Karl stand mit wechselndem Erfolg seit langer Zeit gegen die Armeen dieser Revolution im Feld. Auf der anderen Seite standen die Mörder seiner Tante Marie-Antoinette; die Männer, die Cousine Marie-Thérèse psychisch terrorisierten; und die wahrscheinlich auch ihren Bruder, den Thronfolger Louis Joseph Xavier François ermordet hatten, der genauso alt war wie Johann.

So wurde der Erzherzog in diesen Monaten, in denen die Französische Revolution auf dem Weg zu einer Einmanndiktatur war, vor allem zu ihrem emotionellen Gegner. Er verfolgte die Berichte genauer, die aus Paris nach Wien drangen – soweit sie von der Zensur durchgelassen wurden; und er empfand jetzt unmittelbares Interesse für die Ereignisse an den Kriegsschauplätzen. Freilich entdeckte sein wacher Geist bald auch das eigenartig-ambivalente Verhältnis vieler seiner österreichischen Landsleute zum großen Krieg gegen Frankreich: *Ich sage täglich, dass der, der am Wohl seines Vaterlandes verzweifelt, nicht wert ist, ihm anzugehören.* So entwickelte Johann zu diesem Zeitpunkt ein starkes Heimatempfinden; als »Zugereister«, als erst später hier Sesshaft-Gewordener musste er zwangsläufig zum Über-Patrioten reifen und dem Patriotismus eine übermäßige Bedeutung beimessen.

Der sensible Johann hat diesen Prozess offensichtlich mit einem anderen verbunden, der sich durch die persönliche Begegnung mit einigen Schweizern in österreichischen Diensten verquickte: Es war die Heroisierung der *Heimat unseres Geschlechtes*, der Schweiz. Das von der Geschichte vernachlässigte und arme Gebirgsland zog Johann geradezu magisch an. Die Schweiz wurde sein Land der Sehnsucht, das Land eines imaginären Ideals, die Stätte eingebildeter Abenteuer und romantischer Identifizierung. Träume von Knaben, von jungen Männern neigen wohl immer zur Ausschweifung in die romantische Irrealität; ferne Länder, längst vergangene Zeiten, die Exotik, der Traum vom weiten Meer: Ort und Zeit, Beschäftigung und Mode lassen Heranwachsende immer zu Suchenden nach dem Traum des Lebens werden; und viele Erwachsene sind oft ein

Leben lang auf dem Weg zu den verlorenen Paradiesen ihrer knabenhaften Fantasien. So auch im Fall des Erzherzogs Johann.
Seine spätere Vorliebe für die Alpen, zum einfachen Leben der Hirten und Bauern, sein Eintreten für Ehrlichkeit, Biedersinn, Standhaftigkeit waren Teile seines Jugendtraumes, zu dem ihn in den neunziger Jahren des 18. Jahrhunderts sein Schweizer Lehrer Armand Mottet und später Nikolaus Friedrich von Steiger sowie Johannes von Müller, beides Eidgenossen, hinführten. Johanns Über-Patriotismus und sein alpin-schweizerischer Traum waren daher bestimmend für seine Anwaltschaft der Menschen im Gebirge und für die Phantasien vom »Fürst der Alpen«. Zuerst die Schweiz, später Tirol und schließlich die Steiermark: Sie blieben zeitlebens der konkrete Zipfel der intensiven Träumereien des Erzherzogs. Und weil er wusste, dass er als nachgeborener kleiner Bruder nie selbst eine Regentschaft ausüben würde, übernahm er später auch so viele selbst auferlegte »demokratische« Aufgaben und Pflichten. Nur durch Volks- und Bodenverbundenheit sei die Einheit von Vaterland und Volk zu erreichen – stellte er später fest; und: *Nelsons Sieg bei Abukir machte auf mich bei weitem nicht den Eindruck wie der Einfall der französischen Heere in die Schweiz und der heldenmütige Kampf der Urkantone.* Denn der Traum vom »Idealland« hatte Konturen erhalten: *Die Angelegenheiten der Schweiz waren mir, da ich dieses Land als die Wiege meines Hauses betrachtete, ans Herz gewachsen.*
Was freilich im großen Spiel niemanden interessierte; denn im April 1798 wurde »Eine und Unteilbare Helvetische Republik« ausgerufen, die ein Satellit Frankreichs war, ein Zwitter der großen Revolution, fortan ein Auf- und Durchmarschgebiet für fremde Armeen.
Die Vertreter der alten, konservativen Schweiz freilich waren – wohin auch sonst? – vor allem nach Wien geflüchtet. Und hier unternahmen sie alles, um Stimmung für die Befreiung ihres Landes zu machen – freilich auch dafür, wieder selbst in ihre angestammten Rechte eingesetzt zu werden. Der prominenteste unter ihnen war der Schultheiß Steiger aus Bern; er war Mit-Organisator des Widerstandskampfes gewesen, ein ehrwürdiger Patrizier mit der Aura des Helden. Ihn lernte Erzherzog Johann 1798 kennen; und voller Schweiz-Verehrung notierte er: *Es mochte der*

erfahrene Blick dieses Biedermannes in mein Herz geblickt und gedacht haben, da könnte noch einmal was werden. Noch wesentlicher aber war Johanns Bekanntschaft mit Johannes von Müller, einem Schweizer Historiker. Dieser hatte sich ursprünglich als Bibliothekar in Mainz eifrig gegen Österreich engagiert und mit Streitschriften für Preußen Partei ergriffen. Später wurde er zum Wendehals und Pamphletisten für Österreich; wankelmütig, überspannt, hektisch und gehässig machte er vor allem auf junge, noch unausgeglichene Menschen einen starken Eindruck; dabei ist es wohl zu einfach, Müller als einen Menschen zu beschreiben, der »sein Leben lang ein Kind war«, wie dies Moritz von Arndt formulierte.

Müller war jedenfalls alles andere als das, was man einen einwandfreien Charakter nennt; und umso bedauerlicher ist wohl, dass gerade der romantisch veranlagte Erzherzog Johann ihn zu seinem Idol erkor. Denn aus dem überaus umfangreichen Briefwechsel Müllers, der erhalten geblieben ist, zeigt sich, dass man in den Kreisen der Schweizer Emigranten dem jungen Johann eine politische Rolle zuordnete, die weit über Schwärmerei hinausreichen sollte. In jugendlichem Optimismus verspann sich Johann nämlich in eine Illusion, aus der es nur ein bitteres Erwachen geben konnte – er nämlich sei von der Vorsehung auserwählt worden, die Schweiz zu befreien und die alten eidgenössischen Grundlagen wiederherzustellen.

Und so kam es, wie es kommen musste: Schon bald zeigte sich der Wiener Hof und der misstrauische Kaiser Franz über den Umgang Johanns mit den Schweizern verärgert; Johann erwähnt die »Schutzengel«, die ihn ständig beschatteten; aber schon in einem der ersten Briefe an Müller steht auch der Satz: *Ich wünsche nichts anderes, als mich für mein Vaterland zu schlagen; aber ganz besonders für die tapferen Schweizer.*

Tatsächlich schärfte sich in diesen Kriegsjahren Johanns Blick für das Militärische; allerdings auch über die mangelhafte politische und strategische Planung seines Bruders Franz und der Wiener Ministerien. Johann erkannte, dass die Spekulation Wiens mit einem inneren Zerfall des französischen Revolutionsregimes fragwürdig war. Denn man vergaß in Wien, dass – so Johann – *in Augenblicken der fremden drohenden Gefahr die Par-*

teien den wechselseitigen Zwist vergessen; man habe in Frankreich eben an den *Patriotismus und an die Verteidigung des eigenen Herdes* appelliert – dies aber in Österreich sträflich unterlassen. Er begriff, dass der französische Soldat für Frankreich – und für das, was Bonaparte die »Errungenschaften der Revolution« nannte – kämpft. Und so hielt er auch die offizielle Auffassung Wiens für einen »Wahn«, der zufolge der korsische Abenteurer nur ein »Glücksritter« wäre. Immer wieder findet sich der Vorwurf, dass Bruder Franz die Dinge falsch einschätzte. Warf er doch der Regierung vor, *mit beschränkten Menschen und abgelebten Generälen* Politik zu betreiben: *Aber man kann nicht die Operationen des Krieges aus der Staatskanzlei oder dem Hofkriegsrat führen.*

Gegen Napoleons Generäle

Die kritische Beurteilung der politischen und militärischen Führung Österreichs zwischen 1797 und 1800 findet ihre Entsprechung in Johanns persönlichen Erfahrungen in diesen Jahren. Der junge Mann sollte, wie es sich für habsburgische Erzherzöge gehörte, im Militärwesen unterrichtet und in das praktische Soldatenleben eingeführt werden. Maria Theresia hatte es so gehalten und ihre Söhne der militärischen Zucht unterworfen; und auch Kaiser Joseph hatte Wert darauf gelegt, dass sein Neffe Franz als »Kaiserlehrling« das Soldatenhandwerk gründlich erlernen und ihn auch im Türkenkrieg von 1788 begleiten musste. Wobei die jungen Habsburger stets zur Führung erzogen werden sollten; ihre Ausbildner wussten natürlich, dass Österreichs Erzherzöge einmal befehlen, nicht gehorchen würden.

Nun wurde nur bei Johann dieses Prinzip durchbrochen. Hatte man es «oben« angeordnet? Erfolgte es gar auf ausdrücklichen Befehl von Kaiser Franz? Was wollte man bewirken, wenn man Johann der ordinären und harten Rekrutenausbildung unterwarf?

Genau das nämlich erfolgte ab 1799.

Johann musste in die Breitenfelder Kaserne einrücken, wo er »von vier Uhr früh bis acht Uhr abends« Dienst versehen musste. Johanns spätere

Fürchtete der misstrauische Monarch Eigensinn und Eigenmächtigkeit seiner Brüder? – Franz I. (II.), Gemälde von Johann Nepomuk Hoechle

Schilderung der Schinderei als gemeiner Soldat ist daher auch von der Empörung diktiert, und sein ganzes Leben dachte er mit offensichtlichem Schaudern an diese Zeit zurück. Überdies hielt er den Drill, für den er besonders den Kommandierenden von Wien, Joseph Graf Kinsky, verantwortlich machte (*der gröbste, bornierteste Mann, den ich kennen gelernt habe, ein bloßer Exerziermeister und Gamaschenmensch*), für falsch und einer modernen Ausbildungspädagogik widersprechend. Johanns Schilderung spricht für sich: *Da lernte ich die Qual kennen, welche der arme, rohe Rekrut leiden muss, bis derselbe das Gewehr gerade balancieren lernt wie bei der Infanterie, so bei der Kavallerie. Auf einem Kommisspferd musste ich die Reitschule machen, dann zwischen zwei Rotten mich hineingesteckt drücken, stoßen etc. lassen. Wenn ich auch nicht wie die armen Rekruten Prügel und Strafen erhielt, so hatte ich dafür Ausstellungen jeder Art und auf eine Weise zu dulden, die mich empörte.*

Denn Sinn seiner Ausbildung – so empfand es Johann – war die Demütigung; man wollte ihm deutlich machen, dass er der kleine, nachgeborene Bruder war, der diszipliniert und gehorsam zu sein hatte. Und es war wohl Franz selbst, von dem jeweils die Anordnungen kamen. Hatte nicht der einstige Erzieher des Kaisers – Graf Colloredo – festgestellt, dass Franz nicht darauf achte, ob jemand eine bestimmte Fähigkeit für ein Amt mitbringen würde – vielmehr ob er treu und ergeben war? Fühlte sich der misstrauische Monarch doch immer wieder hintergangen, ausgespielt, nicht genügend geehrt und geachtet, wobei er sich ganz besonders vor dem Eigensinn und der Eigenmächtigkeit seiner Brüder fürchtete. Es liegt nahe, dass Kaiser Franz über die vielen vorlauten Bemerkungen von Johann informiert worden war und den Widerstand auf diese Weise gründlich und möglichst frühzeitig brechen wollte. Und dafür schien in der Tat eine beinharte militärische Erziehung, die man dazu noch willkürlich in die Länge ziehen konnte, das Zweckmäßigste.

Der Rekrut gehorcht

Nun war Johanns Seelenverfassung in dieser Zeit überaus instabil; aber sie gab seinen Interessen eine prägende Richtung. Denn gerade in diese

Zeit fiel sein intensiver Briefwechsel mit Johannes von Müller, der die Phantasien in dem jungen Mann mobilisierte. Der Schweizer machte Johann auf die Tatsache aufmerksam, dass die Eidgenossen das Prinzip der Volksbewaffnung kannten; und dass auch die Befreiungsversuche der Schweizer gegenüber den französischen Besatzern heroische Erinnerungen an die große Vergangenheit waren. Immerhin: der 17-jährige junge Erzherzog erkannte konkret, dass für die Motivation eines die Heimat verteidigenden Soldaten wohl Patriotismus größere Bedeutung hatte als der durch Drill erzeugte Gehorsam eines zu den Waffen gepressten Rekruten.

Im Jahr 1800 erhielt Johann Urlaub vom Rekrutendienst. Er unternahm eine Reise nach Tirol – wo er Alpenhirten entdeckte, *wie man sie aus der Schweiz beschreibt.* Und über die Tiroler vermerkte er: *Das Volk ist trefflich, ebenso das Land …* Im Zillertal wollte er einen Menschenschlag entdeckt haben, *groß, wohlgestalt, stark und schön, noch nicht verdorben, ehrlich und gescheit.* Und damit man diese Exemplare von »Übermenschen« nur ja nicht bei ihrem Treiben störe, wollte er allen Ernstes Fremden *nur selten Zutritt gewähren.* Vollends verstiegen wurde die Sache schließlich, als er später Müller bat, ihm einen Burschen zwischen 20 und 30 Jahren nach Wien zu schicken, *der unverheiratet, groß und wohlgewachsen wäre, von gutem sittlichen Betragen, hauptsächlich von strenger Treue und echt schweizerischem Sinne, kurz ein Alpenhirte, der die Sennerei gut versteht als Käs-Schmalz-Butter-Erzeugnis (und) der auf dem Alpenhorn blasen kann.* Der Alpenhirte sollte in Johanns Tirolergarten im barocken Schönbrunn Folklore verbreiten. Dem exotischen menschlichen Exemplar aus den Alpen wollte er auch 18 Gulden zahlen und mit ihm *auf Schweizer Art* leben. Konkreter, aber nicht weniger eigenwillig war seine spätere Aktion, für Tirol ein »Museum« einzurichten, in dem er ausgestopfte Tiere aufstellen lassen wollte, aber auch Mineralien und Pflanzen.

In Schönbrunn baute er überdies Alpenpflanzen an, die in Moos verpackt herangebracht wurden; und er ließ Spiele, Landestrachten, Reliefkarten etc. über alle Alpengegenden sammeln. Sein ehrgeiziger Plan war, später eine geschlossene Darstellung *über Charakter, Sitten und Gebräuche aller Bewohner unserer deutschen Alpentäler* verfassen zu wollen. Wodurch die

Bewohner unserer deutschen Alpentäler verfassen zu wollen. Wodurch die Alpen-Schwärmerei Johanns aber unversehens auch zu einer Art Ideologie wurde. Es bestehe nämlich die Hoffnung auf einen Befreiungskampf, den *meine Tiroler und Ihre Schweizer* – so schrieb er Müller – gemeinsam führen werden; einen Kampf, der den *Ahnen würdig* ist.
Am 9. November 1799 hatte der General Napoleon Bonaparte in einem Staatsstreich die Macht in Paris an sich gerissen. Niemand wusste vorerst, was dies wirklich bedeuten sollte. Talleyrand, einige Tage später neuer Außenminister des konsularischen Frankreichs, meinte, als er davon erfuhr: »Nun sollten wir zu Abend essen, meine Freunde!« Im Dezember 1799 wurde Napoleon für zehn Jahre zum »Ersten Konsul« bestellt. Und am 5. Mai 1800 begann der zweite Italienfeldzug – gegen Österreich. Bonaparte überquerte den Großen Sankt Bernhard und ließ sich als neuer Hannibal feiern; sein Hofmaler Jacques Louis David hielt die Szene als heroische Pose für alle Zeit fest. Die französische Armee traf in Mailand ein und isolierte die Österreicher unter dem 71-jährigen General Michael Melas; bei Bormido stießen die beiden Streitheere auf einander, und die Franzosen schienen schon auf dem Rückzug. Da erschien in letzter Minute General Desaix mit Verstärkungen; die Österreicher wurden überrascht, und Napoleons militärisches Genie schaffte den – auch politisch wichtigen – Durchbruch bei Marengo.
Mittlerweile musste sich Österreich aber nicht nur in Oberitalien zum Kampf stellen. General Moreau, der später zum Gegner, ja Verschwörer gegen Napoleon werden sollte, hatte am Rhein das Oberkommando über 100.000 Mann. Er sollte die österreichischen Kräfte in Süddeutschland binden. Am 15. Juli 1800 kam es als Folge des französischen Sieges von Marengo zum Waffenstillstand – eine Atempause für Österreich. Aber nur sechs Wochen hielten beide Seiten still. Ende August war klar, dass die nächste Entscheidung wohl in Süddeutschland fallen würde. Der dort operierende österreichische Feldzeugmeister Freiherr von Kray hatte seinen Abschied nehmen müssen, nachdem seine Disqualifikation selbst

Ließ sich als »neuer Hannibal« feiern: Napoleon Bonaparte überquert den Großen Sankt Bernhard. Gemälde von Jacques Louis David

Ende August 1800 die österreichische Armee ohne militärische Führung. Erzherzog Karl schied deshalb aus, weil seine Berufung ein Eingeständnis der vorangegangenen Fehlentscheidungen des Kaisers gewesen wäre. Und überdies, so Thugut, »würde der Erzherzog sofort Verstärkungen verlangen, die man ihm nicht geben könnte, und daraufhin auf Frieden dringen«.

Also nahm man einen General, von dem man wenigstens sagen konnte, dass er seit Jahrzehnten in der Armee brav gedient hatte: Feldzeugmeister Franz Freiherr von Lauer, einen Kommandanten des so genannten Ingenieur-Korps. Lauer war Festungsbaumeister gewesen – und seine Schwester Kammerfrau der Königin von Neapel. Das genügte, dass man ihm zutraute, General Jean Victor Moreau und 100.000 Franzosen aufzuhalten. Dabei war er rau und eingebildet, grob und aufbrausend – und er hatte keine Ahnung von Truppenführung, um nach Marengo die Moral der Weißröcke zu heben. In dieser Stunde nun – und angesichts der Aufkündigung des Waffenstillstands durch die bereits kampfbereiten Franzosen – glaubte man in Wien, ein Mitglied des Kaiserhauses mit der nominellen Führung der Armee beauftragen zu müssen.

Aber wen? Es war offenbar Thugut, der Johann vorschlug, den Rekruten aus der Breitenfelder Kaserne zu erwählen; denn es würde nur um die formelle Führung gehen – um den »Schein«; denn für das wirkliche Kommando war Lauer doch längst fixiert.

Die Blamage von Hohenlinden

Johann war zu diesem Zeitpunkt 18 Jahre und sechs Monate alt. Er stand mitten in seiner militärischen Initialausbildung und jammerte unter der Härte seiner Unteroffiziere, die ihm gerade beibrachten, richtig auf einem Pferd zu sitzen. Johann erfuhr Anfang September 1800 von seinem Bruder Joseph, dass ihn der Kaiser angeblich zur Armee »mitnehmen« wolle. und wirklich: Er erhielt die Mitteilung, sich für eine Begleitung des Kaisers bereitzuhalten. Dabei besaß er damals nicht einmal eine anständige Uniform und kaum ein Dutzend Hemden; er hatte nichts, was man für einen möglichen Winterfeldzug benötigte. Seine Tante, die Königin von

Neapel, half ihm schließlich aus und beschenkte ihn großzügig. So reiste Johann am 6. September 1800 mit dem Kaiser von Wien ab. Wollte Franz das Kommando über die Armee selbst übernehmen? Johann glaubte es – und mit ihm viele. Doch Franz dachte keine Sekunde daran, sich einer möglichen Niederlage auszusetzen.

Weder auf der langen Fahrt durch Nieder- und Oberösterreich noch in Bayern bei der Armee sprach der Kaiser ein offenes Wort mit seinem Bruder. Er verschwieg ihm vielmehr zwei Tage lang, was er mit ihm vorhatte; erst an diesem Tag ließ er Johann rufen und übergab ihm einen Brief, der ausgefeilte und detaillierte Befehle enthielt, vor allem aber die Order, Johann habe das Oberkommando zu übernehmen – ohne es wirklich zu übernehmen. Ein Himmelfahrtskommando also – mit Einschränkungen, die einer Entmündigung gleichkamen. Der »liebe Bruder«, so Kaiser Franz, wäre nach seinem Ratschluss als »Chef-Kommandierender« sämtlicher Truppen ausersehen; sein Eifer und seine Anhänglichkeit hätten ihn dazu qualifiziert; dann aber sprach Franz aus, was wirklich der Sinn der Bestellung war: die Moral der Truppen zu heben, ansonsten aber keine wie immer gearteten Befehle, Aufträge oder Entscheidungen zu erteilen. General Lauer sollte vielmehr in allem und jedem die wirkliche Befehlsgewalt haben. Johann habe sich im Großen wie im Kleinen allen Anordnungen zu fügen; und alle Aufträge, Proklamationen, Befehle, die Lauer abgab, als seine eigenen kommentarlos zu unterzeichnen; ja, Johann habe sich überdies jeder Privat-Korrespondenz zu enthalten – und falls er solche an ihn, den kaiserlichen Bruder richten wolle, müsse er den offiziellen Dienstweg – das heißt: den Weg über Lauer – einschlagen.

So kam Erzherzog Johann, der 18-Jährige, in die Geschichtsbücher als General ohne Befehlsgewalt; als entmündigter Kommandant; als Prinzlein unter Kuratel; als Galionsfigur und Aufputz; ein Habsburger zum Vorzeigen, nicht aber zum wahren Kriegsführen; ein unwissendes Opfer, das seinen guten Namen für eine halb verlorene Sache herzugeben hatte; einer, der dem vorsichtigen Kaiser die Kohlen aus dem Feuer holen sollte. Später hat niemand anderer als Johann selbst am heftigsten das Intrigenspiel als üblen Missbrauch der Naivität eines 18-Jährigen verurteilt: *Eine Torheit war es, einen jungen Fürsten hinzustellen, welcher unerfahren, bisher von der Welt getrennt in der Erziehung gestanden, unbekannt mit dem Treiben derselben und den Triebfedern der Handlungen, arglos trauend auf die Güte der Menschen. Und da er noch nicht die Schule der Widerwärtigkeiten durchgemacht hatte, musste er nicht eine elende Figur machen?* Man nützte also Johanns Unerfahrenheit schamlos aus und stellte ihn unter das Kommando von Ignoranten. Wer hätte es nicht als schäbig empfunden, *schließlich alles auch noch mit dem Schleier des Geheimnisses zu verbergen und damit die ganze Last, jedes Misslingen auf mich fallen zu lassen?* Viele Jahre seines späteren Lebens hat Johann an die Intrige rund um die Ernennung zum Oberkommandierenden im Herbst 1800 mit äußerster Bitterkeit zurückgedacht. Und viele Jahre versuchte er auch, sich selbst einzureden, dass nicht sein kaiserlicher Bruder, sondern dessen Berater den Plan ausgeheckt hätten; viele Jahre schlug er sich auch mit dem Makel herum, dass die Welt, *die Wahrheit nicht wissend, nach dem Schein* urteilte – er aber dadurch das Opfer war.

Lauer, der wahre Oberbefehlshaber, bereitete im September 1800 den Feldzug auf seine Weise vor. Mitte des Monats kündigten die Franzosen den Waffenstillstand auf; einer Verlängerung wollten sie nur zustimmen, wenn man ihnen einige Festungen an der Donau übergäbe. Durch die freiwillige Aufgabe der Festung Ingolstadt hatten die Österreicher jedoch den Franzosen bereits einen Aufmarschweg freigegeben.

Am 28. November 1800 ging der Waffenstillstand zu Ende. Erste Schneeflocken zeigten den nahen Winter an und die Feuchtigkeit des grauen Spätherbstes hatte Bayerns Boden mittlerweile zu einem einzigen Morast werden lassen. Wir wissen, dass Johann Desertionen registrierte und vor allem die Moral der verbündeten deutschen Reichstruppen beklagte. Doch Lauer war optimistisch und hoffte zuversichtlich, Moreau nordöstlich von München abdrängen zu können und gleichzeitig einen Übergang der Franzosen über den Inn zu verhindern. Statt aber die gute strategische Defensivposition am Inn zu halten und Moreaus Angriff dort abzuwarten (der mittlerweile von Napoleon den Befehl zum Überschreiten des Flusses erhalten hatte), gingen die Österreicher aus den Stellungen heraus und traten in waldigem, völlig unübersichtlichem Gelände zur Offensive an.

Die ersten Kampfhandlungen setzten am linken Flügel der Österreicher

ein, wo man zuerst auf die Franzosen stieß. Lauer hatte mittlerweile seinen Abdrängungsplan geändert und beschlossen, auf der Straße in die oberbayerische Gemeinde Hohenlinden ins Zentrum der Franzosen vorzustoßen. Damit aber griffen die Österreicher partout die stärksten französischen Verteidigungsstellungen an. Das Unvermeidliche trat ein: Im unwegsamen Gelände bei Hohenlinden blieb der Angriff stecken, schnelle Flankenattacken der Franzosen zwangen hingegen die Österreicher zu einer Rundum-Verteidigung, und Johann selbst sah unerwartet französische Reiter in seiner Nähe auftauchen. Der rasche Rückzug war für ihn unvermeidlich, und in Haag, nahe dem Inn, kamen Johann und seine Begleitung schließlich zum Stehen. Und mit ihm floh die halbe österreichische Armee. Der englische Militärhistoriker A. B. Rodger bezeichnete zwar den Sieg Moreaus als »good luck« und konzedierte, dass das miserable Wetter, das ekelhafte Schneetreiben und der Morast sowie die Langsamkeit der Truppen die Niederlage als nicht »übermäßig tadelnswert« erscheinen lasse – aber was nützte die nachträgliche Beschönigung?
14.000 Österreicher und Soldaten der Verbündeten waren tot, verwundet, desertiert oder gefangen. Die Franzosen (Johann sprach von etwa 42.000 Mann der Hauptarmee) konnten zum Inn vorrücken, von den Resten der österreichischen Armee kaum behindert. Am 9. Dezember erreichten sie Rosenheim, am 12. hatten die Österreicher ihr Hauptquartier bereits nach Salzburg verlegt, wodurch der Weg zur Salzach frei war. Und Johann war nun vor aller Welt der eigentliche Verantwortliche. Französische, deutsche und britische Darstellungen des Feldzugs machten ihn (bis heute) zum Urheber der miserablen Unternehmung; wobei die wahre Befehlsstruktur unberücksichtigt blieb – wohl, weil man erst viel später alle Details kannte.
Der Rückzug ging unterdessen weiter, Desperation breitete sich aus, Desertionen und Ausfälle durch Ermüdung und Krankheit schwächten die versprengten Haufen. Als sich die Franzosen der Traun näherten, begann auch in Wien das große Zittern. Wie lange konnte es noch dauern, bis Moreaus Vorhuten im Wienerwald standen? Jetzt machte sich auch Kaiser Franz Vorwürfe. Lag die Schuld bei ihm selbst? Warum hatte er sich von Thugut beeinflussen lassen, dem offensichtlich überforderten Lauer

das Kommando zu übertragen – und den jungen Johann in eine solche Misere hineinzuziehen?

Jetzt konnte nur noch Erzherzog Karl helfen – denn in der Not schloss Franz eben selbst mit dem Teufel einen Pakt. So setzte sich der Kaiser hin und schrieb an seinen Bruder, sich selbst überwindend, das Eingeständnis von Schuld und Sorge nieder: »Von Deiner Liebe gegen mich erwarte ich alles und rechne, Du wirst mich nicht sitzen lassen, wo es auf das fernere Heil des Staates ankommt.«

Karl verweigerte sich nicht, wurde er doch auch Hofkriegsratspräsident. Jedenfalls übernahm er das Kommando über ein Nichts, nämlich eine fast völlig aufgelöste Armee. Im Ober- und Niederösterreichischen sammelte man die versprengten Einheiten, während Kaiser Franz Anstalten machte, Wien zu verlassen. Wollte er etwa den Kampf fortsetzen? Karls Ansicht darüber war bald klar: ein Friedensschluss – auch unter schlechtesten Bedingungen – war besser als ein französischer Vorstoß bis zur Hauptstadt.

Noch Ende Dezember erreichte Karl bei dem in Niederösterreich stehenden Moreau einen Waffenstillstand und erwirkte beim Kaiser, dass General Lauer endlich vom Kommando enthoben wurde. Im Jänner musste auch Baron Thugut, der Kriegstreiber, endlich abtreten. Erzherzog Johann hatte sich unbemerkt in die Hauptstadt eingeschlichen. Er trat öffentlich nirgendwo auf.

So waren die militärischen und politischen »Versager« aus der Nähe des Monarchen entfernt. Bei Bedarf wies er auf »Schuldige« hin – er selbst hatte sich auch tatsächlich die Hände nicht schmutzig gemacht.

Die Jahreswende 1800/01 verbrachte Johann in tiefster Depression. Er hatte zuerst im kalten Schönbrunn gewohnt und war erst später in die Hofburg gezogen. Dort fand er wenigstens noch die Lehrer vor, die er so plötzlich verlassen hatte, um in sein großes militärisches Abenteuer aufzubrechen.

Johann war ganz und gar zum Objekt des großen politischen Spiels geworden – und er hatte es nicht durchschaut. Durch seine Mitschuld war Österreich in eine Katastrophe gestürzt. Etwas später meinte er: *Es scheint, dass jeder Staat eine Krise bestehen muss … Es wäre besser, wir bewältigten sie selbst durch zweckmäßige Einrichtungen, durch Abstellung aller alten Missbräuche. Allein, daran denkt man nicht und will es nicht … eine Provinz würde sich von der anderen trennen, entweder getrennte Staaten bilden oder Republiken, Österreich zerfallen, schwach, seinen Feinden zum Spiel und Raub.* Sollte alles zerbrechen, würde er aber *bis zuletzt für das Reich meiner Ahnen kämpfen*; er würde in diesem Fall nach Tirol gehen, um *wenigstens dieses Gebirge seinem Fürsten treu zu erhalten.*

Am 9. Februar 1801 wurde zwischen Frankreich und Österreich der Friede von Luneville abgeschlossen. Die Gefahr war – wenigstens vorläufig – abgewendet.

Um ein Jahrhundert zurück?

Junge, gerade der Pubertät entwachsene Männer neigen normalerweise zu besonderem Lebensoptimismus: Erste Leistungen werden deutlich erkennbar, nehmen Kontur an, der Jugendliche reift und entdeckt, dass er als Erwachsener akzeptiert wird; das andere Geschlecht beginnt, Aufmerksamkeit zu erregen. Mit 18, 19 Jahren (und Johann war bei Hohenlinden noch keine 19 Jahre alt) scheint die Welt offen zu stehen, die Lebenslust ist geweckt, die vielfältigsten Eindrücke und Einflüsse formen die junge Psyche. Im selben Alter wie der Erzherzog mögen sich die meisten mit großem Selbstvertrauen auf die großen Lebensschlachten vorbereitet haben – Johann hatte eine große Schlacht bereits hinter sich. Der Sohn Kaiser Leopolds verkroch sich vor den Menschen. Er hielt seine Laufbahn für beendet, zumindest für unterbrochen.

Und so flüchtete er aufs erste einmal in eine Welt des Traumes – gewissermaßen in seine Privat-Schweiz – nach Tirol. Außerdem nahm er wieder Kontakt mit Johannes von Müller auf. Vor allem aber suchte er herauszufinden, wie der Kaiser nach Hohenlinden über das Abenteuer dachte, das immerhin rund 20.000 Mann auf beiden Seiten das Leben

»Ich erfahre, dass der Kaiser mir wohl will«: Johann als Oberkommandant der innerösterreichischen Armeegruppe, Porträt von Teodoro Matteini

gekostet hat. Machte Franz ihn nach wie vor für die Niederlage verantwortlich?

Es scheint, dass dieser in der Tat gewisse Schuldgefühle hegte. Er hatte Johann übel mitgespielt – und der junge Bruder hatte sich dennoch diskret daran gehalten, ihn, den Kaiser, nicht bloßzustellen; vereinbarungsgemäß war Stillschweigen über die näheren Umstände des Hohenlinden-Abenteuers vereinbart worden. In den Gazetten und Journalen, Büchern und Streitschriften der Zeit war aber Johann als »Chef-Kommandierender« festgenagelt worden. Und bis heute wiederholen professionelle Historiker, Biografen und Publizisten mehrheitlich die »offizielle« Version. Und diese ermöglichte es Kaiser Franz, Minister Thugut und Feldmarschall Lauer, sich auf der Sonnenseite der Erinnerung zu tummeln, während Erzherzog Johann mit dem Makel der Unfähigkeit abgestempelt wurde.

Aber dennoch erfolgte eine gewisse Rehabilitierung Johanns bereits einige Monate nach dem unglückseligen Waffengang in Bayern. Kaiser Franz suchte nämlich ein Gegengewicht zu Erzherzog Karl, der insofern eine Schlüsselfigur geworden war, als er als Hofkriegsratspräsident direkten Einfluss auf die Außen- und Militärpolitik der Monarchie nahm. Sahen doch Volk und Adel in ihm einen Vertreter der »Friedenspartei«. Und Karl machte, wo immer es möglich war, dies auch deutlich. Er wollte keine weiteren militärischen Abenteuer riskieren – wohl deshalb, weil er den Zustand der österreichischen Armee am besten kannte und Napoleons militärpolitisches Genie begriff.

So gut wie alle handelnden Personen in Wien waren in der Zeit nach Hohenlinden zwischen den beiden Polen hin und her gerissen. Ein neuerlicher Krieg war unpopulär und auch nicht zu gewinnen – andererseits war es auch absolut undenkbar, den zum »Konsul« aufgestiegenen korsischen Abenteurer weiter siegen zu lassen; eine Allianz der Monarchien Europas gehörte schließlich zum langfristigen Selbstverständnis des Hauses Habsburg. Aber innerhalb der Familie musste man deshalb eine Art »Gleichgewicht« herstellen – und das entsprach wiederum der Logik von Kaiser Franz. Und so ernannte er Johann fürs erste einmal zum »Generaldirektor des österreichischen Fortifikations- und Geniewesens« und zum

Direktor der Akademie für Militäringenieurwesen. Bald übernahm Johann schließlich auch die formelle Stellvertretung Karls im Hofkriegsratspräsidium.
Eine Eintragung in seinem Tagebuch aus dem Jahr 1804 ist zweifellos für die vorangegangene Phase seiner Berufung typisch und verrät vieles von der inneren Zerrissenheit, in der Johann zwischen Pflicht und Neigung lebte: *Ich erfahre, dass der Kaiser mir wohl will und gut von mir spricht; dies freut mich, allein ich bleibe bei meinen Vorsätzen – ich werde so still fortleben wie bisher. Von der günstigen Gesinnung des Kaisers Nutzen ziehen zu wollen, wäre das beste Mittel, Verdacht zu erregen und dadurch die Erkaltung der Freundschaft nach sich zu ziehen, welche mir nicht gleichgültig sein kann. In dieser Welt, wo der geringste Schritt übel ausgelegt wird, muss man immer auf seiner Hut sein und nicht das Hindernis des Guten bewirken.*
Johanns Arbeitseifer in so vielen Funktionen entsprach jedenfalls in nichts den Verhaltensweisen Gleichaltriger. So schrieb er in einer stillen Stunde, in der er zur Muße des Tagebuch-Schreibens Zeit fand: *Mancher vernünftige Mann, der nicht dem Grunde der Sache nachforscht, stellt mir meine Kälte und Schüchternheit gegen das weibliche Geschlecht aus. Das ist nicht so. Aber ich kenne mein Temperament, darum handle ich so, um jede Gelegenheit zu vermeiden. Ein Mann, der mit Schwert und Feder dienen soll, der … kann und darf nie der Sklave seiner Leidenschaft sein, denn diese ersticken den Keim des Guten, die Stärke und Schwungkraft der Seele.*
Johanns konkreter Aufgabenbereich bestand jetzt vor allem in der Leitung des Festungsbauwesens der Kronländer und in der Heranbildung geeigneter Pionier- und technischer Offiziere. Seit alters her war ja der Alpenkamm ein besonderes Problem für die habsburgische Militärstrategie gewesen; und Erzherzog Johann erkannte nun erst recht die Notwendigkeit, besondere Maßnahmen der Befestigungstechnik in den Bergen zu treffen. Die Verbindungen vom Reich und den Donauregionen zu den österreichischen Besitzungen in Oberitalien und im Adriaraum liefen allesamt über die Ostalpen – und hier kam wiederum den Wegen über Tirol eine Schlüsselstellung zu. Schon Prinz Eugen hatte hundert Jahre zuvor das Problem der Fortifikation erkannt; und mehrmals die bittere Erfahrung gemacht, wie französische Marschälle die Kaiserli-

chen in den »Alpenkäfig« sperrten, indem sie die Pässe im Norden und Süden besetzten. Zuletzt schließlich war es auch Napoleon zu Jahresanfang 1797 gelungen, über die Flüsse Piave und Tagliamento nach Friaul durchzustoßen und auf Kärntner Gebiet zu gelangen. Von da an hätte ihn auf dem Marsch nach Wien niemand mehr aufhalten können; und Gott sei Dank kam auch der Waffenstillstand zustande.

Zu Fuß in den Alpen

Am 1. August 1801 brach Johann mit kleiner Begleitung zu einer Inspektionsreise auf. Über die Obersteiermark, das Salzkammergut, Salzburg, den Pinzgau und das Zillertal führte der Weg zu mehreren zentralen Fortifikationen (die auch in den folgenden Jahren der Kriege mit Napoleon von militärischer Bedeutung sein sollten). Und in Tirol erkundete Johann Pässe und Straßenverbindungen sowohl ins nördliche Bayern wie ins südliche Oberitalien. Auch in den folgenden Monaten war Johann noch mehrmals unterwegs, um die Möglichkeiten für Festungsanlagen nicht nur am grünen Tisch, sondern in der Praxis zu erkunden. Das Ergebnis waren zwei große Denkschriften, in denen der gesamte Alpenraum als großer Bogen bis zur Adria erfasst wurde und in denen Johann vorschlug, an einer Unzahl von Straßenzügen, Flussläufen und Pässen strategische Anlagen zu errichten. Dabei gab er vor allem kleineren, rascher zu errichtenden Sperren den Vorzug.

Bemerkenswert ist wohl auch, dass in diesen Denkschriften die Idee der »Volksbewaffnung« erstmals sichtbar wird: Die wehrhafte Bevölkerung der Alpenländer sollte nämlich, so Johann, zur Errichtung von Fortifikationsanlagen herangezogen werden und in eine Strategie der »Raumverteidigung« eingebunden werden.

Auf einer dieser militärischen Inspektionsreisen kam Johann erstmals auch nach Graz. Er stieg im Gasthof »Zur Sonne« in der Murvorstadt ab, nachdem ihn die Umgebung der Stadt besonders beeindruckt hatte, denn *jeder Fleck ist bebaut und mit solcher Sorgfalt, dass er mehr einem Garten als einem Acker gleicht.*

Offenbar muss er aber in der Stadt selbst auf relativ starre gesellschaftliche Strukturen gestoßen sein, weil er eine scharfe Trennung zwischen einem stolzen und *kenntnisarmen* Adel einerseits und dem Bürgertum andererseits zu entdecken glaubte. Noch demaskierender ist Johanns Feststellung, dass es hier trotz *guter Köpfe an Unterstützung* fehle – der Mangel aber in Wien liege, in der Hofkammer: *Diese hat durch ihre Handhabung den stärksten Einfluss auf alle ihre untergeordneten Provinzen.* An den Aufenthalt in Graz schloss sich eine Reise über Kärnten, den Loiblpass, Oberkrain, den Wurzenpass nach Arnoldstein und Tarvis sowie über den Predilpass, die Flitscher Klause nach Canale und Görz an. Die zurückliegenden Ereignisse des Feldzuges 1797 waren wohl der Anlass, gerade dieser Region besondere Bedeutung beizumessen. Die Franzosen sollten kein zweites Mal die Monarchie vom Südwesten aus aufrollen.

Durch das Isonzotal ging die Reise auch nach Triest, wo Johann zwei Tage blieb, beeindruckt vom Leben und Treiben des großen Hafens der Monarchie. Mit dem Schiff fuhr er sodann nach Venedig, das nach den Bestimmungen des Vertrages von Campo Formido 1797 österreichisch geworden war. Hier besuchte er neben den kunsthistorischen Stätten der Dogenstadt auch Waisenhäuser, Schulen und Gefängnisse. Ein Gemälde von Teodoro Matteini zeigt Johann vor dem Dogenpalast, Segelschiffe zwischen der Piazetta und San Giorgio; Johann ist mit der Uniform eines Generals bekleidet, an der Brust trägt er lediglich das Goldene Vlies, mit der Linken hält er den Degen fest umklammert; seine Rechte ruht auf einem Plan, der mit »Fortezza del Lido di Venezia« angeschrieben ist. Entstand das Bild in Venedig – oder hat Matteini die Lagunenstadt nur als malerischen, dekorativen Hintergrund gewählt? Jedenfalls sehen wir Johann noch als überaus knabenhaften Jüngling vor uns; sein fester, geradezu gewollt energischer Gesichtsausdruck kontrastiert mit der Weichheit seiner wirklichen Züge. Sein volles, aber kurz gehaltenes Haar umrahmt die Stirn, die später ein so augenfälliges physiognomisches Merkmal Johanns werden sollte. Was uns hier entgegentritt, ist ein auch äußerlich geradezu romantisch wirkendes Menschenkind, ganz und gar keine kriegerische Erscheinung; vielmehr ein freundlich-froher junger Mann, der an das Schöne und Hoffnungsvolle glaubte.

Für ihn schienen die Venezianer gutmütige, fröhliche Leute, deren Schwäche im sympathischen Leichtsinn, aber auch in der Trägheit lag. Er meinte, diese Fehler aus dem jahrhundertealten venezianischen Regierungssystem der Serenissima erklären zu können. Vor allem machte er aber die verschleppende Langsamkeit der nunmehr österreichischen Beamten für diverse Missstände verantwortlich.

Von Venedig ging Johanns Reise über Treviso und Udine nach Villach; von dort quer durch Südtirol wieder ins Oberitalienische, nach Verona, Padua, Vicenza; dann nach Ala, Ronchi und Rovereto sowie nach Trient. Durch enge Täler, tief hinein in die Dolomiten, von dort wieder nach Süden, dann nach Meran, Bozen und ins Passeiertal fuhr und ritt die Gruppe. Und hier traf Johann mit einem Mann zusammen, dessen Bedeutung er noch nicht ahnen konnte: Dem Wirt vom »Haus am Sand« – Andreas Hofer. *Damals dachte niemand an die Schicksale, welche diesen Mann treffen würden*, schrieb er Jahre später über die denkwürdige Begegnung.

Überhaupt rückte Tirol, diese »österreichische Schweiz«, jetzt immer stärker ins Interessensfeld des Erzherzogs. Die letzte und die bereits vorhergegangenen Reisen, die im Gebirge zum Großteil mit dem Pferd zurückgelegt wurden, waren auch naturkundliche und landeskundliche Expeditionen. Johanns nicht-militärisches Interesse war bereits so bekannt, dass sich auch der Hofkriegsrat zur Feststellung veranlasst sah, der Hauptzweck von Johanns Reise sei militärischer Natur: »Was S. K. Hoheit noch für die Wissenschaften zu tun die Absicht haben, gehört den Stunden der Muße.«

Kaiser-Possen

Die Tirol-Schwärmerei mag es auch gewesen sein, die ihn mit dem Tiroler Historiker Joseph Freiherr von Hormayr zusammenführte. Johannes von Müller hatte den Kontakt hergestellt und damit eine persönliche und gesellschaftliche Freundschaft begründet, die für die politischen Ereignisse noch von großer Bedeutung werden sollte. Hormayr war der Spross einer Tiroler Beamtenfamilie, leistete 1800 seinen Dienst bei den Landesschützen, wurde Major und anschließend Beamter in Innsbruck. An historischen Studien und Arbeiten allgemein interessiert, empfahl Müller dem Erzherzog, Hormayr doch im kaiserlichen Archivdienst anstellen zu lassen. Und Johann empfing auch in Innsbruck den jungen Mann, mit dem ihn eine seltsame Affinität zu verbinden schien. Vielleicht mag es eine Rolle gespielt haben, dass Johann und Hormayr entdeckten, am gleichen Tag – am 20. Jänner 1782 – geboren worden zu sein.

Jedenfalls intervenierte Johann und Hormayr wurde bald k. k. Hofkonzipist in Wien und im Eilverfahren Leiter des Hof- und Staatsarchivs. Eine außerordentliche Karriere – ganz anders als mehrere Jahre später Franz Grillparzer, dem man den Eintritt in das Hof- und Staatsarchiv verweigert hatte. Hormayr verwendete seine Energien aber nicht für historische und literarische Vorlieben, sondern für politische Aktivitäten. War er doch schon 1800 bei der Ausarbeitung eines Tiroler Verteidigungsplanes aktiv gewesen und vertrat allen Ernstes die Idee, Einwanderer aus Deutschland in Österreich – insbesondere aber im unterbesiedelten Tirol – sesshaft zu machen.

Mittlerweile war der korsische General und Erste Konsul Frankreichs zur alles beherrschenden Persönlichkeit Europas geworden. Der in Luneville geschlossene Friedensvertrag (1801) erwies Napoleon als moderaten Sieger über Österreich, dafür musste die Habsburgermonarchie die neuen Verhältnisse in Ober- und Mittelitalien anerkennen, wo die »Cisalpinische Republik« bald zum Irritationsfaktor für Österreich werden sollte. Der Verlust der österreichischen Niederlande, schon unter Joseph II. praktisch eingetreten, wurde definitiv festgeschrieben. Und Frankreich zog nunmehr auch den Rhein als neue Grenze zum Deutschen Reich. Das historische Ziel, für das schon die Anjou und später die Bourbonen gekämpft hatten, wurde Wirklichkeit: Links des Rheins lag Frankreich. Selbst England, der langjährigen Auseinandersetzungen und der Hilfszahlungen an die kontinentalen Mächte (vor allem an Österreich) müde, schloss 1802 in Amiens mit Frankreich einen Friedensvertrag. So konnte sich – nachdem aufs erste Friede herrschte – Napoleon der französischen Innenpolitik widmen.

Für Österreich war es aber zunehmend schwierig, seine eigenen Ziele zu definieren. Von Kaiser Franz war jedenfalls keine Richtungsanzeige zu erwarten. Und so entstanden zwei Gruppen, zwei Lager in Regierung, Armee, Verwaltung und auch im Volk. Da war die »Kriegspartei«, die einen neuen Waffengang mit Frankreich für unabwendbar hielt, weil eine selbstbewusst-aggressive Republik nicht auf Dauer neben Europas ehrwürdigster Erbmonarchie am Kontinent existieren könne; und hatte bisher schlicht Glück gehabt.

Die »Kriegspartei« stand damals unter dem starken Einfluss des Außenministers Graf Cobenzl und des Feldmarschallleutnants Freiherr von Mack, der allerdings selbst wenig militärisches Talent gezeigt hatte. Zu ihnen stieß ein Mann aus Norddeutschland, der in österreichische Dienste getreten war und mit seiner Feder und seiner Rhetorik zunehmend Einfluss gewann: der Publizist Friedrich Gentz. Überdies waren da auch Russen, die sich als Organisatoren des Widerstandes gegen Napoleon hervortaten. Russlands Botschafter in Wien, Fürst Dolgoruki, wurde zum Magneten für alle Emigranten, die gegen Frankreich hetzten und von einer neuen Koalition zwischen Österreich, Preußen und Russland träumten.

Im Gegensatz dazu verfügte bekanntlich die Wiener »Friedenspartei« über einen mächtigen innenpolitischen Fürsprecher: Erzherzog Karl, Johanns Bruder, kannte wohl am besten den Zustand der österreichischen Armee und wusste Bescheid über die miserable Ausrüstung des Heeres, über die schlechte Ausbildung der Soldaten, über den Mangel an großen Persönlichkeiten im Offizierskorps; auch hielt Karl die schleppende militärische Verwaltung für obsolet.

Johann schloss sich den Sachargumenten Karls an, weil der ihm im Hofkriegsrat übergeordnete Bruder starke Argumente für eine Friedenspolitik zu haben schien. Im Februar 1804 notierte Johann in sein Tagebuch: *Ich war bei Bruder Karl, rücksichtlich der Lage Österreichs zu sprechen. Er sieht sie recht gut ein, aber bei uns macht der Mangel an Entschlossenheit, die Furcht vor Frankreich, die Überzeugung der schlechten Lage, in der wir uns befinden sollen, auf die Mittel vergessen, um sich aus denselben zu reißen. Man lebt in einer traurigen Apathie.* Johann tadelte vor allem die Staatsverwaltung, die von Männern geleitet werde, die *dem Geschäft nicht gewachsen sind*; Langsamkeit, Unwissenheit, Angst vor jeder Neuerung würden vorherrschen. Und dann – offenbar von schlechter Erfahrung erfüllt – schrieb Johann: *Alle diese halten fest zusammen und bilden eine mächtige Opposition gegen jeden talentvollen Mann. Sobald einer durch seinen Verstand sich auszeichnet und ihnen Verdacht gibt, jemals mit ihnen in die Schranken treten zu können, wird er unterdrückt.* Ja, Johann unterstellte in dieser Zeit den Beamten sogar Bestechlichkeit, Veruntreuung, Willkür. Die zerrütteten Finanzen, Schulden und Unfähigkeit würden alle Reformmaßnahmen zunichte machen; in den verschiedenen Provinzen der Monarchie herrsche eine miserable Verwaltung, sodass der natürliche Reichtum des Staates nicht gefördert werde, sondern die Menschen in Gleichgültigkeit verharrten; die Führung in Wien, der vom Adel dirigierte Verwaltungsapparat und die von einer Hofkamarilla beherrschte Finanzverwaltung würden das Volk in einem Stadium der Apathie halten; Patriotismus könnte solcherart nicht entstehen, und die im Volk schlummernden Kräfte würden sich nicht entfalten. Vielleicht mag Johann gelegentlich – mit Gänsehaut freilich – an das gehasste Frankreich gedacht haben, wo man dem Volk so sichtbar die Chance der Mitgestaltung und Mitwirkung einräumte; und vielleicht mag er davon geträumt haben, auch die Österreicher mit gleichem Patriotismus erfüllen zu können. Ganz offensichtlich war für ihn jedenfalls, dass in Frankreich nicht die Bindung zu einer Dynastie den Patriotismus hervorgezaubert hatte, sondern die Liebe zur französischen Heimat und zum Ideal des »droit de l'homme«. Warum aber sollte dies in Österreich nicht möglich sein? Warum sollte der Österreicher nicht seine herrliche Heimat, seine Berge und Ebenen, die alten Städte und bäuerlichen Lebensformen ebenso lieben wie der Franzose? Und würde nicht die Gewährung humanitärer Grundrechte sowie mehr Gleichheit im Volk auch eine Opferbereitschaft stärken, das Vaterland wirksam zu verteidigen?

Schon wird sichtbar, was später Johanns Lebensmaxime sein sollte: mit dem Volk, ja im Volk für das gemeinsame Ganze wirken; und dies nicht von oben herab – von der Hofburg oder Schönbrunn; nein, durch ein Leben unter den einfachen Menschen in den Städten und Dörfern. In Johann wuchs überdies bereits in dieser Zeit eine liberale Grundhaltung, die ihn später zum Kritiker des Vormärz-Regimes machen sollte. Denn schon 22-jährig nahm er gegen die Knebelung der Geistesfreiheit Stellung; und er geißelte die Unwissenheit eines arroganten Adels: *Die Zensur ahndet mit einer Strenge gegen manches gute Buch und wacht so wenig über elende, ja sittenlose Geistesprodukte. Ein Grund des Mangels an Köpfen, auch beim Adel, liegt darin, dass die Sittenverderbnis täglich zunimmt ... Stolz, eine Folge der Unwissenheit, kommt noch dazu, keine echte Vaterlandsliebe.* Johann hielt auch damals schon die Bildungsanstalten für schlecht und das gesamte Erziehungssystem für falsch. Schulen und Universitäten seien unterdotiert, so schrieb er, die Regierung inspiriere keine »gelehrten Gesellschaften«, man fördere die jungen Leute nicht durch Reisen, auf denen sie etwas lernen könnten. Vielmehr werden diese sogar noch überwacht – wohl eine Anspielung auf die Polizei, die Johanns Reisen nachschnüffelte und dem Hof ständig Bericht über den jungen Generalgeniedirektor gab.

In der Tat bewegte sich damals vieles am Rand der Groteske. 1804 schrieb der französische Botschafter in Wien, dass »dieser Hof keinem anderen gleiche«. Kaiser Franz hatte sich alle Regierungsgewalt vorbehalten, übte sie aber auf miserabelste Art und Weise aus. Der Regierungspräsident von Niederösterreich, Graf Saurau, hatte in einer Denkschrift, die damals schon geraume Zeit zurücklag, ausgesprochen, dass »Desorganisation«, ja fortschreitende »Anarchie« in der Regierung die »innere Auflösung« der Verwaltung bewirkt habe. Bis etwa in die Zeit des Friedens von Luneville hatte der (50 Jahre vorher von Maria Theresia eingesetzte) Staatsrat die obersten Regierungsgeschäfte besorgt. 1801 setzte man an dessen Stelle ein so genanntes Staats- und Konferenzministerium. In drei Abteilungen sollten – jeweils unter Vorsitz des Kaisers – Fragen des Inneren, des Äußeren und der Kriegsführung in oberster Instanz entschieden werden. Aber was geschah? Die »Konferenzen« wurden immer spärlicher einberufen, weil es dem Kaiser missfiel, unmittelbare Entscheidungen treffen zu müssen. Viel lieber zog er sich, mit schriftlichen Unterlagen versehen, ins bürokratische Nirwana zurück, um dort unangenehme Dinge weiter unerledigt zu lassen. 1802 waren 2000 »Vorträge« anstehend, die sich Franz zur Entscheidung vorbehalten hatte, ohne sie einer Erledigung zuzuführen.

Es war Erzherzog Karl, der seinem kaiserlichen Bruder als einziger die Leviten las – ohne Rücksicht darauf, dass Franz damit nur eine noch größere Abneigung gegen den Hofkriegsratspräsidenten fasste. Zweifellos war Johann mit Karl in diesen Fragen einer Meinung, möglicherweise wusste Johann auch von der Denkschrift, die Karl dem Kaiser zu Ende des Jahres 1802 übergeben hatte. In ihr hieß es: »Österreich hat unter allen seinen Feinden keinen gefährlicheren als seine eigene Regierung.« Die Donaumonarchie, die so lange eine Macht ersten Ranges gewesen war, wäre in geistiger und wirtschaftlicher Hinsicht gegenüber anderen Staaten einfach »um ein Jahrhundert zurück«. So ging Karl vor allem mit der Ernennungspraxis des Kaisers rücksichtslos ins Gericht: Was könnte man auch erwarten, wenn Männer Minister würden, »welche sich öffentlich rühmen, in dreißig Jahren weder ein Buch noch eine Zeitung gelesen zu haben«! Die Justiz wäre, so Karl, in einem beschämenden Zustand; und die Ansätze einer vernünftigen Sozialpolitik, wie sie Kaiser Joseph II. begonnen hatte, wären längst verschüttet. Man helfe Verunglückten nicht, sich selbst wieder aufzurichten, es gäbe keine Versicherungs- und Krediteinrichtungen. Vor allem aber kritisierte Karl, was auch schon der junge Johann beklagt hatte, dass nämlich der Adel – nicht wie Bürger und Bauern – zu gleicher Steuerleistung herangezogen werde, sondern man das »kostbare Werk« der josephinischen Grundsteuerregulierung beseitigt hätte. Unter Franz hatte der Adel – und dies trotz der durch die Kriege angespannten Finanzlage – seine Steuerprivilegien weitgehend zurück erhalten. Und so sah die Reaktion der nichtadeligen, aber brav Steuer zahlenden Bürgerlichen auch aus: Man boykottierte, obstruierte, räsonierte.

Während sich in Österreich die Friedens- und die Kriegspartei immer offener befehdeten und der lethargische Kaiser zu keiner Entscheidung zu bewegen war, zog die Entwicklung in Frankreich die Aufmerksamkeit der übrigen Welt auf sich. Napoleon war mit der wirtschaftlichen Depression im Zuge einer starken Teuerungswelle im Jahr 1801 rasch fertig geworden, indem er ohne Zögern massive Agrareinfuhren anordnete und französischen Unternehmen billige Kredite verschaffte. Über existierende und neue Banken kurbelte er die Wirtschaft an. Mit der Opposition, die ihm in der Kammer, der gesetzgebenden Körperschaft, Schwierigkeiten machte, wurde er durch radikale Auswechslung der Mitglieder fertig. Die Neuordnung der Rechtspflege, die Vorlage des »Code Civil« zeigten deutlich die neue Tendenz: eine Reformpolitik ohne abenteuerliche ideologische Radikalismen, die Frankreich seit 1789 erschüttert hatten. Die Bürger, die sich nach Ruhe sehnten, die Abgeordneten, die Erfolge erhofften, die Bauern, die mehr anbauen wollten – sie alle fanden in Napoleon einen klugen Exekutor. Er verstand es auch, sich des neuen Mediums zu bedienen, das politische Herrschaft möglich machte: der Zeitung. Mit Hilfe der Journale konnte sich Napoleon Bonaparte auf Plebiszite einlassen, durch die er seine Gegner – von den Royalisten bis zu den Jakobinern – immer mehr in den Hintergrund schob.

Noch brauchte aber Napoleon die Armee. Er hatte die Revolution vollendet, Österreich besiegt und durch eine neue Ordnung Frankreichs Führungsanspruch endgültig für alle Welt deutlich und sichtbar manifestiert. So beschloss er jetzt, sich zum Kaiser krönen zu lassen – und fast das ganze Volk folgte ihm dabei. Frankreich war nicht länger mehr ein republikanisches Regime, für das Tausende ein blutiges Opfer bringen mussten – es war wieder eine Monarchie, die noch dazu an die Metaphysik des alten römischen Reichs anschloss. In einer Groteske in Nôtre Dame krönte sich im Beisein des Papstes Napoleon selbst – und anschließend seine Frau Josephine – zum Kaiser und zur Kaiserin von Frankreich.

Für die Familie Habsburg war das Spektakel in der Pariser Kathedrale eine bösartige, beschämende Herausforderung. Vor aller Welt zerstörte der dahergelaufene korsische Aventurier das Gottesgnadentum: Man musste also, so hieß die Botschaft aus Paris, nicht einer von Gott erwählten Dynastie, einem Hohen Haus angehören, um sich – mit päpstlichem Sanctus – Verantwortung vor Zeit und Welt anzumaßen. Man musste nur durch Glück und Brutalität die Gegner aus dem Weg räumen, um sich eine Krone aufs Haupt zu drücken. Napoleon beging in den Augen der Habsburger ein frivoles Sakrileg, denn er entweihte, entwürdigte, vernichtete eine heilige Ordnung – ja zerstörte die abendländische Zivilisation. Damit wurde er zum Trauma des Hauses Österreich.

Freilich: Konnte man sich in Wien Emotionen wirklich leisten? Die Realpolitik sprach dagegen. Also erkannte man das neue Kaisertum an und verwirklichte nunmehr einen schon längere Zeit vorbereiteten Plan, ebenso ein erbliches Kaisertum Österreich zu schaffen, weil die diversen habsburgischen Königreiche und Länder einen »würdigen Complexus« bildeten, der durchaus einer Zusammenfügung in einem Kaisertum würdig war. Zugleich legte Franz II. die römisch-deutsche Kaiserkrone nieder, auch wenn ihn dies viel Überwindung kostete. Ja – in diesem Spiel konnte Napoleon I. sogar noch durchsetzen, dass ihn Wien früher als »Kaiser« ansprach als er höchstselbst Franz I. als Souverän eines neuen Kaisertums Österreich. War die Prestigesucht des frechen Korsen damit gestillt? Der österreichische Botschafter in Paris befürchtete das Gegenteil: Der neue Kaiser der Franzosen habe es noch immer darauf abgesehen, »vom Golf von Kalabrien bis zum Deutschen Meer und vom Rhein bis zur Mündung des Tajo« zu herrschen.

Die Volksbewaffnung

Franz war also jetzt Kaiser von Österreich; aber viele fragten sich, was denn das neue »Österreichertum« ausmachen würde. Sollte man nicht den auf das »Haus Österreich« bezogenen dynastischen Begriff mit Inhalten füllen und daraus eine Staatsidee formen? Von Erzherzog Johann selbst ist uns keine konkrete Äußerung dazu überliefert – wenngleich damals das deutsch-österreichische Dilemma seinen Anfang nahm. Es führte 1848 zum unentwirrbaren Knäuel aus Emotionen und Realpolitik, danach zum Richtungsstreit zwischen Klein- und Großdeutschen und zur Frage, wer denn die »besseren« Deutschen wären. Tatsache ist, dass an diesem Augusttag des Jahres 1804 mit der Begründung eines multinationalen österreichischen Kaisertums der erste Schritt zur Abtrennung der »deutschen« Österreicher vom alten römisch-deutschen Reich »deutscher Nation« war. Denn wohin gehörten die Tschechen aus Pilsen, die Slowenen aus Pettau, die Italiener aus Trient? Jetzt war eindeutig – sie waren Untertanen des Kaisers von Österreich; was Friedrich Schiller zur Phrase veranlasste, das »Deutschtum« sei eine »sittliche Größe«, weil

Kultur und Charakter für eine Nation entscheidender wären als das jeweilige politische Schicksal.
Erzherzog Johann legte damals nicht – wie auch die meisten seiner Zeitgenossen – die Diskrepanz bloß; aber instinktiv machte er sich bald zum Verkünder eines alten/neuen Österreich-Patriotismus. Er selbst erscheint uns schon 1804 als Vermittler und Konservator eigenständiger österreichischer Lebensformen und -weisen zu wirken: Eine traditionsbewusste barocke Gläubigkeit, starke Verwurzelung im bäuerlichen Leben, Naturverbundenheit und Liebe zur Kunst, insbesondere zur Musik. Alles zusammen entwickelte sich vor der Real-Kulisse der Alpen, einem der schönsten Landstriche Europas.
Nun ging die Kaiser-Posse Napoleons I. nicht ohne Kritik voran; viele Franzosen hielten seine Selbst-Krönung für einen Verrat an den Idealen ihrer Revolution. Aber auch östlich des Rheins, an der Donau und in Italien wurde Napoleon zunehmend als eitler Opportunist und frivoler Demagoge entlarvt: Er hatte die Revolution für seinen Aufstieg missbraucht und er nützte nun den Patriotismus seiner Franzosen nur für eine rücksichtslose Aggression. So wurde just aus Franz, dem gedemütigten Kaiser von Österreich, für viele Europäer über Nacht ein Anti-Bonaparte. Der Hass der sich betrogen Glaubenden auf den kleinen Korsen nahm Konturen an – und fand vor allem auch Widerhall in den besetzten Ländern, wo das korsische Kaiserlein seine Brüder, Schwestern und Schwager mit Kronen bedachte. Beethoven soll die Widmung seiner Dritten Symphonie (»Eroica«) für Napoleon zurückgenommen haben – wohl ein Beispiel für den Sinneswandel einer ganzen Generation.
Niemand lachte, wenn Karoline Pichler dichtete: »Dienend unter diesen Fahnen, lasst uns dieses Ruhms uns freu'n, lasst uns Franzens Untertanen, lasst uns Österreicher sein!«
Johann nannte, was nun vonnöten war, »Gesinnung«. Später schrieb er pathetisch, dass von Österreich »der Menschheit Rettung gegen den unerträglichen Druck« ausgehen müsste; es handle sich um den Geist »den unsere Väter hatten« – und den es wieder zu beleben galt. Zuerst noch theoretisch, dann sehr konkret, wurde der junge Mann – der so gern in die Berge stieg – regelrecht zur Leitfigur einer Volksbewegung: Nämlich

der »Volksbewaffnung«. Aus dem Kampf einer eingesessenen Dynastie gegen eine terroristische Republik wurde ein »Befreiungskrieg«.
Österreich war für Johann der Bauer am Feld, der Jäger im Wald, der Handwerker in der Schmiede, der Beamte in der Schreibstube.
Österreich war nicht länger nur eine alte Dynastie in einer fernen Hauptstadt – es war das Tal, in dem man geboren wurde, die Kirche, das Elternhaus und die Wiese hinter dem Weiher des Dorfes. Heimat und Vaterland wurden eins – und Johann entdeckte Österreich im Volk: *Wie glücklich schätze ich mich … unter den Bergbewohnern Österreichs zu stehen!* Würden alle zusammenhalten, dann könnten aus Untertanen Patrioten werden: *Glauben Sie mir, beseelt alle ein solches Gefühl, dann stürzt das auf so schwachen Grundfesten so kolossalisch aufgebaute Reich Napoleons zusammen!*
Und tatsächlich: Als Stellvertreter Erzherzog Karls im Hofkriegsrat und oberster Verantwortlicher für das Befestigungswesen Österreichs erhielt Johann nunmehr die einmalige Chance, seine Vorstellungen zu verwirklichen: Patriotismus sollte auch und vor allem für die Soldaten erste Pflicht werden – das Offizierskorps ein ethisches Fundament erhalten: Aus »Kriegsführen« mit Berufssoldaten sollte »Landesverteidigung« durch alle werden. Wobei Johann in Tirol bereits vorfand, was er anstrebte. Schon in der Reformationszeit, dann im 17. Jahrhundert und im Spanischen Erbfolgekrieg hatten die Tiroler Bauern wirksam und eindrucksvoll zu den Waffen gegriffen. In Tirol existierten freie Bauern, die ihr Waffenrecht – das ihnen Kaiser Maximilian I. 1511 verliehen hatte – de facto nie aufgegeben hatten.
Unter dem Einfluss Hormayrs, der ein Konzept der Landesverteidigung Tirols erarbeitet hatte, billigte Johann auch den Tirolern eine Schlüsselrolle in den heraufdämmernden Auseinandersetzungen zu. Es war höchst wahrscheinlich, dass im Falle eines Angriffs Napoleons auf Österreich wieder eine französische Zangenbewegung erfolgen würde: einerseits über Oberitalien gegen die »weiche« Flanke der südalpinen Tallandschaften, andererseits über Bayern und den Donauraum in Richtung Wien. Es war klar, dass ein angreifendes Frankreich – plus Verbündete – versuchen würde, sich Tirols zu versichern, um die wichtigsten Ostalpenübergänge

zu beherrschen; sowie eine Verbindung zwischen dem südlichen und dem nördlichen Kriegsschauplatz herzustellen.
1804 – nach den diversen patriotischen Höheflügen des neuen österreichischen Kaiserreiches – hatte Johann nach zahlreichen Denkschriften, Memoranden und Briefen erreicht, dass er selbst den Auftrag erhielt, gewissermaßen als Generalprobe für die Volksbewaffnung den Landsturm in Tirol zu organisieren. Das war zuerst einmal mit geraumen Widerständen und Schwierigkeiten verbunden, die Johann von der Militärbürokratie entgegengesetzt wurden, zum anderen setzte er auf die Österreichtreue der Tiroler. Und er schickte der Klage den Seufzer nach: *Wie wenige verstehen dieses Volk!*
Wie aber sollte darüber hinaus ein österreichisches »Levée en masse« funktionieren?
Das Konzept der Volksbewaffnung bestand nach Johann in der allgemeinen Aushebung aller Wehrfähigen; sodann in der Erneuerung des regulären Hauptheeres und der Bildung einer »Volksmiliz« nebenher. Beide Heere sollten in ständiger Verbindung miteinander stehen und eingesetzt werden. Es traf sich gut, dass Erzherzog Karl mittels eines neuen Wehrgesetzes die Neuorganisation begonnen hatte und anderswo in deutschen Landen ähnliche Planungen einsetzten. So hatte der preußische General Gerhard von Scharnhorst 1801 eine »Militärische Gesellschaft« in Berlin gegründet, die sich die Schaffung einer »Nationalmiliz« für Preußen vornahm – und der auch Carl von Clausewitz und August von Gneisenau angehörten.
In Wien musste Erzherzog Johann hingegen zur Kenntnis nehmen, dass viele hohe Militärs die *Kraft des Volkes gering schätzten, jedes kräftige Wort missdeuten und nur jenes haben wollten, was auf den allgemeinen Leisten geschlagen war*; aber er vermied es nachhaltig, von den Meinungsmachern eindeutig der Friedens- oder Kriegspartei zugeordnet werden zu können. Er wolle sich nicht in Intrigen verstricken lassen, schrieb er, denn *man muss immer auf seiner Hut sein*, vor allem deshalb, weil der Kaiser dazu neigt, in allem Verdacht zu schöpfen – einmal »Hohenlinden« genüge ihm.
Aus englischen Botschaftsberichten geht auch hervor, dass die kaiserlichen Minister Cobenzl und Colloredo den jungen Erzherzog eifersüch-

tig davon abhielten, politischen Einfluss zu gewinnen. Anders der einflussreiche Publizist Friedrich Gentz, der zu Jahresanfang 1804 in einem Brief an einen schwedischen Diplomaten den jungen Johann so beurteilte: »Er ist die einzige, die letzte, aber große und bedeutende Stütze des sinkenden Staates. Er allein von allen Großen des Landes hätte Einsicht und Mut genug, um auf der Stelle die wahren Mittel dagegen zu ergreifen, wenn seine Macht schon heute seinem Willen gleich wäre. Seine Macht ist für jetzt noch beschränkt; aber er ist auf dem geraden Wege, eine größere und entscheidendere zu erlangen. Er ist der Adjunkt seines Bruders Karl im Präsidium des Kriegsdepartements und einst, vielleicht bald, sein Nachfolger in diesem wichtigen Posten, er ist schon jetzt sein beständiger und sein vortrefflichster Ratgeber.«

Skepsis über ein »Levée en masse«: Erzherzog Karl, Johanns Bruder

Gentz stammte aus einer angesehenen preußischen Familie von Münzmeistern ab, war mit königlichen Ministern verwandt und verkehrte im elitären Berliner Club der Rahel Varnhagen. In Wien wurde er zum Einpeitscher einer Allianz zwischen Preußen, Österreich und Russland und zum Lobhudler für Erzherzog Johann: »Stände der Erzherzog Johann nur vier Wochen da, wo der Erzherzog Karl steht, so wäre alles, alles in Europa anders.«

Am 6. September 1804 überreichte er dem Erzherzog eine Denkschrift und ersuchte ihn, diese dem Kaiser zur Kenntnis zu bringen. Er kam zu dem politischen Schluss, dass »eine treue Verbindung zwischen Österreich und Preußen Deutschlands letzte und gleichsam sterbende Hoffnung ist«. Aus der Achse mit Berlin sollte die neue Koalition erwachsen, die Napoleon herausfordern würde. Wollte er Johann nur schmeicheln oder glaubte er wirklich daran, wenn er Johann mit Prinz Eugen und dessen lebenslangem Kampf gegen Frankreich verglich? »Was ein Prinz von einer Nebenlinie des Hauses Savoyen so mutvoll und glorreich vollbrachte, das sollte einem Erzherzog von Österreich, das sollte einem Bruder des Kaisers versagt sein?«

Tatsächlich begann Johann zu schwanken: *Ich vermeide jedes Misstrauen und halte mir die Möglichkeit offen, einmal nützlich sein zu können*, schrieb er an Johannes von Müller. Und ein anderes Mal: *Obwohl ich den Krieg als eine Geißel für den Staat ansehe und sosehr ich den Frieden ersehne ..., werde ich der erste sein, der zugunsten des allgemeinen Wohls sich für den Krieg einsetzt, um viel ärgere Übel zu entfernen und um der Ehre meines Vaterlandes willen.*

Das Dilemma kulminierte in einer dramatischen Aussprache Johanns mit Kaiser Franz. Nun wurde Johann bewusst, dass der Monarch der Kriegspartei – die durch den patriotischen Rummel der Herren Gentz und Konsorten gestärkt worden war – innerlich längst nachgegeben hatte. Jetzt war auch die Stellung von Bruder Karl gefährdet. Würde der Kaiser ihn, Johann, mit Karls Funktion als Hofkriegsratspräsident betrauen, was Gentz und so viele andere offenbar erwarteten? Nun – der Kaiser lehnte das ab. Graf Baillet-Latour wurde an Karls Stelle zum Hofkriegsratspräsidenten bestellt – und Karl Fürst Schwarzenberg trat an Johanns Stelle. Für Johann hatte die gespaltete Loyalität in der Kriegsfrage nichts eingebracht. Deprimiert schrieb er nun an Müller, dass er einen kleinen Kreis guter Freunde brauche, um sich von seiner *schlechten Stimmung* zu befreien; er beabsichtigte auch, ein Buch über Tirol zu verfassen; und das im Garten von Schönbrunn errichtete »Tirolerhaus« wolle er ausbauen. Seine Ernennung zum »Oberdirektor« der Militärakademie in Wiener Neustadt – offenbar ein Ersatz für die Hofkriegsratsvizepräsidentschaft – traf ihn bereits in einer inneren und äußeren Aufbruchstimmung. Es war ihm klar, dass es jetzt bald Krieg geben würde.

Österreich trat der englisch-russischen Koalition bei; nur Preußen hielt sich heraus. Das in Berlin und von den »deutschen Patrioten« forcierte Kriegsgeschrei hatte dazu geführt, dass die Österreicher gegen Napoleon die Kartoffeln aus dem Feuer holen sollten – Berlin würde abwarten.

Am 8. September 1805 überschritten die ersten österreichischen Einheiten den Inn. Bayern hatte sich auf Frankreichs Seite geschlagen. Und Napoleon, der das Vorhaben einer Invasion Englands aufgeben musste, konzentrierte sich ganz auf den mitteleuropäischen Kriegsschauplatz. Er war wieder der alte Bonaparte – auch als Kaiser. In einer Proklamation rief er seinen Grenadieren und Kürassieren zu: »Soldaten, Euer Kaiser ist mitten unter Euch, Ihr seid nur die Vorhut der großen Nation. Wenn nötig, wird sich die ganze Nation auf meine Aufforderung hin erheben.«

Johann hingegen schrieb an Johannes von Müller: *Fällt Österreich, so fällt der beste Gegner … und ich versichere Sie, dem Untergang des Vaterlandes zuzusehen, dazu gehört eine große Portion Gleichgültigkeit.* Und dann: *Für mich bleibt nichts. Wenn dieser Staat in Trümmer geht, so überlebe ich dieses nicht.*

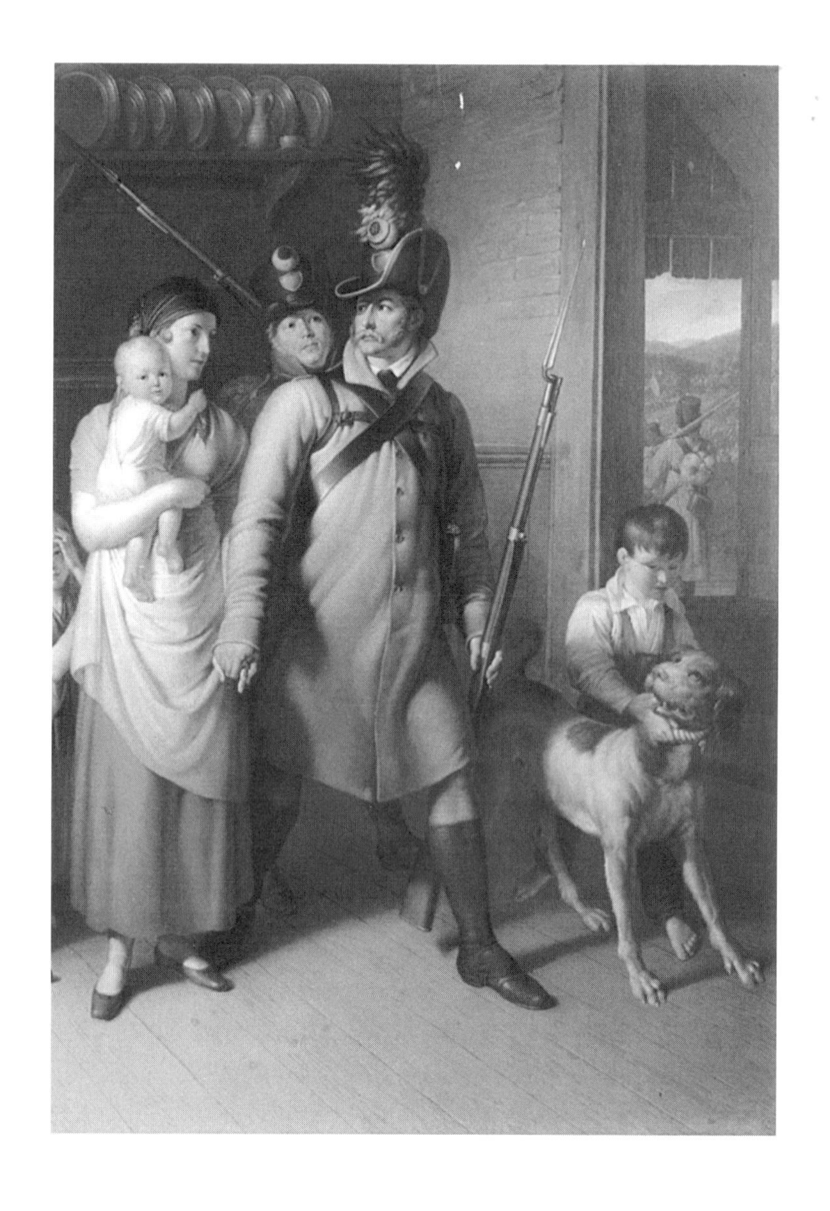

Rebell in Wartestellung

Johann fühlte sich von seinem kaiserlichen Bruder neuerlich enttäuscht. Gerade in dieser Zeit machte sich übrigens bei Johann auch eine eigenartige Melancholie – ja Depression – bemerkbar. Zurücksetzung in der Kindheit durch seine älteren Brüder, die argwöhnische Bespitzelung Johanns im Auftrag des misstrauischen Kaisers, die rücksichtslose Rekrutenzeit, das Abenteuer von Hohenlinden, das ihn zum Sündenbock für etwas machte, was er nicht beeinflussen konnte, sodann das Auf und Ab an der Seite Erzherzog Karls zwischen 1801 und 1804 und zuletzt die Entlassung aus dem Hofkriegsrat; das alles hinterließ zweifellos Spuren in der Psyche des jungen Mannes.

Biografen Johanns meinten später, die Tagebucheintragungen, in denen sich Johann mit seinem Bruder Franz beschäftigte, würden seine echten Gefühle zum Ausdruck bringen: So etwa, wenn er dem »Herrn und Kaiser« zubilligt, ein »helfender teilnehmender Vater« zu sein. Oder wenn er ihm »höchste Moralität in Handlungen und Sitten« zubilligte. Demnach wäre der »Rebell« Johann also gar kein Kritiker des Oberhauptes der Familie Habsburg gewesen?

Das Gegenteil ist der Fall: Was immer Johann in seinem Leben an Schwierigkeiten, Zurücksetzungen, Enttäuschungen zu ertragen hatte – und bis

»Der Krieg wurde mit gewissenlosem Leichtsinn begonnen«:
Abschied des Landwehrmannes von Johann Peter Krafft (Ausschnitt)

zum Jahr 1848 zog sich ein langer, langer Weg – ging auf das verquerte und unbewältigte Verhältnis zu seinem Bruder Franz und dann zu dessen unfähigem Sohn Ferdinand zurück. Die Jugend, das Versagen als Heerführer, später die Auseinandersetzung um den »Alpenbund«, dann Johanns Heirat und der Umstand, dass er nie eine offizielle Verwaltungsfunktion erhielt: Immer wieder war Kaiser Franz – der »Herr« – die Quelle für Johanns Verdrießlichkeit. Aber weil er nicht Klartext schreiben wollte/konnte, redete er sich ein, dass nicht der Bruder-Vater-Kaiser dem offenherzigen Erzherzog Böses wollte, sondern dessen verlogene Umgebung, der Wiener Hof, die Minister und Berater des Kaisers. So war diese Erklärung zeitlebens für Johann am einfachsten – nur war sie nicht wahr.

Der Wahnsinn von Austerlitz

Das politische und militärische Abenteuer des Jahres 1805 ging von der trügerischen Hoffnung aus, ein mit Russland und England verbündetes Österreich würde Napoleon »einkreisen« und zur Zersplitterung seiner Kräfte zwingen.

Nun stellte sich der Kaiser der Franzosen persönlich an die Spitze der Grande Armée und ließ diese in sieben Heeresgruppen ostwärts marschieren. In Mainz vereinigte man sich erstmals. Und den Österreichern wurde bewusst, dass der Hauptangriff überall erfolgen würde – nur nicht in Oberitalien, wohin man Erzherzog Karl mit einer Armee geschickt hatte. Aber immerhin stand in Süddeutschland General Karl Freiherr von Mack, ein besonderer Einpeitscher der Wiener Kriegskoalition.

Und Johann? Ja, Johann wurde vom Kaiser zum Befehlshaber in Tirol bestellt, wodurch ihm die wichtige Aufgabe zufiel, die Verbindung zwischen Süd- und Nordarmee aufrechtzuerhalten. Unfähig, den Bewegungen des französischen Kaisers zu folgen, verharrte Mack statisch an der Donau. Napoleon stieß über das Maintal nach Süden vor und traf bei Donauwörth erstmals auf die Österreicher.

Aber schon ein paar Meilen weiter südwestlich war der Feldzug entschieden. War Mack verrückt geworden? Immerhin, das Gerücht machte die Runde.

»Mic Mac, nous avons pris le général Mac comme une prise de tabac«, spotteten die Franzosen. Worauf der österreichische General kapitulierte und sich mit den Resten seiner Armee entlang der Donau zurückzog.
Napoleon forcierte das Tempo. Und niemand war da, ihn aufzuhalten. Erzherzog Karl stand in Oberitalien, Johann sicherte mit der Tiroler Landwehr die Übergänge ins feindliche Bayern. So nahm am 15. November – rund zwei Monate nach Kriegsbeginn – Napoleon Österreichs Hauptstadt kampflos ein. Kaiser Franz hatte seine Residenz verlassen.
Zwar schlug Napoleon eine Mischung aus Aversion und Gleichgültigkeit entgegen, aber die Wiener arrangierten sich mit der neuen Situation erstaunlich schnell. So wurde zum Beispiel in den Tagen der Besetzung Beethovens erste Fassung der Oper »Fidelio« uraufgeführt – mit französischen Offizieren im Parkett. Beethovens Franzosenaversion mag sich verstärkt haben, als der »Fidelio« nicht sonderlich viel Beifall bei den Besatzern fand, die allerdings halb und halb schon auf dem Weitermarsch waren.
Denn schon wenige Tage später traf Napoleon dort ein, wo sich die Österreicher mit den Russen vereinigt hatten, auf den Feldern von Austerlitz, unweit von Brünn.
Es war eine durch und durch vernichtende Niederlage – und heute wissen wir, dass sie damals Österreichs Abstieg zu einer Sekundärmacht auf dem Kontinent einleitete. 27.000 Österreicher und Russen waren in Austerlitz entweder gefallen, verwundet oder gefangen genommen worden. Der Rest floh in wilder Panik – beispiellos. Auch Napoleon bezeichnete noch Jahre später Austerlitz als seinen schönsten und eindeutigsten Sieg.
In der Nähe des Dorfes Nasiedlowitz traf Kaiser Franz schließlich mit dem Kaiser der Franzosen zusammen. »Ich bedaure, Sie an einem so schlechten Ort empfangen zu müssen«, soll Napoleon gesagt haben; und Franz soll geantwortet haben: »Sie wissen auch aus schlechten Quartieren großen Nutzen zu ziehen.« Nach dem zweistündigen Gespräch kam es zu offiziellen Verhandlungen; in Pressburg wurde ein Friedensvertrag ausgehandelt, der für Österreich eine politische Katastrophe bedeutete. Die Würfel schienen endgültig gefallen; wer sollte Napoleon jetzt und in Zukunft noch Widerstand leisten können?

Vielen mag klar geworden sein, dass Erzherzog Karl Recht hatte, als er in den vorangegangenen Jahren vor jedem Waffengang warnte. Und viele in der Kriegspartei mag nun die Reue gepackt haben, dass man allzu leichtfertig zum Krieg gehetzt hatte. Unter ihnen war auch Erzherzog Johann.

Wie war es ihm in Tirol ergangen?

Am 17. Juli 1805 hatte der Kaiser Erzherzog Johann zum General der Kavallerie ernannt. Wenig später wurde er Kommandant der österreichischen Truppen in Tirol und dem mit dem Kommando der Italienarmee betrauten Erzherzog Karl unterstellt. Tirols reichte damals von den bayerischen Alpen bis knapp vor Verona; also von Kufstein bis zum Gardasee.

In Tirol musste Johann feststellen, dass sich die reguläre Armee in kläglicher Verfassung befand – vor allem aber, dass man die Heeresreform schlecht oder gar nicht durchgeführt hatte. Die Befestigungen im Süden gegen den Gardasee waren völlig unzureichend, das Aufgebot der Miliz war nur teilweise durchgeführt und Militär- wie Zivilverwaltung restlos zerstritten. Wenige Tage nach seinem Eintreffen in Innsbruck schrieb Johann an Kaiser Franz, dass *so viele Generals unabhängig voneinander wirken; jeder denkt an sich, keiner an die gemeinsame Sache.* Die »Generals« waren der Feldmarschallleutnant Johann Freiherr von Hiller und Generalmajor Johann von Chasteler. Und auch hier kreisten die Auseinandersetzungen immer um den einen Punkt: um die für Berufsmilitärs als »Fremdkörper« erscheinende Miliz. So wollten die Generäle die Landwehrmänner einer traditionell-militärischen Ausbildung unterziehen: Bauern sollten also exerzieren und das in der Armee übliche Infanteriegewehr verwenden. Tirols Landsturmmänner waren aber Schützen, die in historischen Kompanien verschworen und mit traditionellen Karabinern und Stutzen ausgerüstet waren – also Zivilisten auf die Kommandos ihrer lokalen Schützenmajore eingeübt, nicht aber auf das Reglement der kaiserlichen Armee. Dazu kam, dass die Schützenkompanien seit dem 16. Jahrhundert ihre Kommandanten selbst wählten; die kaiserliche Militärbürokratie aber wiederum selbstverständlich die Landwehroffiziere ernennen wollte – wie anderswo auch.

Also kam es zu Protesten der Tiroler, die in Johann spontan einen Vertreter ihrer Anliegen fanden. Exerzieren? Das taugte ebenso wenig wie der Zwang zu traditioneller militärischer Armee-Disziplin: *Ich stand hierin gleicher Meinung mit dem Volke.*

So gelang es ihm, binnen kurzem auch 10.000 Mann Landmiliz in Tirol unter Waffen zu haben. Ebenso wurde in Vorarlberg, das Johann gleichfalls unterstand, die Volksbewaffnung zügig durchgeführt; 10.000 weitere Mann wurden Reserveverbänden zugeordnet. 24 Kompanien, deren Offiziere von der Mannschaft gewählt wurden, übernahmen neben der regulären Armee vor allem Schanzarbeiten, verpflichteten sich zur Anlage von Befestigungen an strategisch wichtigen Orten und zur Durchführung von Erkundungsaufgaben. Dabei wurden nach dem System des Majors Derbey die damals in Österreich noch unerprobten »Telegrafenlinien« errichtet, *um den Einbruch des Feindes im Land in möglichst kurzer Zeit im Hauptstandort Innsbruck zu erfahren*, wie es im Befehl des Erzherzogs hieß. Das System war natürlich noch kein mechanisches, sondern funktionierte nach dem Prinzip der Seesignale: Reiter oder Soldaten, die auf Berggipfeln postiert waren, gaben durch ein vorgegebenes Fahnenzeichensystem Informationen weiter.

Johann ordnete auch die Uniformierung der Landwehrverbände an, um eine Behandlung der Landwehrmänner als Soldaten im Fall der Gefangennahme zu sichern. Artillerie und Wasserfahrzeuge für die Verteidigung des Gardasees wurden angefordert und teilweise auch in Stellung gebracht. Als nun aus Süddeutschland die Meldung von der Entscheidung bei Ulm und das Vorrücken der Franzosen in Bayern durchgegeben wurde, ritt Johann eilends nach Zirl und ließ sofort den Landsturm aufrufen. *Es war ein feierlicher Augenblick*, berichtete er, nachdem er mit 6000 Mann die Scharnitzer Klause an der bayerischen Grenze besetzt hatte.

Die Ereignisse im Norden hatten sich bereits überstürzt, als Erzherzog Karl dem Bruder auch schlechte Nachrichten aus Italien übermittelte. Jetzt wurde Johann klar, dass *der Krieg mit dem gewissenlosesten Leichtsinn begonnen worden war.* Karl lehnte es ab, dass sich Johann mit dem Landsturm in Tirol »einigeln« wollte, und forderte alle regulären Truppen für den oberitalienischen Kriegsschauplatz. Wenigstens dort sollte es österreichische Siege geben. Am 4. November verließ Johann befehlsgemäß

Innsbruck: *Die ganze Bevölkerung war auf der Gasse, große Stille herrschte, tiefe Trauer auf allen Gesichtern … Unmut bei manchen, dass die Verteidigung nicht durchgeführt wurde.* Was sollte Johann aber noch tun, wie den Tirolern die missliche Lage und die widersprüchlichen Befehle erklären? War er nicht mittlerweile ihr Anwalt, ihr Schutzpatron, ihr heimliches Idol? Verkörperte dieser junge Erzherzog nicht eine neue Allianz zwischen Volk und Kaiserhaus, Vaterland und Regierung? *Es war ein hartes Scheiden,* berichtete Johann später. Notabene, als er die Strategie des totalen Widerstandes gegen die zu erwartende Besatzung nicht empfehlen wollte. Dafür spendete er in einem Brief an die Stände Tirols viel gut gemeinten Trost: *Es wird in kurzem die Zeit kommen, wo es mir erlaubt sein wird, mich wieder unter meinen treuen Tirolern einzufinden.*

In jenen Stunden, in denen die Franzosen Wien besetzten, hatte sich Johann schon über den Brenner zurückgezogen und sein Quartier in Sterzing aufgeschlagen. Jetzt begann ein Wettlauf mit der Zeit. Von Norden rückten die Franzosen unter Marschall Ney gegen Innsbruck vor, von Süden Truppen unter dem Kommando des Generals Massena in Richtung Belluno. Nur mehr das Pustertal stand für einen Abzug offen, und Johann entschlüpfte in letzter Minute der Falle, indem er sich nach Lienz zurückzog. Hier traf er auch einen Wirt aus dem Passeiertal namens Andreas Hofer, hier war erstmals von einem Volksaufstand die Rede, der für einige patriotische Tiroler zur Parole wurde. Von der Volksbewaffnung über die Landwehr führte der Weg zur bewaffneten Selbstbefreiung. Später berichtete Johann, dass er nach dem Verlassen Tirols eine ganze Reihe von *Landleuten* bei sich beließ, um diese als Boten jederzeit nach Tirol schicken zu können – *um meine Befehle zu überbringen und den Aufstand des Volkes durchzuführen. Alles war so vorbereitet, dass 24 Stunden nach der Ankunft dieser Leute der Aufstand ausbrechen würde. Selbst in dieser Stunde … wäre es nur von mir abgehangen, diesen Plan durchzuführen.* Mag sein, dass diese Vorstellungen jungenhaft-optimistisch waren und nach Ritterromantik aussahen: Tatsache war aber wohl, dass große Teile der Tiroler Bevölkerung offenbar bereits 1805 zu Aktionen bereit waren – die dann 1809 mit und durch Andreas Hofer verwirklicht wurden.

Der Rückzug, auf dem Johann dank der Hilfe der Bauern mit seinen

Truppen keine Not leiden musste, führte von Osttirol nach Villach, von dort über Klagenfurt nach Völkermarkt. Von dort ritt Johann zu seinem Bruder Karl nach Adelsberg, um die weitere Rückzugslinie festzulegen. Am 27. November vereinigten sich die Einheiten Karls und Johanns im Raum von Cilli, wo man eine Neugruppierung der immerhin 80.000 Soldaten vornahm. Noch hoffte Karl, dass er durch ein großräumiges Manöver den in Böhmen kämpfenden Russen und Österreichern zu Hilfe kommen könnte. Also versuchte er, die Südarmee über Slowenien und Westungarn in den Raum von Mähren zu führen. Als aber die Entscheidung von Austerlitz schon gefallen war, standen Karl und Johann noch in der Gegend der westungarischen Stadt Körmend. Angesichts der Erschöpfung der Truppen hätte man auch die Entscheidung in Mähren um gut zwei Wochen hinauszögern müssen – wenn der Gewaltmarsch noch einen militärischen Sinn hätte haben sollen. Das wusste aber auch Napoleon, der Karls Eingreifen nicht abwarten wollte. Man konnte nicht Karl und Johann für die Katastrophe von Austerlitz verantwortlich machen. Für Johann wurde es bald ziemlich deutlich, was die Niederlage wirklich verschuldet hatte: Es war der Mangel an Klarheit in der Führung der Armeen zweier Verbündeter. Vor allem aber auch die Tatsache, dass es *größtes Unglück* bringt, wenn Monarchen ihren Einfluss geltend machen – was wohl auf Kaiser Franz zielen sollte. Cäsar, Friedrich II., Napoleon waren da Ausnahmen – so Johann. Kaiser Franz aber war eben kein Cäsar, kein Friedrich II. und schon gar kein Napoleon.

Im Frieden von Pressburg trat Österreich fast alle italienischen Besitzungen ab. Tausend Quadratmeilen und drei Millionen Einwohner wurden dem Feind ausgeliefert. Man musste aber auch Tirol und Vorarlberg an Bayern abgeben. Johann trafen diese Bedingungen schwerer, als er selbst zugeben wollte. Hatten ihm die Tiroler nicht erstaunlichste Zeichen der Anhänglichkeit, ja der Liebe und des Vertrauens entgegengebracht? Musste er sich nicht jetzt als Anwalt dieses besetzten Landes klarer und deutlicher profilieren? Würde nicht in dem Gebirgsland zwischen Zugspitze und Salurner Klause seine Stimme, sein Wort für die Zukunft eine – die einzige – Hoffnung sein? *Ich ersuche Sie,* so hatte er den Ständen beim Verlassen des Landes geschrieben, *meine Gesinnung den guten und*

»Als ob unser Schutzgeist nichts Gutes bedeuten würde«: Kaiser Franz I. erteilt eine allgemeine Audienz in seinen Amtsräumen, Gemälde von Johann Peter Krafft

treuen Tirolern zu eröffnen. Und wirklich: Dreieinhalb Jahre später sollte er – im April 1809 – wieder den Tirolern schreiben: *Ich bin da, das Wort zu lösen, das ich Euch am 4. November 1805 gab … hiermit pflanze ich wieder den österreichischen Adler in die tirolische Erde.*

Vierzehn Jahre war Franz Grillparzer alt, als er – etwas holprig – mit einem Vierzeiler die Stimmung Wiens nach dem Pressburger Frieden nachzeichnete:

»Wenn man uns reformierte und alles weiser führte, dann wär's schon recht. Doch bleibt es noch beim Alten und lässt die Schurken walten, ei, dann ist's schlecht.«

Wer waren die Schurken?
Kaiser Franz war durch die Katastrophe des Jahres 1805 als ein sich selbst bemitleidendes »Opfer« gegangen: Was hatte ihm der widerliche Korse, was hatten ihm seine Heerführer, was hatten ihm seine Minister nicht alles angetan! Und so suchte er die Fehler nicht bei sich, sondern zuerst bei seiner Regierung. Und wie er 1801 seinen Regierungschef Thugut auf nicht eben noble Art entfernt hatte, so mussten nun die Minister Cobenzl und Colloredo den Hut nehmen. Franz ließ sogar durchblicken, dass seine Minister möglicherweise von England bestochen worden waren und ihn deshalb zum unseligen Krieg gedrängt hätten. Der Kaiser schob Colloredo mit den Worten aus dem Amt: »Wir können nicht mehr beisammen bleiben, das Publikum schmollt, redet, klagt über Sie, verlangt Ihre Entfernung, ich muss selbst das Opfer bringen. Verlangen Sie Ihre Retraite, welche Ihnen hier erteilt wird.«
Erzherzog Johann ahnte sogleich, dass die Kabinettsumbildung nichts Gutes versprach: *Es wird nicht nur nicht besser, sondern viel schlechter gehen als ehe.*
Johann Philipp Graf Stadion, Spross einer alten rheinischen Reichsgrafenfamilie, wurde Außenminister. Und der melancholische Johann meinte, dass alles traurig sei, *es ist, als ob unser Schutzgeist nichts Gutes bedeuten würde.* Die größten Feinde Österreichs saßen nach Johanns Ansicht nicht in Paris oder sonst irgendwo – sie saßen in Wien. Desorganisation, Bürokratismus und Unfähigkeit nahmen ein erschreckendes Ausmaß an. Der Kaiser war nach den vielen Fehlschlägen nicht aktiver oder offensiver geworden; im Gegenteil. Er war jetzt passiver und abwartender denn je. Er selbst nannte sich einen »Hofrat«; und »hofrätlich« bearbeitete der Kaiser nun auch die Reformvorschläge, die an ihn herangetragen wurden. Autokrat, absolutistischer Monarch zu sein – und gleichzeitig alles an sich zu ziehen – das musste zur völligen Verschleppung aller Dinge führen. Dieses An-sich-Ziehen des Kaisers entsprang aber nicht – wie etwa bei Kaiser Joseph – einem manischen Bessermacher-Drang, sondern grenzenlosem Misstrauen. Auch der neue »starke

Mann«, Graf Stadion, sprach davon, dass »alles selbst sehen, überall selbst wirken« zu wollen zur Lähmung, zur »Schlaffheit« führen müsse. Der oberste »Hofrat« der Monarchie konnte sich aber nicht überwinden. Er blieb vorsichtig, verschlossen. Die Hofburg wurde zur Amtsstube, besser noch: zur Polizeiwachstube. Die Zensur wurde nicht gelockert, sondern sogar noch verschärft; und niemand wurde ausgenommen. Johann beschaffte sich daher verbotene Schriften in München über seinen Vertrauten und Sekretär Gebhard. Gebhard war als geborener Bayer unverdächtig, und Johann setzte ihn auch im bayerisch besetzten Tirol eifrig und in wichtigen Missionen ein. Als sich aber Johann zum Beispiel das offiziell verbotene Buch »Buonaparte, wie er leibt und lebt« verschaffen wollte – aus nahe liegenden Gründen, weil man ja endlich auch näher wissen musste, wie der Gegner Österreichs denn eigentlich sei –, da erlebte er eine bittere Enttäuschung. Das so genannte Bücherrevisionsamt informierte den Polizeipräsidenten Freiherrn von Hager über den erzherzoglichen Wunsch, der beim Kaiser anfragte, ob das Buch dem lesebegierigen Johann »zum Allerhöchsten Gebrauch« ausgefolgt werden dürfe. Und auf diesen amtlichen Brief antwortete der kaiserliche Bruder, dass der Polizeipräsident gefälligst die kaiserlichen Befehle gegen jedermann einzuhalten habe – und dass man daher dem Erzherzog das (bereits ausgefolgte) Buch schleunigst wieder abzunehmen habe.

Man stelle sich das vor! Der Kaiser verbot seinem nun längst erwachsenen Bruder, der als Befehlshaber, Mitglied des Hofkriegsrates, General und Kommandant der Kadettenanstalten der Monarchie wichtigste Verantwortung trug, die Ausfolgung eines Buches! Ja, er ließ dieses Verbot noch über den gesamten Dienstweg kursieren und setzte damit Johann in den Augen der Beamten der Lächerlichkeit aus.

Immerhin war dem Kaiser mittlerweile nichts anderes übrig geblieben, als Erzherzog Karl wieder in sein Amt als oberster Organisator des Militärwesens in Österreich einzusetzen. Und Johann wurde wieder Karls Stellvertreter. Gewitzigt durch die Absetzung vor dem Feldzug des Jahres 1805, wollten Karl und Johann klüger vorgehen als zuvor. So sind Johanns Ausführungen in den Tagebüchern auch deutlich: Er wollte *klaren Kopf* behalten und nach seinem *festgesetzten Plane unerschütterlich fort-*

schreiten. Der Rebell ging auf Wartestellung. Er hoffte nach wie vor auf seine Stunde. Allerdings verachtete er jetzt mehr als früher den »Hofrat« in der Hofburg. Franz solle, so meinte er, *nachdenken, nützliche Bücher lesen, um mit dem Zeitgeist auf dem Laufenden zu bleiben,* als sich um jeden Akt selbst zu kümmern. Ein halbes Jahrhundert später urteilte Johann milder und sah in der Einfältigkeit des Kaisers *Redlichkeit.*

Nun wurde in der Zeit nach dem Pressburger Frieden in Erzherzog Johanns Denkschriften, Anweisungen und Briefen erstmals ein geschlossenes System erkennbar. Er warf gleichsam die Eierschalen seines Denkens ab, ließ die jugendlichen Begeisterungsstürme hinter sich, löste sich aus den emotionalen Verstrickungen, die ihn an seine Brüder banden, und emanzipierte sich endlich auch von Johannes von Müller, der aus dem österreichischen Dienst ausgeschieden und nach Preußen gegangen war. Was aus der Beziehung geblieben war, das war Johanns Überzeugung, dass die Bürger Träger von Rechten und Pflichten waren – nach Schweizer Vorbild. Ein Volksheer sollte daher nach Johanns Vorstellungen, die er erstmals in der Denkschrift an Erzherzog Karl und Kaiser Franz um die Jahreswende 1805/06 festhielt, eingerichtet werden. Jeder Mann zwischen dem 18. und 30. Lebensjahr sollte registriert, in jedem Regimentsbezirk eine Miliz gebildet werden, wobei regelmäßig mit diesem Volksheer Übungen stattzufinden hätten. Das Wort »jedermann« ist ausschlaggebend: Niemand sollte sich drücken können, niemand auch eine Bevorzugung erringen. Und jedermann sollte Zugang zu höheren Chargen erhalten – »Demokratie« somit in jenem Sinn, dass Cliquen und Kasten in der Armee ein Ende finden sollten. Tüchtigkeit sollte maßgeblich werden. In Tirol hatte Johann überdies das System der alten Schützenkompanien kennen gelernt, wonach die Schützen ihre Offiziere selbst wählten. Es war ihm klar, dass dies aus vielerlei Gründen nicht auf die gesamte, nach seinen Vorstellungen einzurichtende Miliz anzuwenden war. Aber er forderte deutlich, dass das Offizierskorps einen »neuen Geist« lernen müsse: Offiziere müssten *durch Unterricht von Seite des Verstandes und Herzens* dazu erzogen werden, Menschen, Mitbürger in ihren Untergebenen zu sehen; man solle sie nicht *in Kleinigkeiten plagen und necken* – womit Johann vor allem auf die Militärbürokratie zielte; und es wäre notwendig, vor allem dem einfachen Soldaten – also dem Wehrmann des Volksheeres – den Sinn für seine Berufung deutlich zu machen. Die Offiziere wiederum sollten *gebildet, gerecht und menschlich* sein. Solang man mit Leibesstrafen und Verbalinjurien gegen Soldaten vorging und damit ihre Menschenwürde verletzte, solange konnte auch keine echte patriotische Gesinnung entstehen. Es waren *Selbstgefühl und Nationalstolz*, die Johann gleichermaßen pflegen wollte und die ihm nur durch eine Achtung der menschlichen Persönlichkeit im Soldaten erreichbar schienen.

Nun waren die Vorschläge in der Denkschrift auf die konkrete militärpolitische Situation bezogen: Aber sie unterschieden Johann von den anderen führenden Männern der Monarchie deutlich und waren wahrscheinlich einerseits die tiefere Ursache seiner damaligen Schwierigkeiten mit dem Kaiser – andererseits der Grund für die wachsende Beliebtheit unter den einfachen Leuten.

Ein Tirolerhaus in Schönbrunn

In Erzherzog Johanns Nachlass fand sich übrigens auch ein Dokument, das Johann in dieser Zeit verfasst haben und nur für Erzherzog Karl bestimmt gewesen sein dürfte. Johann forderte, dass der Soldat seine Waffen kennen und sie gut gebrauchen lernen müsse; daneben komme es auf die *Gewandtheit des Körpers, Benutzung des Bodens* an; dass ihn nichts in Verlegenheit bringe, er sich vor allem aber *überall zu helfen wisse.* Der Soldat sollte also nicht mehr unter dem Kommando unnachsichtiger Offiziere in geschlossener Kette blindlings und rücksichtslos in das Sperrfeuer des Gegners getrieben werden – er sollte eine größere Chance des Überlebens haben. Gab man aber dem Soldaten, wie dies Johann forderte, die »Selbstständigkeit« und Freiheit zur Bewegung im Gelände und zur Ausnützung von Terrain – dann war es auch mit der Taktik des 18. Jahrhunderts vorbei, dann musste man überdies dem Mann vertrauen, dass er nicht beim ersten Schuss desertieren würde. Johann war in Österreich also der erste, der einerseits von Napoleons Kriegführung lernte, andererseits Reformen vorschlug, die für das ganze 19. Jahrhundert, ja selbst

für die Gegenwart bestimmend sind: Volksheer statt Söldnerheer; gebildete Offiziere und keine adelige Offizierskaste; praktisch-menschliche – und damit gleiche Behandlung von Bürgern in Uniform; eine neue Taktik, die »Überleben« möglich mache.
1806 kam es allerdings zu einem schweren Konflikt, weil Karl, der ja wieder Kriegsminister war, den Ideen des Milizsystems seines Stellvertreters skeptisch gegenüberstand und eher auf das traditionelle stehende Heer vertraute, das er allerdings gleichfalls reformieren wollte. Dadurch kam es zu einer Spannung unter den Brüdern und sicherlich auch zu gewissen Eifersüchteleien. Der Hauptgrund dürfte in der Krankheit Karls zu sehen sein, die ihn misstrauisch und verschlossen machte. Und an Kaiser Franz schrieb Johann im Rahmen einer weiteren Denkschrift, dass jeder Bruder des Kaisers je eine Provinz leiten und verwalten sollte; es war klar, dass er sich selbst in diesem Zusammenhang für Tirol interessierte. Vor allem aber schickte Johann in dieser Zeit seinen Sekretär Johann Gebhard nach Tirol. Dieser etwas geschwätzige, aus Freising in Bayern stammende junge Mann nahm im Auftrag Johanns Kontakt zu den verschiedenen politisch wichtigen Gruppen in Tirol auf, wobei er offiziell für Erzherzog Johann Alpenpflanzen und mineralogische Präparate zu sammeln vorgab. Sicherlich traf er auch mit Andreas Hofer zusammen oder nahm mit dem Sandwirt Kontakt auf. Gebhard berichtete, dass die Tiroler mit der bayerischen Besatzung überaus unzufrieden seien und viele an eine Aufstandsbewegung dachten. Man meinte in Tirol, dass »wir uns bald in der Lage befinden werden, das Äußerste zu wagen. Zu gewinnen ist wenig, verlieren können wir ja bald nichts mehr, da man uns ohnehin nichts mehr lassen will«. Johann äußerte, dass es ihm schwer falle, ein Land zu missen, *welchem man persönlich anhängt, denn stets schwebt es mir vor und nur die Hoffnung, einst wieder in dasselbe einzuziehen … beruhiget mich.*
Es dauerte freilich nicht lange, dass die bayerische Verwaltung auf das eigenartige Treiben Gebhards aufmerksam wurde. Man protestierte in Wien, und Johann musste am 1. Juni 1806 Gebhard zurückrufen. Dennoch war es dem Sekretär gelungen, für Johann wichtige Kontakte zu knüpfen. Denn auch der Tiroler Hormayr, jener von Johann nach Wien geholte Beamte im Haus-, Hof- und Staatsarchiv, war nicht untätig ge-

blieben. Johann hatte so Mittelsmänner gefunden, die nun ihre Tätigkeit darauf konzentrieren konnten, Stimmung für einen »Tag X« zu erzeugen. Da waren der Jurist Andreas Freiherr von Dipauli, Mitglieder der Bozner Kaufmannsfamilie Giovanelli, der Innsbrucker Universitätsprofessor Martin Wikosch und der Generalreferent Joseph Freiherr von Reinhart. *Es bildete sich*, so schrieb Johann später, *durch das ganze Land eine Kette treuer Männer.*

Tiroler Patrioten nützten ihrerseits Reisen nach Wien dazu aus, Johann aufzusuchen und die Kontakte auf diese Weise zu verstärken. Sicher ist, dass die konspirative Aktivität weitgehend geheim ablief und tatsächlich eine Stimmung anfachte, die in Tirol den wachsenden Widerstand gegen die Bayern verfestigte. Interessant ist auch, dass es Johann gelang, damals die Kunstsammlung von Schloss Ambras samt den habsburgischen Familienporträts nach Wien zu transferieren.

Johanns Gedanken kreisten mehr denn je um Tirol. Aber er fand in Wien dafür in diesen Tagen auch einen emotionellen Anknüpfungspunkt. Bekanntlich hatte er sich in Schönbrunn das so genannte Tirolerhaus errichtet, in dem er ursprünglich Schweizer Tradition pflegen wollte. Nun wurde dort allerlei Tirol-Romantik betrieben. Und wie Kaiser Franz in Laxenburg seine mittelalterliche Fluchtburg baute, so war auch Johanns romantisches Bauerngehöft à la Tyrolienne in Schönbrunn sein Zufluchtsort. Nahe den barocken Alleen mit ihren gestutzten Baumriesen, nicht weit vom barocken Tiergarten entfernt, unterhielt sich der Erzherzog bei der Almwirtschaft. Am Rande des Kitschs angesiedelt, muss diese Schwärmerei als Ausdruck eines vehementen Zeitgefühls gedeutet werden. Jean-Jacques Rousseau hatte mit seinem »Zurück zur Natur!« eine ganze Generation entflammt; Marie-Antoinette wiederum mit ihrem »Hameau« im Schlosspark von Versailles-Trianon eine höfisch-modische Spielerei begonnen, die vielfältig aufgegriffen wurde. Im Tirolerhaus im Garten von Schönbrunn fühlte sich Johann damals jedenfalls am wohlsten. Gebhard musste ihm vier Kühe und zwei Kälber besorgen, die er in Schönbrunn einstellte. Aus Tirol kam ein Melker, der in Zillertaler Tracht eingekleidet wurde und Johann auf der Schwäbelpfeife und der Maultrommel vorspielte. Und über seine damaligen Gewohnheiten berichtete er später in den »Denkwürdigkeiten«, dass er sich – wann immer dies möglich war – im Tirolerhaus aufhielt. *War die Witterung gut, so saß ich gewöhnlich auf der Bank bei einem an der Wand befestigten kleinen Tisch, betrachtete die vor mir liegende Gegend, aber meine Gedanken waren in entfernteren, welche ich nicht vergessen konnte … Im Wald spazierend unter meinen Bäumen, zu meinen Alpenpflanzen, diese pflegend, verging mancher Augenblick.*

Noch modisch-romantisch, zeigte sich doch bereits in diesen Tagen ein systematisches Interesse, das später zur Lebensaufgabe Johanns reifen sollte: die Erhaltung und Kultivierung der Natur. So berief er damals auch den Blumenmaler Johann Knapp, der die wichtigsten Alpenblumen in dreihundert Aquarellen malte. Von den Bildern ließ Johann Stiche anfertigen, die in geringer Auflage auch vervielfältigt wurden. Nachdem einige dieser Aquarelle fertig waren, schrieb Johann bereits: *Es ist das Schönste, was ich sah.*

Heute, zwei Jahrhunderte nach dieser Arbeit des Malers Johann Knapp, sind mehrere dieser Pflanzen ausgestorben. Nur in Erzherzog Johanns Auftragsarbeit leben sie weiter.

Das spanische Beispiel

Im Jahr 1806 wurde Spanien von einem Zweig der Bourbonen beherrscht, obgleich Karl IV. nur ein Marionettenkönig war und sich der Liebhaber seiner Frau, Manuel de Godoy, zum eigentlichen Regenten Spaniens aufgeschwungen hatte. Zwischen England und Frankreich lavierend, hatte Godoy lange Zeit versucht, Spanien aus dem europäischen Konflikt heraushalten zu können. Aber bald stellte sich heraus, dass es Napoleon dem Sonnenkönig Ludwig XIV. gleichzutun gedachte (der die Habsburger rund hundert Jahre zuvor aus Spanien verdrängt hatte) und Spanien zu einem Satelliten Frankreichs machen wollte. Dem Korsen kam zustatten, dass König Karl in Gefahr geriet, von seinem Sohn, dem Infanten Ferdinand, durch ein Komplott verdrängt zu werden. Er griff ein, berief die königliche Familie nach Bayonne und versprach, den Streit zwischen Vater und Sohn zu schlichten. Am 2. Mai 1808 brach jedoch ein Aufruhr los, und der französische General Murat schlug mit seinen in Spanien stationierten Franzosen den Aufstand blutig nieder. Francisco Goya hat die Erschießung der Aufständischen in einem der berührendsten Bilder der abendländischen Malerei festgehalten. Aber plötzlich begann sich nun, unerwartet, das spanische Nationalgefühl zu regen. Der alte, lächerliche König Karl hatte nämlich in Bayonne seine Krone nicht seinem Sohn gegeben, sondern sie zugunsten

General Murat schlug mit seinen in Spanien stationierten Franzosen den Aufstand blutig nieder: Francisco de Goya: Erschießung der Aufständischen am 3. Mai 1808 in Madrid (Ausschnitt)

»seines Freundes, des großen Napoleon« niedergelegt. Und der Kaiser nahm sie nicht für sich selbst in Anspruch, sondern gab sie an seinen sich sträubenden Bruder Joseph weiter, der eilig aus Neapel nach Spanien herbeigerufen wurde. Murat, der Mann der Härte, tauschte Platz: Der ehemalige Schankwirt übersiedelte als König nach Neapel und eine französisch inspirierte Verfassung sollte aus dem alten, stolzen Spanien nun flugs einen liberal inspirierten laizistischen Staat machen; und das nicht als selbstbestimmte Nation, sondern mit Hilfe ferngelenkter Marionetten aus Paris. Selbst die so genannten »afrancesados«, liberale Reformer im spanischen Adel, empfanden diese Vorgangsweise als schändlich, schäbig und unzumutbar.
Der eigentliche Widerstand – und das war neu – formierte sich aber im Volk. Geführt von Priestern und Ordensleuten, explodierte Spaniens nationales Ehrgefühl. Arroganz und Hinterlist wurde den französischen Besatzern und ihren Befehlsträgern in Madrid unterstellt; wirtschaftliche Probleme verschärften die Situation. In wenigen Wochen hatten sich rund 100.000 Mann einer landesweiten Aufstandsbewegung angeschlossen. Bauern, Handwerker, kleine Adelige nützten Terrain, die Kenntnis des Landes und die Mentalität seiner Menschen geschickt aus; und die Offiziere der alten spanischen Armee hatten genug Fähigkeiten, erfolgreiche Operationen durchzuführen. Eine nationale Junta erklärte Ferdinand VII. zum rechtmäßigen König und Frankreich offiziell den Krieg. Das Volk, jawohl, das Volk hatte die alte angestammte Monarchie nicht im Stich gelassen, denn die kleinen Leute hatten dem Haus Bourbon die Unterstützung nicht versagt. Im Juli 1808 wurde General Dupont am Fuße der Sierra Morena eingeschlossen; französische Rekruten starben elendiglich an Hunger und Durst. Bei Bailen musste sich ein großes Kontingent Franzosen ergeben; König Joseph Bonaparte floh nach Paris. Jetzt griff auch England ein: Der Herzog von Wellington landete mit 16.000 Mann (später sollte ein begeisterter Beethoven in Wien ein militantes Orchesterstück über den Sieg der Engländer bei Vittoria schreiben). General Junot unterlag, das Ziel wurde erreicht und ein Waffenstillstand zwang die Franzosen zum Abzug aus Spanien. So hatte nicht eine reguläre Armee, nicht ein wohltrainiertes Heer unter majestä-

tischen Fahnen Frankreichs Mythos der Unbesiegbarkeit zerstört – nein, es waren die armen Teufel, Bauern, Bürger, einfache Leute. Aber sie waren Spanier, beseelt von der Begeisterung ihrer patriotischen Pflicht, überzeugt von der Schändlichkeit der Fremdherrschaft.

Österreich: Die »Landwehr« steht

Die Meldungen aus Spanien leuchteten in Wien wie Feuerwerksraketen den Horizont aus. Ein ganz neues Phänomen hatte Frankreich in ernsthafte Schwierigkeiten gebracht. Waren nicht auch Österreichs verlorene Provinzen ebenso gebirgig, nicht von ebenso vielen Flussläufen durchzogen, von ebenso unzugänglichen Hochebenen gekennzeichnet? Hatten die Bewohner der habsburgischen Monarchie – und jene, die nicht mehr unter der Regentschaft des Doppeladlers standen – etwa weniger Fertigkeit im Umgang mit Waffen als die spanische?

Die spanischen Ereignisse wurden daher auch in Wien als Zeichen der Zeit erkannt; und Johann, der Prediger der Volksbewaffnung, schien glänzend bestätigt. Minister Graf Stadion sparte gleichfalls nicht mit offenen Worten gegenüber dem Kaiser; der Regierungspräsident von Niederösterreich, Graf Saurau, der Hofkammervizepräsident Graf Pergen – sie alle traten nun für das Gleiche ein wie Erzherzog Johann.

Allerdings wurde zuerst einmal, man war ja in Wien, eine Kommission zur Beratung über die Einführung der Miliz ernannt; und, immerhin, ihr Vorsitzender wurde Erzherzog Johann.

Wobei er selbst glaubte, den Kaiser überzeugt zu haben; was wieder einmal ein Irrtum war. Aber schlussendlich wurde Johann zur Überarbeitung und Koordination seiner Pläne mit den skeptischen Generälen aufgefordert – und am 12. Mai 1808 erhob ein kaiserliches Patent das Ergebnis zum Gesetz: Für jedes der 46 Infanterieregimenter der deutschen Erblande sollten je zwei Reservebataillone aufgestellt werden. Die Reservisten sollten eine vierwöchige Grundausbildung erhalten und laufend zu Waffenübungen einberufen werden.

Für Johann bildete die Aufstellung des Reserveheeres freilich nur den ersten Schritt. Bereits am 17. Mai 1808 beschloss unter seinem Vorsitz die

Kommission auch die Aufstellung der »Landwehr«. Jeder Mann zwischen dem 18. und 45. Lebensjahr sollte ihr eingegliedert werden. Und der Kaiser schrieb an Johann: »Ich lege einen großen Teil der Verteidigung Meiner Monarchie in Ihre Hände. Ihre Tätigkeit bürgt mir sowohl für die schleunigste Bearbeitung der diesfalls aufzustellenden Grundsätze als auch für die möglichste Vervollkommnung.«
Bald folgte auch das Königreich Ungarn dem österreichischen Vorbild. Es wurde die »Insurrektion« beschlossen – der ungarische Landsturm, der 60.000 Mann umfassen sollte; und so sollten – zusammen mit den österreichischen Ländern bald 240.000 Mann in Landwehrverbänden organisiert sein. (Das stehende Heer umfasste damals 450.000 Mann.)
Bald zeigten sich unterschiedliche Reaktionen auf die patriotische Einstimmung. Johann schrieb: *Freimütig gesteh ich es, Landmann und Bürger sind leicht empfänglich für Patriotismus, für Gemeingeist.* Aber: »Der Handelsmann hat kein Vaterland als sein Interesse. Der reiche Besitzer und manche Beamte … leben in einer Verblendung, die Folge kleinlicher Furcht ist … Sie denken nur daran, das zu genießen, was sie haben, und diesen Genuss soviel wie möglich zu verlängern.« Interessant ist wohl, dass Johann auch den Adel kritisierte. Anlässlich einer Reise nach Graz tadelte er die hohen Herren wegen derer »Zerstreuungssucht«, während er die Bürger als »ursprünglich, freimütig, redlich und gastfrei« taxierte. Besonders heftig griff Johann aber den Wiener Adel an – den er später ja zum ständigen Gegenstand seiner Aversion machen sollte. Am 19. November 1808 findet sich die Eintragung: »Der Wiener Adel, der die Fremden nachahmt, dessen Mitglieder für niemanden, selbst für ihren Herrn keine Achtung haben, die über alles reden, urteilen, ihre Nase hoch tragen, als hätten sie weiß Gott was für Verdienste, die größtenteils so sind, dass der Staat sie nicht verwenden kann, die glauben, ihnen sei alles erlaubt, die prassen und schwelgen, deren Stolz unerträglich ist, die alles verachten, was nicht einen Stammbaum hat … mit vielen ist kein gescheites Wort zu reden, ausgenommen vom Theater, Unterhaltung und anderen nicht löblichen Dingen; und die, wenn man vom Staate, Vaterland, Verhältnissen und Bedürfnissen zu reden anfängt, verlegen werden, sich unbehaglich fühlen oder das Maul aufsperren.«

Ganz und gar steht der Moralist bereits vor uns; und ist wiederum seinem Onkel Joseph II. ähnlich, der sich mit ganz ähnlichen Worten negativ über Wiens Hochadel geäußert oder lustig gemacht hatte. Mit Johann war wieder ein Vertreter des »anderen« Hauses Habsburg in den Mittelpunkt des politischen Geschehens gerückt.

Mit der Volksbewaffnung war nämlich das wichtigste Privileg des Feudalismus durchbrochen worden: Der Adel war nicht mehr länger der alleinige oder entscheidende Träger der Verteidigung. Seine historisch erworbene Monopolfunktion als Beschützer der Untertanen war obsolet geworden. Bald würden viele meinen, er wäre überhaupt überflüssig, und würden Johann dafür zum Kronzeugen machen. Damit sollte die Vorgeschichte des Jahres 1848 ihren Anfang nehmen.

Die unerwartete Unterstützung, die Johann durch Kaiser Franz erhalten hatte, und die technisch-administrative Exekution der Landwehraushebung machten Johann schlagartig zu einer Zentralfigur der österreichischen Politik. Diplomaten interessierten sich mehr denn je für ihn, die ihm geistesverwandten und patriotisch fühlenden Literaten und Intellektuellen suchten seine Nähe. Auch Damen mögen in dem eleganten, schwärmerischen Prinzen einen Gegenstand besonderen Interesses entdeckt haben. Und in der Tat fasste auch die junge neue Kaiserin, Maria Ludovika, Sympathie, ja Zuneigung zu Johann. Sie war erst zwanzig und damit nur halb so alt wie ihr kaiserlicher Gemahl- Johann aber war damals gerade erst 26 Jahre geworden. 1797 waren Maria Ludovikas Eltern aus Mailand vertrieben worden und lebten in Wiener Neustadt. Der Vater der Kaiserin war 1806 gestorben, ihre Mutter Beatrice (die letzte aus dem Geschlecht jener Este, die den bezaubernden Künstlerhof der Renaissance in Ferrara begründet und geführt hatten) hasste als Vertriebene Napoleon besonders nachhaltig. Sie hatte die Heirat ihrer schönen, aber ziemlich mitgiftlosen Tochter mit dem Kaiser von Österreich schon deshalb besonders intensiv forciert, weil sie nur durch einen Sieg Österreichs über Frankreich wieder eine Rückkehr in ihre oberitalienische Heimat erhoffen konnte. Maria Ludovika war ihren Cousins schon lange Zeit gut bekannt gewesen; man hatte sich bei Hoffesten getroffen – liegt doch Laxenburg etwa auf halbem Weg zwischen Wien und Wiener Neustadt.

War es also Liebe gewesen, die Franz berührt hatte? Zweifellos. Und doch hatte er offenbar das Herz der schönen Halbitalienerin nicht gewinnen können. Johann hatte bei ihr hingegen immer größtes Verständnis und auch Zuneigung gefunden, die er freilich aus Räson und Anständigkeit nicht erwidern konnte. Jedenfalls fand Johann bald heraus, dass Franz wohl nicht der rechte Mann für die junge, vitale Frau sein konnte. Maria Ludovika war, wie Johann meinte, voll »lebendigen Geistes«, voller Lern- und Wissbegierde – während Franz offenbar ein Heimchen am Herd wollte. So konnte sie also – wie Johann später schrieb – *der rein passiven Rolle einer willenlosen Hausfrau nicht entsprechen*; sie war interessiert, mitteilungsbedürftig, wollte einen Kreis von »teilnehmenden Gemütern« um sich sammeln; aber gerade das konnte neben einem introvertierten, misstrauischen Mann nicht gut gehen. Johann schrieb später über die Ehe: *Sie passte nicht zu unserem Kaiser, und weder er noch sie konnten während der acht Jahre ihrer Ehe jenes vollkommene Glück finden, welches beide so sehr verdienten und wozu erforderlich ist, dass man sich vollkommen verstehe.* Sprach daraus ein wenig Eifersucht, tiefere Einsicht oder Verachtung für Franz, der eine intelligente und schöne Frau offenbar mit seinem sinisteren und engen Geist nicht voll zufrieden stellen konnte?

So gut sich Johann mit seiner Schwägerin verstand, so schwierig wurde sein Verhältnis jetzt zu seinem unmittelbaren militärischen Vorgesetzten, zu Erzherzog Karl. Klagte Johann wiederholt bereits früher über das Misstrauen, das er als Folge der Krankheit des Bruders erkennen wollte, so kam er nun mit seinen Auffassungen und Bestrebungen hinsichtlich der Aufstellung der Landwehr in fachliche Interessenskonflikte mit Karl. Karls Hochachtung vor dem militärischen Genie Napoleon fand seine Entsprechung in der – sicherlich weitgehend auch richtigen – Forderung, dass man der regulären Armee jeden Vorrang einräumen müsse. Napoleon sollte, so lautete Karls Credo, einmal in offener Feldschlacht besiegt werden – dann wäre der Nimbus des Korsen gebrochen. Und Karl fürchtete überdies, dass sich zwischen Armee und Landwehr allzu leicht die Prioritäten verschieben könnten. Spanien war weit, und die Verhältnisse nicht eins zu eins auf Mitteleuropa übertragbar. Karl hielt daher auch einen neuerlichen Waffengang mit Frankreich für gefährlich und nützte jede Gelegenheit, die Rüstungen Österreichs als unzureichend und unvollkommen hinzustellen. Wie schon vor dem Jahr 1805 war auch jetzt Erzherzog Karl wiederum das Oberhaupt der »Friedenspartei«.

»Ich liebe nicht die großen Städte«

Im Sommer 1807 unternahm Johann neuerlich eine langwierige Reise an die Südgrenze der Monarchie. Auf 61 Folioseiten hielt er Eindrücke fest und notierte Maßnahmen, die er für erforderlich ansah.
In Radstadt schrieb er: *Seit August habe ich Vorschläge eingereicht, nichts wurde getan. Ich will es nochmals versuchen. 1799 sprach ich für die Schweiz, erhielt Grobheiten zur Antwort, man verlor dieses Land. 1801 und 1805 sprach ich für Tirol, erhielt Grobheiten oder konnte nichts durchsetzen, verfeindete mich. Man verlor dieses Land. 1807 spreche ich für Innerösterreich, man macht schiefe Gesichter. Will man wieder verlieren?*
Er war offenbar neuerlich zutiefst deprimiert und machte weniger den Kaiser selbst – als die Berater für die Misere verantwortlich. *Blut möchte ich weinen*, so bemerkte er, *wenn ich mir die Reihe meiner biederen Voreltern von Rudolf von Habsburg bis Leopold II. vor Augen stelle, wie mühsam und planmäßig sie gearbeitet, um Österreich groß und die Völker glücklich zu machen.* Und dann folgte eine demaskierende Zeile: Er schrieb nieder, was man ihm in Wirklichkeit vorwarf – dass er sich nämlich für etwas Besonderes hielt: *Dies nimmt man mir übel: Er wird doch nicht der Retter sein wollen, heißt es. Nein, so eitel bin ich nicht, aber an die Rettung und an die Mittel dazu zu denken, ist Pflicht.* Johann war also bewusst, dass der Vorwurf der intellektuellen Überheblichkeit die wahre Ursache war, mit der er sich herumschlagen musste, ohne dass er die Fähigkeit zur Intrige besaß: *Geradheit und Offenheit ist das Einzige, was mir übrig bleibt gegen sie. Doch ich kenne mein Terrain und ich sehe mich, bevor zwei Jahre vergehen, entweder unter der Erde oder (habe) das erreicht, was stets das Ziel meiner Wünsche, der schöne Traum war, den ich öfter mir gedacht hatte.* Später hat Johann diese Stimmungen als *Überspanntheit* relativiert, stand aber dazu, dass er persönlichen Ehrgeiz oder Ruhmsucht ausschloss.
Auf den Reisen ins Gebirge scheint Johann ein Gefühl der Befreiung

genossen zu haben. Immer wieder finden sich Bemerkungen über die Offenheit, die er vorfindet, die Biederkeit der Menschen, das weite, herrliche Bergland. Wien war weit weg: *Ich liebe nicht die großen Städte, mir wird da enge, ich bedarf frischer Luft. Tätigkeit, denn ich will arbeiten – aber ich suche aufrichtige Herzen!* Neben Tirol erobert sich immer mehr Innerösterreich – vor allem die Steiermark – einen Platz in seinem Herzen. Innerösterreich *wäre ein Pflaster auf die Wunde, welche mir der Verlust von Tirol schlug.* Trotz seiner Aktivitäten rund um Landwehr und Befestigungswesen hielt er mit den Tirolern engsten Kontakt. Hormayr war zu seinem engsten Vertrauten geworden.

Die Wildensteiner Ritter

Blieben bei alledem dem 26-Jährigen noch ein Privatleben, Vergnügungen, Liebeleien? 1808 tauchte der Plan unter Wiens Diplomaten auf, Johann mit der russischen Großfürstin Katharina, der Schwester des Zaren, zu verheiraten. Offensichtlich lag Johann aber sehr wenig an einem Diplomatenpakt hinter seinem Rücken – und wahrscheinlich hatte er auch kein sonderliches Interesse an der als »hektisch« beschriebenen Person am korrupt-bizarren Zarenhof. Ein zu dieser Zeit ventilierter Plan, ihn, Johann, mit einem weiblichen Mitglied der Familie Napoleons zu verbinden, dürfte auf seine volle Entrüstung gestoßen sein. Wütend formulierte er wörtlich: *Da wollte ich lieber weiß Gott was heiraten – oder!!! als in eine solche Verwandtschaft kommen ... ich bleibe, was ich bin, und will nicht mehr. Frei bin ich bei uns.*

1807 erwarb Johann das Schloss Thernberg im niederösterreichischen Schwarzatal. Das Gebäude war ein 1774 errichtetes Bauwerk – am Fuß einer romanisch-gotischen Burg. Es war zweigeschossig, hatte Querflügel und einen niedrigen Turm. Vor allem aber: Thernberg lag auf halbem Weg von Wien in die Steiermark, war also ein Ausgangspunkt für Johanns innerösterreichische Reisen. Nun liegt in der Nähe von Thernberg die Burg Seebenstein, in der sich damals die so genannte »Wildensteiner Ritterschaft« niedergelassen hatte. Diese romantische Vereinigung war unter der Leitung des Verwalters der Wiener Neustädter Kadettenanstalt,

David Steiger, entstanden. Steiger gehörte als gebürtiger Schweizer zu jenen Emigranten, die, gleich Müller, auf österreichischer Seite für die Befreiung ihrer Heimat kämpften. Steigers Ritterschaft trug primär gesellige Züge, und man war wohl zeitgeistig freimaurerisch angehaucht. Politisch war die Ritterschaft nur insofern, als sie altdeutsche Rituale pflegte, sich altdeutsch-ritterlich kleidete und mittelhochdeutsch – oder was immer man dafür hielt – sprach. An die große Vergangenheit zu erinnern, hieß aber in diesen Jahren nichts anderes, als ein Bekenntnis zum »gemeinsamen Vaterland« abzulegen. Johann nahm den Namen »Hans von Österreich – der Thernberger« an und verlebte viele Stunden im Freundeskreis, in denen er sich als »Hochgroßmeister« wie ein *alter Ritter* fühlte. Er war solcherart auf dem Weg, dem Wiener Dunstkreis mehr und mehr zu entwachsen. Seine Aufgaben begannen sich mit seinen Neigungen zu decken. Er hoffte auf Tirol – war aber schon halb und halb mit der Steiermark eine heimliche Liebschaft eingegangen. Auf seinen Reisen beobachtete er Land und Leute genau, urteilte manchmal etwas vorschnell und hob immer wieder die Schönheit der Landschaft und die Anständigkeit des Volkes hervor.

Je näher das Jahr 1809 heranrückte, desto bewusster wurde es allen, dass eine Entscheidung auf dem Schlachtfeld heranreifte. Würde sich Johanns Landwehr, sein geistiges Kind, bewähren? Würde er Tirol zurückgewinnen können?

In der Gesamtbeurteilung Napoleons und seiner militärischen Abenteuer wird oft die Behauptung aufgestellt, dass der Russlandfeldzug des Jahres 1812 der Anfang vom Ende des großen Eroberers gewesen wäre. Aber in Wahrheit wurde der Todeskeim des imperialen Regimes schon früher virulent: Frankreichs große Armeen konnten die Iberische Halbinsel nicht befrieden; Napoleons persönliches Eingreifen konnte dort bestenfalls den fatalen Eindruck ein wenig übertünchen. Und Spaniens Erhebung war das eigentliche Signal zum Losschlagen Österreichs – weil es die Wiener Kriegspartei stärkte und einen bis dahin unbekannten Patriotismus in Deutschland wirksam werden ließ. Dieses neue deutsche, bald europäische Selbstbewusstsein – das Gefühl einer Zusammengehörigkeit aller »Anständigen« gegen die Eroberungssucht des einen – entschied letztlich das Schicksal Napoleons. Die Freiheit war nicht mehr im ehemaligen Konsul der Französischen Revolution verkörpert, sondern in den alten Dynastien. Sie übten eine »milde Herrschaft« aus, die angeblich auf das Wohl der Untertanen abgestellt war. Was Erzherzog Johann in eine Frage kleidete, war wohl allgemeine Ansicht geworden: *In welcher Provinz, in welchem Lande, unter welcher Regierung wird der Bürger, der Landmann besser behandelt? Wo ist der Bürger und Landmann mehr Herr seines Eigentums, seines Gewerbes als unter der milden Regierung Österreichs?* Napoleon hatte den moralischen Anspruch verwirkt, eine bessere Ordnung zu verkörpern; die alten Monarchien erwiesen sich als qualifizierter, der Menschenwürde zur Geltung zu verhelfen. Und das – nichts anderes! – bildete den wahren Keim für den Untergang Napoleons, der den Mythos des Retters sogar in Frankreich verloren hatte.

Noch aber gab es ihn, den Kaisergeneral; noch gab es die Grande Armée. Madrid fiel am 4. Dezember 1808. Aber Madrid war nicht Spanien. Zu Weihnachten weigerten sich die französischen Soldaten bei katastrophalem Wetter, die Sierra Guadarrama zu durchqueren. Napoleon musste selbst vom Pferd steigen und der Truppe vorangehen. Am 3. Jänner 1809 entschloss sich der Kaiser, nach Paris zurückzukehren. Was in Spanien folgte, war voll von irrwitzigen, fanatisch-grauenhaften Verkettungen, wie sie nur ein Volkskrieg hervorbringen kann. 40.000 Menschen kamen bei der Belagerung Saragossas ums Leben, Tausende starben auf beiden Seiten in den unwirtlichen Hochebenen, den feuchten Küstenniederungen, den unfruchtbaren Sierras. Erst in St. Helena sah Napoleon später auch ein, dass der Spanienkrieg »die erste Ursache des Missgeschicks Frankreichs« war. Der Grund der abrupten Abreise des Kaisers aus dem winterlichen Spanien zu Jahresbeginn 1809 hatte seine Ursache in den Berichten von den Vorgängen in Wien. Napoleon entdeckte mit der ihm eigenen Logik, dass Österreich die Chance zur Revanche witterte, um die Schlappen von Hohenlinden und Austerlitz wettzumachen. Darüber hinaus war in Frankreich innenpolitischer Widerstand erwacht. Talleyrand und Fouché, die bisher verfeindet waren und um Napoleons Gunst buhlten, hatten sich zu einer Opposition verbunden, und die Notabeln Frankreichs wurden unruhig. Der Kaiser musste handeln. Zuerst versuchte er,

Russland dazu zu bringen, für eine friedliche Lösung in Wien zu plädieren. Der Zar lehnte das ab. Aber er versprach, sich neutral zu verhalten. Und jedenfalls bewirkte Napoleons rascher Entschluss, die österreichische Herausforderung anzunehmen, dass sich Preußen neuerlich nicht getraute, an Österreichs Seite zu treten. Österreichs Außenminister Graf Stadion hatte jahrelang darauf hingearbeitet, Deutschlands gemeinsamen Widerstandswillen anzusprechen. Ja, Österreichs Kampf sollte zum Erwachen Deutschlands, Deutschlands Kampf zur Erhebung von ganz Europa gegen Napoleon führen.

So stellten er und die in Wien agierende »Kriegspartei« alles darauf ab, gegen Frankreich rasche militärische Erfolge zu erzielen und einen Solidarisierungseffekt zu bewirken. Der müde, so vielfach geschlagene, hofrätlich-despotische Kaiser Franz war jetzt tatsächlich in den Augen vieler zu so etwas wie einer Hoffnung geworden, Napoleon Einhalt zu gebieten. Und Generalissimus Karl, der zwar gegen jedes Abenteuer intern auftrat, genoss in der Öffentlichkeit den Ruf des militärischen Könners. Schließlich war er schuldlos an den letzten Niederlagen im Austerlitz-Feldzug. Neben diesen beiden wurde Erzherzog Johann zur dritten Symbolfigur. Jung, elegant, ein romantischer Geist, ein wenig vom alpinen Mythos umwoben und Werber für den Volkskrieg, ja für einen Widerstand »à l'Espagne«.

Lieder, Gedichte, Aufrufe entstanden fast über Nacht; und überall, wo man deutsch sprach. Der Hannoveraner Friedrich Schlegel wurde zum Herold, zum »Erwecker« Deutschlands im Geiste des alten, Heiligen Reiches. Die Habsburger sollten es wiederherstellen; Schlegels Freiheitslieder wurden zu einer Droge, die das Pathos des Jahres 1809 hervorrief:

»Es sei mein Herz und Blut geweiht,
dich Vaterland zu retten.
Wohlan, es gilt, du seist befreit,
wir sprengen deine Ketten.
Nicht fürder soll die arge Tat
des Fremdlings Übermut, Verrat
in deinem Schoß sich betten!«

Der Preuße Heinrich von Kleist wühlte die Deutschen mit der symbolträchtigen »Hermannschlacht« auf; deutsches Selbstbewusstsein gegen Eindringlinge und Eroberer musste geweckt werden, wobei immer wieder Habsburgs historische Rolle in Deutschland hervorgekehrt wurde; Kleist verherrlichte auch Erzherzog Karl, dem er das »Panier« Deutschlands poetisch in die Hand drückte. Und auch die Volksbewaffnung durch Erzherzog Johann wurde zum Gegenstand der literarischen Überhöhung. Heinrich Collin dichtete ein Lied, das geradezu als Hymne gesungen wurde. Der Refrain lautete: »Auf, ihr Völker, bildet Heere! An die Grenzen, fort zur Wehre!« Österreich wurde zur Hoffnung aller »Gutgesinnten«, aller »wahrhaft deutsch denkenden Männer«. Uhland rief »Auf, gewaltiges Österreich«, Ernst Moritz Arnst »Auf denn, Freunde!« – und außerdem: »Franz ist unser Kaiser, nicht Bonaparte … Österreich ist der Vereinigungspunkt, das Haus Habsburg soll herrschen; denn wir wollen einen deutschen Herrn!« Und Max von Schenkendorf deklamierte: »Deutscher Kaiser, deutscher Kaiser, komm zu rächen, komm zu retten!«

Verschwörung in Tirol?

Die Kriegshysterie wuchs. Noch zur Jahreswende von 1808 auf 1809 hatte man aber in Wien nichts entschieden; Johann schrieb in sein Tagebuch, dass zwar erwogen wurde, sogleich loszuschlagen, weil nur mehr für drei Monate Geld im Staatsbudget vorhanden war. Aber der Kaiser war schrecklich unsicher. Johann hielt fest: *Heute geht einer zum Herrn und trägt ihm seine Ansicht vor, morgen geht ein anderer und sagt das Entgegengesetzte – so schwankt er beständig und wird der Spielball seiner Diener … hier ist wenig zu machen, satt habe ich es.* Denn er wurde – ebenso wie Erzherzog Karl – ständig überwacht. So fand sich in einem dem Kaiser übergebenen Bericht eines Denunzianten die Behauptung, Karl wäre »mit dem französischen Ambassadeur intime«; Berater Karls und Johanns wären »Freimaurer und Illuminaten.« Dabei hatte Johann mit seiner Landwehr genügend zu tun. Es zeigt dabei von menschlicher Wärme wie militärischer Schwäche, dass Johann die Landwehrmänner von ihren Vorgesetzten rücksichtsvoll behandelt sehen wollte. Die Bataillonskomman-

danten sollten sich gegenüber den Landwehrmännern so verhalten, dass *jedes Ungemach nach Kräften und Verhältnissen erleichtert* werden solle; und man *Trost und väterliche Teilnahme nie versagen* dürfe.
Das war eine eigenwillige Art der militärischen Disziplinauffassung; Härte, Rücksichtslosigkeit, Unbarmherzigkeit – wie sie in den Heeren des 18. und 19. Jahrhunderts üblich waren – alles war nach Johanns Meinung falsch. Er hielt nichts vom fast geheiligten Kadavergehorsam, den Friedrich II. sechzig Jahre zuvor seinen Preußen und damit auch allen anderen Heerführern aufgezwungen hatte. Für Johann waren die ihre Heimat verteidigenden Landwehrmänner Menschen, Bürger – und als solche auch zu behandeln: *Das Schicksal auf alle mögliche Art erleichtern* wurde zu Johanns Maxime.
Sein Kampf für die Landwehr bestand aber jetzt im Austragen eines Kleinkrieges. Es stellte sich nämlich heraus, dass für die Armee und die Landwehr zu wenig Waffen, zu wenig Munition und kein Geld für Ausrüstung vorhanden waren. Zuerst sollte doch die Armee ausgerüstet werden; Landwehreinheiten wurden daher gar nicht oder miserabel armiert und ausgebildet. Improvisation galt als Gebot der Stunde, machte aber auch einer gewissen Ernüchterung Platz. Dennoch ist interessant, dass auch der preußische General von Scharnhorst in eben dieser Zeit seinem Monarchen den Vorschlag machte, die Insurrektion ganz Deutschlands im Geheimen vorzubereiten und durch einen Aufstand, eine Revolution im besetzten Gebiet, Napoleons Heere zu behindern. Auch Gneisenau sah darin die einzige Chance, Napoleon wirksam Schwierigkeiten zu machen – und zwar im »totalen Volkskrieg« im Hinterland: »Jede Hütte eine Burg, jeder Bewohner ein Soldat ohne Uniform – nur mit einer Nationalkokarde am Revers …«
Johann hatte heimlich und teilweise ohne Billigung oder auch nur Wissen des Kaisers zu Beginn des Jahres 1809 für Tirol sehr konkrete und weitgehende Vorbereitungen getroffen. Die dabei zwischen Wien und Tirol ausgetauschten höchst brisanten Briefe hatten geradezu exotisch-erotische Codes: Man erweckte den Eindruck von Liebesbriefen oder verwandtschaftlichen Schreiben. Da hieß es in einem Brief, mit dem Johann mehrere Führer der kommenden Bewegung im Dezember 1808 nach

Wien einlud, dass der Liebhaber sich entschlossen habe, *in Kürze die Braut abzuholen*; mit dem in Bozen abgesendeten Brief war unter dem »Liebhaber« niemand anderer als der Erzherzog selbst gemeint. Eine andere Verschlüsselung lautete: *Der Bräutigam ersucht mich also, dem Vater der Braut und ihn samt seinen lieben Brüdern im Etschland, auch deren vom Inntal auf des Bräutigams Kosten nebst dem Bartigen so schleunigst als möglich hierher zu berufen.* Mit dem »Bartigen« war Andreas Hofer gemeint. Und aufgrund des oben zitierten Briefes fanden sich auch der Sandwirt Hofer, Franz Nessing (ein Kaffeesieder aus Bozen), Peter Kreiter aus Bruneck sowie andere Verschwörer in Wien ein. Man betrat die Hofburg über eine Hintertreppe des Amalientraktes, in dem Johann damals wohnte, und informierte den Erzherzog über die Stimmung im Land. Das Ergebnis der Aussprache: Man beschloss in drei langen Sitzungen den Plan einer landesweiten Erhebung. Johann berichtete erst später dem Kaiser und Graf Stadion von seinen Plänen, weil man den Mangel an Lebensmitteln in dem armen Gebirgsland voraussah. In einer Denkschrift fasste Johann sodann zusammen: Die Tiroler sollten gegen die bayerischen Besatzer losschlagen, wenn der Krieg Österreichs mit Frankreich ausbrechen würde; unmittelbar danach sollte auch österreichisches Militär einrücken und entsprechende Aufrufe und Proklamationen, die Johann vorbereiten ließ, erlassen. Als Rechtsgrund für die Wiederbesetzung Tirols durch Österreich sollte angeführt werden, dass Tirol im Pressburger Frieden »nur auf die Art und mit jenen Rechten, wie S. M. der Kaiser selber sie besessen« habe, von Österreich abgetreten worden sei. Demnach hätten alle alten Tiroler Rechte und Freiheiten in Geltung bleiben müssen – was von den Bayern nicht akzeptiert worden war. Nach dem Einmarsch der Österreicher und dem gleichzeitigen Aufstand der Tiroler sollte nach Johanns Plan sodann ein offener Landtag Entscheidungen treffen; statt dem letzten (österreichischen) Landeshauptmann Wolkenstein, den Johann als »unfähig« bezeichnete, sollte der Freiherr von Moll, Kreishauptmann von Rovereto, an die Spitze der Verwaltung gelangen. Die Tiroler Verschwörer verlangten bei ihrem Besuch in der Hofburg von Johann auch die rascheste Entfernung aller »Übelgesinnten« nach einer erfolgreichen Machtergreifung – also im wesentlichen aller jener, die mit den Bayern sympa-

thisiert und fraternisiert hatten. Johann brachte aber die Weitsicht auf, den Rachegefühlen der Tiroler ein Nein entgegenzusetzen. Vor allem wollte er den Beamten, die ja unter den Bayern nur ihre Pflicht getan hätten, gewissermaßen mit einer »Rechtsbrücke« den Frontenwechsel möglich machen. Johann verabscheute es, dass *Privatleidenschaft und Parteigeist* dominieren sollten, wenngleich er sich darüber klar war, dass es im Zuge eines Volksaufstandes wohl zu Grausamkeiten kommen würde.
Für Kaiser Franz waren nun aber Aufständische grundsätzlich gefährliche Subjekte; für ihn waren Untertanen, die gegen eine legitime Regierung konspirierten, immer Rebellen, denen eigentlich mit aller Entschiedenheit das Handwerk gelegt werden musste. Und so schwebte auch das Unverständnis der Wiener Hofburg von Anbeginn an über der Tiroler Erhebung – bis zum bitteren Ende. Selbst die Napoleon-Hasserin Kaiserin Maria Ludovika, die Johanns Entwurf zum Aufruf an die Tiroler gelesen hatte, konnte für die patriotische Rebellion keine Sympathie finden: »Lieber Johann! Mit welchem Recht können wir die Tiroler aufmuntern zur Untreue gegen ihren rechtmäßigen Gebieter? Denn dies ist der König von Bayern. Wir haben ihm dieses Land durch einen feierlichen Traktat übergeben, wir haben für uns und unsere Nachkommenschaft auf ewig Verzicht geleistet, von dem Augenblick an haben wir unser Recht verloren und durch unser gegenwärtiges Betragen wird unserem Feinde Anlass gegeben, die Österreicher als Aufrührer fremder Völker, als wahre Demokraten zu erklären; vor ganz Europa verlieren wir den Kredit unserer Rechtschaffenheit und erhalten dabei keinen Vorteil … Sie werden mir sagen, im Krieg ist alles erlaubt; ja, im Kampfe. Aber es gestattet nicht heimliche Verräterei; um groß zu sein, braucht man das nicht! … Leider leben wir in einem Jahrhundert, wo unter dem Deckmantel des Patriotismus man stets die Achtung für den Monarchen und seine Gewalt zu vermindern sucht.«
So also stand es mit der Bereitschaft des Hofes zur Unterstützung der braven Tiroler! Johann hätte jetzt, als sich die militärische Situation zuspitzte, erkennen müssen, dass dieser Kaiser samt seiner Umgebung den Ernst der Situation nicht erkannte: man stand mit Napoleon bereits an der Schwelle des Krieges – mit einem Mann, der sich halb Europa unter

völliger Missachtung aller Rechtstitel angeeignet hatte; und sprach von der Vermeidung von Gewalt!
Dabei hatte sich die österreichische Ministerkonferenz erstmals am 8. Februar 1809 für einen Angriffskrieg gegen Frankreich ausgesprochen. Erzherzog Johann wurde zum Befehlshaber der aus dem 8. und dem 9. Armeekorps bestehenden Südarmee ernannt; auch die Landwehr Innerösterreichs wurde ihm unterstellt. Der von Erzherzog Karl ausgearbeitete Feldzugsplan sah dabei den Angriff der Österreicher – von Kärnten aus – gegen das französisch besetzte Oberitalien sowie das bayerische Tirol vor. Johann begab sich umgehend nach Graz, um Vorbereitungen zu treffen; freilich merkte er bald, wie schleppend und langsam die Militärbürokratie die Dinge in Bewegung setzte; nach seiner Auffassung war jetzt jeder Tag verloren, und er schrieb entrüstet, dass das Sitzen in Konferenzen jetzt wohl endgültig vorbei sein sollte.
Die offiziellen Aufrufe, die nun die Soldaten Österreichs zum Kampf anspornen sollten, verdeckten natürlich die Zwistigkeiten im Kaiserhaus. Johann hatte selbst in einem Tagesbefehl an die Landwehr nur Positives zu vermelden: *Liebe zum Vaterland, Enthusiasmus für Selbstständigkeit, Hass gegen alle fremde Tyrannei, erhabenes Bewusstsein des eigenen Wertes, lebendiges Gefühl unserer Kraft, echter altösterreichischer Sinn gibt der Landwehr ihr Dasein. Ganz Europa erstaunt, wie es nur eines Wortes des geliebten Kaisers bedurfte, um die Nation zur Armee, und die Armee zur Nation umzuschaffen.*
Den Aufruf an die Tiroler verfasste Hormayr: »Der Augenblick setzt Euch in die Lage, in dem großen heiligen Kampf eine Hauptrolle zu spielen – und Tiroler! Wie? Wäre es möglich, dass der Wille dazu nicht in Euch wäre? Tiroler! Ich kenne Euch. Wahrlich, auch ich bin keinem Eurer Täler und keiner Eurer Alpen fremd. Ich bin gewiss, Ihr werdet Euch Eurer Väter, Ihr werdet Euch des Allerhöchsten Vertrauens, Ihr werdet Euch unserer großen Erwartung würdig beweisen!« Und auch an die Italiener, deren Land er nun mit Krieg überziehen sollte, richtete Johann, auf Italienisch, einen Aufruf, den der Journalist Carpani entworfen hatte. In ihm war – etwas schwulstig – von der Schmach die Rede, die Napoleon Italien und dessen Menschen angetan hatte.

Wie aber dachte Johann über die Rolle, die er nun zu spielen hatte? War ihm wohl dabei zumute? Immerhin: er war jetzt der zweitwichtigste Heerführer der Monarchie. Karl sollte in Süddeutschland Kaiser Napoleon gegenübertreten, Johann in Oberitalien Napoleons Stiefsohn, dem Vizekönig Beauharnais. Konnte er endlich das tun, wozu er seit 1800 nicht in der Lage war – nämlich die Schlappe von Hohenlinden wieder gutmachen? Was aber würde sein, wenn er, Johann, als Oberbefehlshaber der Südarmee, versagte? Wenn die Monarchie auseinanderbrach – endgültig? Trübe Gedanken mögen ihn am 30. März heimgesucht haben, als er seinem Tagebuch die innersten Gedanken anvertraute – als eine Art Testament. Sein Entschluss stehe fest, *niemals eine Pension fremder Regierungen anzunehmen*; er würde nie den heimatlichen Boden verlassen; irgendeinen Fleck würde er schon finden, wo er unbekannt eine Wendung der Dinge und eine bessere Zeit abwarten könnte; seine Absicht wäre es, sich in irgendeinem Winkel Tirols, Salzburgs oder der Obersteiermark zu verstecken und sich *den Lebensunterhalt durch Arbeit zu verdienen.* Später gab er zu, dass er deshalb auch während des ganzen Feldzuges eine einfache Jägertracht, einen Wettermantel und einen Kugelstutzen mit sich geführt hatte. Er war ein eigenartiger Kommandant und sogar in der Generalsmontur ein Bauer.

Sacile und Wagram

Am 10. April 1809 überschritten Erzherzog Karl die bayerische und Erzherzog Johann die italienische Grenze. Der Krieg war eröffnet. Karls Absicht war, den Hauptstoß der Österreicher in den süddeutschen Raum zu führen und dort rasch eine Entscheidung gegen die in Eilmärschen herangeführten Franzosen zu suchen. Johann hingegen setzte am gleichen Tag den ihm unterstellten Feldmarschallleutnant Chasteler mit 14.000 Mann sofort gegen Tirol in Marsch. Bei den Truppen befand sich Joseph Hormayr, der die Tiroler Volkserhebung organisieren sollte. Völlig überrascht, konnten die bayerischen und französischen Besatzungstruppen in Tirol auch leicht überrumpelt und gefangen genommen werden, wodurch ganz Nord- und Südtirol bis Bozen bereits nach vier Tagen in österreichischen Händen war. Auch Vorarlberg schloss sich dem Aufstand an. Es war ein großartiger Erfolg und ein Beweis für die Richtigkeit der Untergrundarbeit des Erzherzogs.

Johann selbst war an der Spitze der Südarmee – etwa 40.000 Mann und Landwehrverbände – im Kanaltal bei Pontebba über die Grenze gegangen. Die Franzosen sammelten zu diesem Zeitpunkt ihre verstreuten Truppen, die unter dem Befehl des Vizekönigs Eugène Beauharnais, Napoleons Stiefsohn, standen; eine Armee des Königreiches Neapel unter Murat sollte zu ihnen stoßen, wodurch die französischen Truppen in

Napoleon beschloss, nicht gegen Johann in Oberitalien anzutreten, sondern in Süddeutschland. Gemälde von Horace Vernet (Ausschnitt)

Oberitalien schließlich etwa 80.000 Mann umfassen sollten. Dalmatien und das adriatische Küstenland waren bis auf weiteres nicht Kriegsschauplatz.

Die Österreicher wählten als erstes Angriffsziel den oberen Tagliamento. Die rechte Seitenkolonne stieß erst bei Venzone auf französische Einheiten. Über Tolmein und Karfreit erreichte man den Isonzo. Beauharnais hatte es für klüger gehalten, vorerst einmal zurückzuweichen. Er überließ den Österreichern Udine, das am 12. April besetzt wurde. Aber der Monat April zeigte sich von seiner unfreundlichsten Seite. Die vorrükkenden Österreicher kämpften sich bei anhaltend schweren Regenfällen durch morastigen Boden und über schnell angeschwollene Flüsse vorwärts. So ging der Marsch nur schleppend vor sich. Am 14. April war es dennoch so weit, dass man mit den Truppen Chastelers in Tirol – über das obere Piavetal – eine Verbindung herstellen konnte. Als Johann erfuhr, dass sich die Nachhut der französischen Truppen bei Pordenone von der Hauptarmee etwas abgesetzt hatte, entschloss er sich zu einem Umgehungsmanöver. Der Überfall gelang. Die Franzosen unter General Sahuc erlitten eine erste schwere Niederlage und verloren 2500 Mann. Dennoch waren die Truppen des Vizekönigs nunmehr bereits etwa gleich stark wie Johanns Hauptarmee, und Beauharnais unternahm bei Porcia einen Gegenangriff. Johann konnte diesen und die folgenden Angriffe äußerst geschickt und erfolgreich abwehren, musste aber bereits die wachsende Kraft der Franzosen zur Kenntnis nehmen. Zwölf Stunden lang tobte am 17. April der Kampf zwischen den Orten Fontana, Fredda und Sacile. Schließlich trugen die Österreicher den Sieg davon -– und die Franzosen zogen sich eilig zurück; wenngleich man auf österreichischer Seite gut 6000 Mann zu beklagen hatte.

Der als »Sieg von Sacile« in die Militärgeschichte eingegangene Bataille hatte allerdings mehr psychologische als praktische Bedeutung; endlich ein Sieg, auch wenn er nicht unmittelbar gegen Napoleon selbst erkämpft worden war. Jedenfalls feierte Gentz in Wien den Erfolg sowie den Sieger Johann enthusiastisch; Sacile habe eine »hinreißende Gewalt für die öffentliche Meinung« gehabt.

Gleichzeitig regnete es weiter. Ein weiteres Vordringen Johanns wurde geradezu unmöglich. Der Feind hatte die Übergänge über die Hochwasser führende Piave zerstört, und Johann konnte nur das Dorf Conegliano einnehmen. Er richtete nun seinen Hauptstoß nach Süden und überschritt die Piave erst in der Nähe von Treviso. Ein Vorstoß nach Venedig scheiterte, dafür gelang es aber Johann, die schöne Palladio-Stadt Vicenza zu besetzen. Am 27. April stand Johanns Vorhut bei San Bonifacio – nur wenige Kilometer vor Verona. Im Falle einer Einnahme der Stadt wäre die Vereinigung mit den aus Tirol vorrückenden Tiroler Truppen möglich geworden – und das Gebirgsland wäre wieder ganz in österreichischer Hand gewesen. In dieser Situation, in der sich Johann auf den Angriff auf Verona vorbereitete – wo Beauharnais rund 56.000 Mann zusammengezogen hatte und damit den Österreichern zahlenmäßig bereits weit überlegen war – erreichte den Erzherzog der folgenschwere Brief Kaiser Franz', der dem ganzen Feldzug eine neue Wendung geben sollte. Man schrieb den 29. April, und Johann erfuhr nun erstmalig, was halb Europa schon wusste: die Nordarmee unter Erzherzog Karl war nach Niederlagen in Süddeutschland auf dem Rückzug. Erzherzog Karl sei, so berichtete Kaiser Franz aus Oberösterreich, in Richtung Böhmen auf dem Marsch; das Donautal – und damit Wien – seien daher ungedeckt. Aus der Offensive war man schnurstracks in die Defensive geschlittert. Johann müsse nun, so der Kaiser, selbst entscheiden, was er zu tun gedenke; die tapferen Tiroler sollten – so Franz – jedenfalls »nicht ohne Unterstützung bleiben«. Völlig unbestimmt in den Formulierungen, war aus dem Brief des Kaisers weder ein klarer Befehl, noch überhaupt ein Plan ersichtlich. Eher nur gefühlsmäßig konnte Johann erkennen, dass die Lage äußerst fatal sein musste – und dass Kaiser Franz offenbar das Schlimmste befürchtete: eine Wiederholung der Ereignisse des Jahres 1805 mit der Besetzung Wiens. Was sollte Johann also tun? Der Kaiser begnügte sich mit hohlen Phrasen: »Wir leben in einer Katastrophe, wo männliche Tatkraft weiter führt als ängstliche Berechnungen mathematischer Linien.« Aber wo waren »mathematische Linien«? Schon zu diesem Zeitpunkt war deutlich, dass zwischen dem Kaiser einerseits und den die Hauptarmeen kommandierenden Erzherzögen Karl und Johann andererseits schwerste Kommunikationsprobleme bestanden. Johann im

Das Gefecht bei Malborghetto im Kanaltal beim Rückzug von Erzherzog Johann. (Nach A. Adam)

Süden war prompt in den Befehlswirrwarr hineingeraten, nachdem Franz und Karl im Norden keine gemeinsame Linie fanden. Noch hoffte Johann allerdings, dass er die Front nur begradigen müsse und vor allem Tirol zu halten sei. Deshalb schickte er aus den Weinbergen um Verona an den ihm unterstellten Oberbefehlshaber Chasteler zuerst einmal den dringenden Befehl, mit Hilfe der Tiroler Schützen das Land unter allen Umständen gegen die wahrscheinlich von Norden eindringenden Bayern – sowie gegen die von Süden vorrückenden Franzosen – zu halten. Bald war ihm aber klar, dass Nordtirol extrem exponiert wäre, wenn Napoleon

im Donautal – wie 1805 – in Richtung auf Wien marschieren würde; die Voralpentäler wären völlig ungeschützt, und selbst kleine französische Detachements könnten in der Lage sein, seine, Johanns, Nachschublinien zu unterbrechen. Ein Durchbruch der Franzosen etwa über das Ennstal oder in der Mariazeller Gegend würde überdies die Feinde direkt in die Steiermark führen und Johann von der Verbindung mit Wien abschneiden. Was blieb ihm nach einer Schrecksekunde, die immerhin sechs Tage dauerte, übrig, als vor den Augen der Armee des Vizekönigs Beauharnais kehrtzumachen und den Rückzug anzutreten?
Am 1. Mai rückte Johann aus den Stellungen bei Verona ab. Auf einer Route, die jener des Vormarsches weitgehend entsprach, marschierten die einigermaßen konsternierten Österreicher zurück. Johann hatte ihnen in einem Armeebefehl für ihren Einsatz und den – bisher – einzigen militärischen Erfolg der österreichischen Fahnen gedankt; andererseits hatte er den Offizieren und Soldaten recht plausibel die Gründe für den Rückzug verständlich gemacht. Chasteler und den Tirolern schickte er durch das Suganatal eine geringe Verstärkung – hoffend, dass der Verteidigungswille der Tiroler so stark sein würde, um mit den regulären österreichischen Einheiten zusammen die Pässe des Gebirgslandes zu verteidigen. Und die Franzosen? Sie rückten dem abziehenden Johann auf den Fersen nach; und sie griffen immer wieder – insbesondere im schweren Gelände – die österreichische Nachhut an. Es kam zu heftigen Gefechten, die viele Opfer forderten, so bei Bassano und Trevis, wo Johann vehementen Widerstand leistete und den Franzosen schwere Verluste zufügte. Am 6. Mai überschritten die Österreicher die Piave, am 10. Mai hatte man wieder den Tagliamento erreicht.

Das Chaos regiert

Mittlerweile waren neue Briefe bei Johann eingetroffen. Einer stammte von Erzherzog Karl, der den raschesten Rückzug – sogar bis Ungarn – befahl, sollte Innerösterreich nicht zu halten sein oder aus dem Norden Gefahr drohen. Kaiser Franz hingegen schlug Johann vor, Venetien zu halten und nicht zu retirieren, »solange dies nicht durch den äußersten

Drang der Umstände gebietend notwendig wird.« Das Chaos war offenkundig. Den Tagliamento, über den es keine Pontonbrücke mehr gab, durchwatete Johann als erster, hinter ihm seine Soldaten, die von den nachrückenden Franzosen schwer behindert wurden.
So erreichte man wieder die Karnischen Alpen und Johann rechnete sich größere Chancen aus, die Verbindungslinien mit den Verbänden östlich des Isonzo zu sichern. Kleinere Einheiten, die er vorausschickte, sollten ein Eindringen der Feinde über die Pässe verhindern. Aber noch bei Gemona und Venzone kam es zu so schweren Gefechten, dass das Zurückgehen zunehmend den Charakter der Flucht annahm.
Am 14. Mai verlegte Johann sein Hauptquartier bereits nach Villach. Der Zugang nach Kärnten konnte nun für kurze Zeit gehalten werden, wobei die Österreicher mit primitiv-provisorischen Sperren und Blockhäusern den Vormarsch der Franzosen verzögerten. Besonderen Heldenmut bewiesen kleine Einheiten am Predil und bei Malborghetto , wo die Österreicher bis zum letzten Mann niedergemacht wurden.
In Villach erhielt Johann neue Berichte vom Kriegsschauplatz an der Donau. Und von der Kaiserin erfuhr er, dass sich der Hof in mittlerer Desperation aus Wien nach Ungarn geflüchtet hatte und Kaiser Franz stets in respcktvollem Abstand von der Armee Erzherzog Karls Station mache. Wobei Befehle durch Gegenbefehle oder Verwirrungsschreiben hintertrieben wurden.
Für Johann wurde, nachdem die Franzosen in das Drautal und Klagenfurter Becken einzudringen begonnen hatten, immer klarer, dass Erzherzog Karls Befehl am sinnvollsten war, zurückzumarschieren und eine Vereinigung aller Truppenteile östlich von Wien zu suchen. Aber konnte er selbst – als Spiritus Rector des Landwehrgedankens und einer umfassenden Verteidigung der Gebirgsländer – einfach abrücken und die Menschen Kärntens, der Steiermark – und damit auch Salzburgs und Tirols – ihrem eigenen Schicksal überlassen?
Schweren Herzens entschloss er sich, alle Einheiten, die noch irgendwo operierten, im Raum Graz-Marburg zu sammeln. Für die Tiroler Truppen unter Chasteler sollte dies ebenso gelten wie für jene im Salzburgischen unter Feldmarschallleutnant Jellačić und für jene unter

Feldmarschall Gyulai in Dalmatien. Johann selbst rückte nach Klagenfurt ab.
Und hier erreichte ihn ein weiteres Schreiben des Kaisers aus Hollabrunn im Weinviertel, in dem Franz ihn aufforderte, alle Befehle rückgängig zu machen und nicht weiter Richtung Osten zu marschieren, sondern nach Norden, an die Donau. Es war die Absicht des Kaisers, die Nachschublinien Napoleons, der schon in Wien stand, zu unterbrechen und damit die Franzosen entscheidend zu schwächen. Angesichts der Schwierigkeit der Nachrichtenübermittlung war klar, dass dieser Befehl nur um den Preis einer neuerlichen, völligen Verwirrung auszuführen war. Und Johann antwortete auch dem Kaiser freimütig, dass der Marsch nach Norden unmöglich sei, weil dafür die Voraussetzungen für seine Truppen fehlten. Auch war nach dem Fall Wiens klar, dass sich die Entscheidung im Osten oder Norden der Residenzstadt anbahnen würde – ganz ähnlich, wie dies auch 1805 der Fall gewesen war.
Die Armee Johanns erreichte am 19. Mai Völkermarkt und am nächsten Tag Lavamünd. Am 24. Mai lagerten die Soldaten um Graz. Genau sechs Wochen war es her, dass Johann mit hochfliegenden Hoffnungen von hier aus aufgebrochen war. Er selbst hatte zwar sein militärisches Ziel erreicht und den Franzosen in der Kernzone Oberitaliens empfindliche Verluste zugefügt. Aber es ist dennoch fraglich, ob er sich gegen den Vizekönig und gegen die anrückenden Truppen des Königs Murat längere Zeit hätte behaupten können; man kann es jedenfalls bezweifeln, und sehr wahrscheinlich wäre der Frontverlauf kaum weit über Verona hinausgegangen. Immerhin wäre aber die wichtige Verbindung nach Südtirol – über das Etschtal – in österreichischer Hand verblieben und damit eine dauerhafte Sicherung Tirols möglich gewesen. Der Rückzug Johanns war militärisch jedenfalls nicht zwingend gewesen; er war einzig und allein auf das Versagen der Nordarmee zurückzuführen. Ein schneller Zusammenschluss aller österreichischen Truppen hätte letztlich die Vereinigung einer respektablen Macht bewirkt. Und eine große Entscheidung irgendwo um Wien hätte mehr Österreicher auf dem Schlachtfeld zusammengeführt als Franzosen kampfbereit waren. Nur: Der Konjunktiv macht die Sachlage deutlich.

Freilich: Johann war sich selbst nicht im Klaren, was angesichts der Umstände am zweckmäßigsten war. Und so ist es durchaus verständlich, wenn sein Rückmarsch zu langsam erfolgte; dies umso mehr, weil er sich auch zusätzlich verpflichtet fühlte, die innerösterreichischen Länder nicht kampflos aufzugeben. Der langsame Rückmarsch sollte ihm später angelastet werden.

Erwiesen war wohl auch, dass Johanns Landwehr nicht mehr einsetzbar war; die schlecht ausgerüsteten Landwehrmänner waren in der Mehrzahl auch zunehmend kampfunwillig. *Viele sind bereits nach Hause gegangen*, berichtete er an Karl.

Angesichts des Desasters entschloss sich Johann, den Marsch umgehend fortzusetzen – in Richtung Westungarn. Und dort erfuhr Johann die erfreuliche Nachricht, dass mittlerweile Erzherzog Karl bei Aspern gesiegt hatte, ein weiterer Kampf aber wohl unvermeidlich sein würde. Und so zog der Sieger von Sacile mit den Resten seiner einst stattlichen Armee in raschen Märschen weiter ostwärts. Ein Schreiben Karls wies ihn an, von Westungarn nach Wiener Neustadt vorzustoßen und zu verhindern, dass sich die über den Semmering in Richtung Wien marschierenden Einheiten der französischen Italienarmee mit Napoleon in Wien vereinigen können; am 29. Mai aber widerrief Erzherzog Karl den Befehl und befahl vielmehr, dass sich Johann so rasch wie möglich entlang des Flusses Raab mit der ungarischen Insurrektion – der magyarischen Landwehr – vereinigen sollte. Karl hatte offensichtlich vor, bei Pressburg eine Vereinigung der beiden Armeen zu vollziehen und irgendwo dort Napoleon entgegenzutreten. Aber schon einen Tag später schrieb wiederum der Kaiser an Johann, dass die Truppen der Ungarn nicht Johann unterstellt werden dürften, vielmehr unter dem Befehl des so genannt Ungarischen Joseph zu verbleiben hätten (eines Bruders von Franz, Karl

Farbteil Seite 1: Clemens von Metternich, 1805/06 österreichischer Botschafter in Paris, ab 1809 Außenminister (nach Johann Nepomuk Höchle)
Seite 2–3: Die Vereinigung der österreichischen Truppen mit dem Tiroler Landsturm bei Sterzing am 14. April 1809. Ölgemälde von Ludwig Schnorr von Carolsfeld
Seite 4: Gefangennahme von Andreas Hofer durch französische Soldaten im Passeiertal. Gemälde von Leopold Puellacher

und Johann). Was also tun? So ist Johanns neuerliches Zögern zu verstehen, das doppelt begreiflich ist, wenn man auch die Ermüdung seiner Soldaten in Betracht zieht. Am 9. Juni stand Johann in Tüskevar, wo Erzherzog Karl ihm den Marsch nach Györ und von dort nach Pressburg befahl. In diesem Schreiben steht der warnende Satz, dass »die Nichtbefolgung wiederholter ... Weisungen ... von den bedeutendsten Folgen sein kann«.

Also weiter! Johanns Marsch war nun keineswegs störungsfrei, vielmehr holte ihn prompt die nachrückende Armee des Vizekönigs Beauharnais in Westungarn ein. Bei Kis-Megyer kam es zu einem Gefecht, das sich am 14. Juni zu einer regelrechten Schlacht ausweitete. Es zeigte sich bald, dass die ungarischen Einheiten miserabel kämpften und sich die Kavallerie nach der ersten französischen Attacke in eine ungeregelte Flucht schlagen ließ. Es war die noch verbliebene Landwehr, vor allem aus der Steiermark, die Österreichs Ehre rettete. Dennoch war die Niederlage nicht zu verhindern, und Österreicher wie Ungarn zogen sich nordwärts in die starke Donaufestung Komorn zurück. Am 21. Juni erreichte Johann ein neuer Befehl Karls. Er sollte, so schrieb der Generalissimus, sofort nach Pressburg abmarschieren und den dort stationierten General Bianchi, der den Brückenkopf am rechten Donauufer hielt, ablösen. Johann erledigte den Auftrag. Am 27. Juni traf der Kaiser in Pressburg ein, blieb aber nur kurze Zeit und entkam dadurch einem französischen Bombardement, das von Süden her einsetzte.

Unterdessen hatte sich Napoleon mit seiner Hauptarmee von der Lobau aus nach Norden ins offene Marchfeld bewegt. Erzherzog Karl befahl seinem Bruder mit dem letzten nur denkbaren Einsatz, jeden Versuch der südlich der Donau stehenden zweiten Armee der Franzosen, die Donau zu übersetzen und damit Napoleon zu verstärken, zu verhindern. Das war, wie die Dinge lagen, dem Erzherzog auch völlig klar. Es war der 5. Juli, zeitig am Morgen, als Johann nun ein neues Schreiben Karls erreichte, das von Wagram sechs (!) Stunden lang unterwegs war: Johann möge doch, so Karl, mit allen verfügbaren Einheiten von Pressburg aus sofort aufbrechen, weil die Entscheidungsschlacht unmittelbar bevorstehe. Der alte Befehl sei hinfällig, jeder Mann würde nun in Wagram benötigt.

Johann war die ganze Nacht am Brückenkopf gewesen, seine Soldaten waren von einem nächtlichen Gewitter durchnässt und von den Angriffen der Franzosen stark ermüdet. Waren es diese Gründe – oder eine gewisse Verärgerung über das Hin und Her der sich ständig widersprechenden Befehle, dass Johann nicht sofort reagierte? Jedenfalls verschob Johann den Abmarsch auf den Abend und brach in der Nacht vom 5. zum 6. Juli – also fast 24 Stunden später – auf. Es waren 12.000 Österreicher und drei ungarische Kavallerie-Divisionen, die der Erzherzog mit sich führte. In Marchegg erwarteten ihn bereits neue Befehle Karls, der zum raschen Marsch über Leopoldsdorf in Richtung Markgrafneusiedl und Wagram mahnte. Diese Befehle – in der entscheidenden Nacht vom 5. auf den 6. Juli – hatte Erzherzog Karl aber nicht persönlich erteilt: Er litt unter einem seiner schweren Anfälle, einem Gehirnkrampf (wie die Umschreibung lautete). Die Entscheidungen lagen bei seinem Stabschef, Generalmajor Wimpffen, und bei Generaladjutant Grünne.
Johanns Soldaten waren von Pressburg aus gut zehn Stunden in voller Adjustierung in westlicher Richtung marschiert. Am Vormittag des 6. Juli hörte Johann außerhalb Leopoldsdorf erstmals den Kanonenlärm der Schlacht, die bereits in vollem Gang war. Und als Johann mit seinen Soldaten endlich in dem kleinen Ort ankam, war dieser von den Franzosen besetzt. Dies war deshalb möglich geworden, weil Napoleon am linken – also dem in Johanns Marschrichtung liegenden – österreichischen Flügel die schwächste Stelle entdeckt hatte. Die dort operierenden österreichischen Einheiten waren nicht in der Lage, ein kluges Umgehungsmanöver der Franzosen zu verhindern. Hier entschied sich die Schlacht bereits zu einem Zeitpunkt, als Johann mit seiner Verstärkung noch weit entfernt war.
Es steht unter den Militärhistorikern heute außer Frage, dass der Ausgang der Schlacht von Wagram mit Johann nicht unmittelbar zusammenhängt: die Österreicher waren bereits zu einem Zeitpunkt besiegt, als Johann noch in Marchegg stand. Dennoch brach Erzherzog Karl am Nachmittag des 6. Juli die Schlacht erst ab, als ihm mitgeteilt wurde, dass Johann das Schlachtfeld nicht mehr erreicht hatte. Österreichs Armee wurde nach Norden zurückgenommen, 37.000 Mann blieben tot oder

verwundet zurück oder fielen in französische Gefangenschaft. Johann fand nur mehr die traurigen Opfer der Schlacht vor und tat das, was das vernünftigste war: Er zog sich nach Marchegg zurück und erreichte am 8. Juli wieder Pressburg.
Karl, der strahlende Sieger von Aspern, war zum Verlierer von Wagram geworden. Napoleon hatte für die Schlappe in der Lobau Vergeltung geübt. Karls Ruhm als heroischer Sieger war zerstört – und er wusste, dass ihm wieder die kalte Schuldzuweisung seines Bruders und Kaisers treffen würde. Würde man seinen Gesundheitszustand für die Niederlage verantwortlich machen? Oder die Unfähigkeit seiner Berater Grünne und Wimpffen? So kam es, dass sich bei der Suche nach Ausreden und Beschönigungen Erzherzog Johann als geeigneter Sündenbock anbot – und das nahezu ideal. Hatte nicht Johann mehrere Befehle während seines zu langsamen Marsches ignoriert oder zumindest nicht exakt ausgeführt? Hatte er nicht in Pressburg einen Tag verstreichen lassen? War von Johann nicht auch bekannt, dass er ein miserabler Stratege war? Hohenlinden war noch nicht vergessen – wurde Wagram nun ein zweites Hohenlinden?

»Tirol wird nie verlassen!«

Es war also klar: Johann war schuld. Karl an seinen Bruder: »Es ist mir leid, bemerken zu müssen, dass E. L. frühere Ankunft um wenige Stunden, auch nur mit einigen tausend Mann, für das Schicksal der Schlacht entscheidend gewesen wäre«.
Andererseits: Hätte Johann angesichts der vielen sich widersprechenden Befehle abschätzen können, wie wichtig und entscheidend gerade die letzten waren? Und dann waren da noch rein menschliche Erwägungen: Johann hatte ganz offensichtlich seine völlig übermüdeten Männer nicht in das Sperrfeuer der französischen Artillerie in Wagram schicken wollen; denn mangelnde Härte gegen die Soldaten war das Hauptproblem des gesamten Feldzugs. Frankreichs raue und rücksichtslose Marschälle hatten da keine Skrupel; die österreichischen Erzherzöge leisteten sich wiederholt die Schwäche menschlicher Regungen. Den entscheidenden Anstoß zur Bildung der offiziellen Schuld-Legende Johanns bot aber die »Relation über die Schlacht bei Deutsch-Wagram auf dem Marchfelde am 5. und 6. Juli 1809«. Dieser Bericht, den Grünne und Wimpffen verfasst hatten, war gewissermaßen die autorisierte Darstellung des Kampfes und enthielt deutlicher denn je die Behauptung, dass Johanns spätes Eintreffen die Niederlage der österreichischen Farben verschuldet hätte.

»Tirol ist bereit, für Eure Majestät seinen letzten Blutstropfen zu verspritzen«: Tiroler Freiheitskämpfer auf der Flucht vor dem Feind. Aquarell von E. Weixelgärtner.

Schließlich wurde er vom Kaiser in den ersten Augusttagen aufgefordert, zu den Anschuldigungen Stellung zu nehmen. Johanns Antwort konzentrierte sich auf den Gegenvorwurf, man habe doch schon gut zehn Tage vor Wagram gewusst, dass im Marchfeld die Entscheidungsschlacht stattfinden würde; man habe ihm aber erst in der allerletzten Stunde, in allerhöchster Not, einen verspäteten Ausrückungsbefehl nach Pressburg geschickt.

In einem persönlichen Brief an Franz ersuchte Johann überdies, sein Verhalten im Rahmen einer offiziellen Untersuchung klären zu lassen, wobei er seine Bereitschaft festhielt, Karl in keiner Weise zu desavouieren – also auf einer Veröffentlichung seiner Unschuld nicht zu bestehen! Ein nobler Zug, der freilich Johann nicht gedankt wurde.

Denn Kaiser Franz hatte sich selbst ein weiteres Verwirrspiel geleistet. Er war unmittelbar nach der Schlacht von Wagram nach Ungarn abgereist. Dort fühlte er sich sicher und konnte fürs Erste weiteren unangenehmen Entscheidungen aus dem Weg gehen – diese aber kritisieren. Als sich Erzherzog Karl nämlich entschloss, mit Napoleon Waffenstillstandsverhandlungen einzuleiten, da wollte Franz diese nicht akzeptieren. Vielmehr unterstützte er einen obskuren Plan seiner Berater, dass partout Johann entlang der Donau nach Wien vorstoßen sollte. Die Naivität war offenbar; mit welchen Truppen hätte dies Johann tun sollen? Der Kaiser an Johann: »Lieber Herr Bruder … man erzählt von einem Waffenstillstand, den unser Herr Bruder Generalissimus abgeschlossen haben solle … Sie haben sich an diesem geschlossen sein sollenden Waffenstillstand und was Ihnen von wem immer, ja sogar von dem Generalissimus zukommen sollte, keineswegs zu kehren.«

Der Waffenstillstand galt also nicht – und folgenschwer wurde diese Entscheidung vor allem für Tirol: Hatte doch Erzherzog Johann den noch in Tirol operierenden Feldmarschallleutnant Buol in diesen chaotischen Tagen angewiesen, keinen Waffenstillstand anzuerkennen. Ein Flugblatt forderte vielmehr die Tiroler Patrioten auf, weiterzukämpfen. In Tirol hatte Johann auch immer den Eindruck vermittelt, dass Österreich alles tun würde, das alte habsburgische Land zu halten. Noch während seines Rückzugs aus Italien hatte Johann an Hormayr geschrieben: *Sorgen Sie nicht, Tirol wird nie verlassen, Tirol und Innerösterreich werde ich bis aufs Äußerste verteidigen.* Dieser Brief wurde von Hormayr zur Beruhigung der Tiroler überall bekannt gemacht. Und auch in Vorarlberg war auf das Versprechen hingewiesen worden, weil »die innige Liebe Erzherzog Johanns für Vorarlberg« evident wäre.

Triumph und Tragödie des Andreas Hofer

Blenden wir zurück: Der Zusammenbruch der Südfront sowie der völlige Rückzug der österreichischen Nordarmee aus Bayern hatte sowohl die österreichischen Truppen wie auch die bäuerlichen Aufständischen zwischen Gardasee und Kufstein in eine fatale Lage gebracht. Im Mai und Juni waren die Franzosen und Bayern vom Süden und Norden in die Alpentäler eingerückt. Dazu kam, dass sich der österreichische Kommandant in ein leichtfertiges Abenteuer hatte ziehen lassen und mit viel zu schwachen Kräften die über den Pass Strub eingerückten Gegner bei Wörgl im offenen Terrain angriff. Johann erkannte zu spät, dass solche Aktionen *Hirngespinste* waren. Entscheidend für das Vertrauen der Tiroler in die Bereitschaft des Kaisers, Tirol trotz der exponierten geografischen Situation aber nicht im Stich zu lassen, war die so genannte Wolkersdorfer Proklamation – unmittelbar nach dem Sieg Österreichs in der Schlacht bei Aspern – in Form eines kaiserlichen Handbilletts erlassen: »Im Vertrauen auf Gott und Meine gerechte Sache erkläre Ich hiermit Meiner getreuen Grafschaft Tirol mit Einschluss des Vorarlbergs, dass sie nie mehr von dem Körper des österreichischen Kaiserstaats soll getrennt werden und dass Ich keinen anderen Frieden unterzeichnen werde als den, der dieses Land an Meine Monarchie unauflöslich knüpft. So bald wie möglich wird sich Mein lieber Herr Bruder, der Erzherzog Johann, nach Tirol begeben, um so lange der Anführer und Schützer Meiner treuen Tiroler zu sein, bis alle Gefahren von der Grenze der Grafschaft Tirol entfernt sind.«

Dieses Schriftstück aus Wolkersdorf und die Nichtanerkennung des Waffenstillstands lösten in Tirol eine Welle der Zuversicht aus. Österreich wollte und würde weiterkämpfen – trotz Wagram.

Was aber geschah tatsächlich? Am 19. Juli stimmte Kaiser Franz dem von Erzherzog Karl eingeleiteten Waffenstillstand von Znaim doch zu.
Es ist interessant, dass Johann ursprünglich gegen die Verbreitung des Wolkersdorfer Billetts in Tirol war; er konnte es aber nach dem Bekanntwerden nicht verhindern, dass sich nun alle Hoffnungen der Tiroler um dieses kaiserliche Dokument rankten. Der Waffenstillstand zwischen Karl und Napoleon müsse daher eine »List« sein – und Tirol dürfe sich rechtens gegen die feindlichen Soldaten wehren. Es sei »unerhört«, so empörte sich Andreas Hofer: »Der Feind kündigt einen Vertrag an, von dem der Kaiser und Erzherzog Johann nichts wissen, sondern dagegen protestieren. Es müssen also alle Maßregeln ergriffen werden. Jeder muss zu den Waffen greifen.«
Das bedeutete völkerrechtlich Rebellion; ein ganzes Volk wurde in die Irre geschickt – und im Stich gelassen. Denn am 3. August hatten General Buol und seine österreichischen Einheiten Tirol verlassen, Franzosen und Bayern rückten von Norden und Süden sofort ein. Und Erzherzog Johann forderte die Führer des Aufstandes auf, mit den Österreichern – und in österreichischen Uniformen – regulär das Land zu verlassen. Viele, zum Beispiel Hofers Adjutant Eisenstecken, Jakob Sieberer, Anton Aschbacher, machten davon auch Gebrauch.
Die Verwirrung war total.
Und auch Johann leistete einen Beitrag dazu. Denn während sich die Gespräche mit Napoleon über einen Frieden mühsam hinzogen, glaubte Johann doch wieder an eine Chance für Tirol. Am 1. September erwartete er, dass die Friedensgespräche platzen und der Krieg neuerlich aufflammen würde. Und sofort schrieb er an Andreas Hofer einen folgenschweren Brief, in dem er *entscheidende Streiche* Österreichs vorhersagte: *Schreibt mir, wen ihr wünscht, an Offizieren zu haben, damit ich Euch jene schicken kann, die die Tiroler gern haben und vertrauen – sonst auch, was ihr braucht.*
Was sollten die einfachen, simplen Wirte, Bauern, Handwerker Tirols daraus ableiten? Sie verstanden nur das, was sich mit ihren Wünschen deckte: Der Aufstand sei in Wirklichkeit von Österreich gewünscht, und man handle im Einvernehmen mit dem Kaiser, wenn man gegen die Besatzer

losschlug. So war es partout Johanns Brief, der im September die eigentliche Aufstandsbewegung Tirols auslöste. Vorher hätte man sich noch auf Missverständnisse herausreden können – jetzt handelten die Tiroler als Aufständische, Partisanen, Rebellen, die einen Waffenstillstand brachen und dazu gewissermaßen die indirekte Aufforderung eines österreichischen Erzherzogs vorweisen konnten.

Enthusiastisch griffen die Tiroler die auf Tiroler Boden stehenden Bayern und Franzosen an. Die marschierten sogar ins benachbarte Salzburg ein, wo man sich mit den dortigen Bauernverbänden vereinigte. Ende September hatte man auch das Salzburger Gebirgsland freigekämpft. Am 4. Oktober übergaben zwei Vertreter des Kaisers eine goldene Ehrenkette an Andreas Hofer – ein Dank des Hauses Österreich. Und der vom Kaiser abgeschickte niederösterreichische Beamte Anton Roschmann (der Johanns Schicksal später noch entscheidend beeinflussen sollte) trat als österreichischer Landeskommissär auf.

Napoleon seinerseits tobte, als er vom Aufstand in Tirol und Salzburg erfuhr; jetzt war er erst recht nicht bereit, einem Friedensvertrag zuzustimmen, der Tirols Verbleib bei Österreich vorsah: »Und wenn die Österreicher in Metz und auf der Schanze von St. Croix ständen, könnte ich den Vorschlag wegen Tirol nicht annehmen«, rief er. »Tirol darf niemals dem Haus Österreich angehören, denn es trennt Deutschland und Italien und grenzt an die Schweiz. Ich werde nie dulden, dass das Land meinem Einfluss entwunden wird.«

Am 14. Oktober 1809 kam es zum Frieden von Schönbrunn. Tirol wurde seinem Schicksal überlassen; Österreich verzichtete schweren Herzens auf das wichtige Land, das es gut 400 Jahre besessen hatte; und es hatte den Anschein, als wäre dies endgültig. Nur Andreas Hofer glaubte nach wie vor an einen »guten Kaiser« und sprach von »feindlichen Finessen«. Kaiser Franz – selbst nicht couragiert genug, den Tirolern die traurige Tatsache persönlich mitzuteilen und zu erklären, dass seine Wolkersdorfer Proklamation voreilig gewesen war – schickte nun wieder einen Bruder vor. Wen? Natürlich Johann. Dabei muss es den Erzherzog zutiefst getroffen haben, dass gerade er der Unglücksbote für *dieses Land der Treue und des Mutes* sein sollte: *Nachdem man es bis zum letzten Tage aufgeregt und Hoff-*

nungen genährt hatte, von denen man schon in der letzten Zeit wusste, dass sie nicht in Erfüllung gehen würden, dieses Land gab man auf, mir aber gab man die Aufgabe, zu beruhigen. Da brach mir das Herz!
In seinem Brief an die Tiroler beschönigte Johann schließlich nichts mehr; er war endlich ehrlich. Die Notwendigkeit der Gesamtmonarchie stand über den Interessen eines einzelnen Kronlandes.
Der Wunsch Seiner Majestät geht dahin, dass die Tiroler sich ruhig verhalten und nicht zwecklos sich aufopfern mögen. Und so verließ auch Andreas Hofer Innsbruck, das Zwischenspiel der bäuerlichen Regentschaft war zu Ende. Dennoch wandte sich der Sandwirt nochmals an den Kaiser und Erzherzog Johann; und verfasste ein erschütterndes patriotisches Dokument. Zum Kaiser meinte er, dass sich der Gedanke nicht denken ließ, »dass Eure Majestät uns bei Abschluss des Friedens Tirol vergessen haben soll«. Denn, so heißt es weiter: »Tirol ist bereit, für Eure Majestät seinen letzten Blutstropfen zu verspritzen, ich bürge dafür. Aber ohne Unterstützung können wir es länger nicht aushalten … Ich und das ganze Land werfen uns in Euer Majestät Arme!«
Nun genierte man sich in der Hauptstadt keineswegs für das folgenschwere Chaos. Nur Johann versuchte von Wien aus, dem Sandwirt zur Flucht zu verhelfen. Aber auch dafür war es zu spät. Am Tag vor seiner Verhaftung auf der so genannten Pfandleralm schrieb er noch an Erzherzog Johann einen Brief, den er in seiner mangelhaften Handschrift mit »Der armbe verlassne ßinder Andre Hofer« unterzeichnete; ein beklemmendes Dokument: »Auf des Hauses Österreich Zuspruch und Hoffnung zu zählen, sprach ich meinen Waffengefährten zu: Das Haus Österreich verlasst uns nicht … und aus diesem Grund riefen wir im Donner der Kanonen und kleinen Geschütz: Auf, auf Brüder, und lustig! Der edlen Religion und dem sanften Zepter des Hauses Österreich zuliebe!«
Den letzten Brief Hofers an den Erzherzog hatte dieser erst erhalten, als der Sandwirt bereits tot war. Auch alle Versuche, ihn durch Fürsprache bei Napoleon zu retten, waren gescheitert oder – besser – zu spät gekommen. So fand eine Tragödie ihren blutigen Abschluss; am 20. Februar 1810 starb Andreas Hofer vor dem Erschießungspeloton französischer Grenadiere in Mantua.

139 Schreiben waren es insgesamt gewesen, die Johann an Tiroler Patrioten abfasste oder erhielt. Johann war für die Menschen zwischen Karwendel und Monte Baldo in der Tat so etwas wie ein »Fürst auf Zeit« geworden; und hatte sie bitter enttäuscht. Johann gab sich die Mitschuld für das Los Tirols und seines tapferen Führers. Es blieb eine tiefe Wunde – und sie schmerzte Johann bis zu seinem Tod.

Verwandt mit Napoleon Bonaparte

Der Herbst 1809, in dem Johann in Ungarn festgehalten und zum ständigen Kontakt mit Kaiser, Hof und Armee gezwungen war – während in Tirol das blutige Drama seinem Ende entgegenging – gehört wohl zur schwersten Zeit im Leben des Erzherzogs. Er verfiel mehrmals in Depressionen; er schwankte zwischen Selbstbeschuldigungen, war voll Selbsthass und kaschierte dann doch wieder mit wehleidigen Beschönigungsversuchen seine Bemühungen. Schließlich wurde er physisch krank. Als er zwecks Gesundung einige Tage in einem Schloss nahe der oststeirischen Grenze verbrachte, plagte ihn arge Sehnsucht nach den Bergen, die er in der Ferne sehen konnte: eine Sehnsucht nach Heimat. Und immer klarer wurde seine Vorstellung: Nur die Flucht vom Hof, nur die Flucht vor seiner eigenen Vergangenheit würde eine Erlösung bringen. Er vermeinte eine innere Begründung für die Ablehnung alles Höfischen, Städtischen in seiner Seele zu spüren. Und er begann zu glauben, dass die einfachen Menschen, die Bauern in Tirol und Innerösterreich seine wahren Freunde wären. Der Kaiser hatte ihn ja im Stich gelassen, als Werkzeug benützt; und sein geliebter Bruder Karl hatte ihn zum Sündenbock für Wagram gestempelt. Sowohl die Berater von Franz als auch jene von Karl versuchten ihn auszuspielen; und da war nun auch ein neuer Stern am Himmel der österreichischen Politik aufgetaucht: Wiens Botschafter in Paris, Klemens Graf Metternich. Höfisch geschniegelt, intrigant, ein Weiberheld, Diplomat durch und durch allerdings auch durchtrieben geschickt – erschien er Johann als Inbegriff des Amoralischen schlechthin. Metternich begann, Kaiser Franz auf eine politische Linie festzulegen, die jener Johanns vollends widersprach. Der große

Konflikt der Zeit begann sich anzubahnen. Im Hoflager im ungarischen Totis entdeckte Johann wieder den »alten« Kaiser, den herrischen Bruder aus den harten Jugendjahren; Franz war schwankend, unschlüssig, aber mehr denn je misstrauisch. Und für ihn war nach Wagram klar, dass die Brüder Karl und Johann versagt hatten. Ja, vielleicht meinte der Kaiser sogar, Johann habe ihn in das Tiroler Abenteuer verstrickt, hineingetrieben – weil er selbst doch stets gegen jede Art der Volkserhebung gewesen war; oder hatte er nicht in der Tat jahrelang Johanns »umstürzlerische« Umtriebe mit äußerster Skepsis, ja zeitweiligem Misstrauen verfolgt? Auch Johanns zweite zentrale Idee, jene der Landwehr, hatte in den Augen von Franz nicht die erwarteten Erfolge gebracht. Bis auf wenige Gelegenheiten hatten sich die Bauern und Handwerker in Uniform als unbrauchbar erwiesen. Dann war Franz auch wieder voll von schwankender Melancholie; während der Friedensverhandlungen erwog er ernsthaft abzudanken. Schließlich aber akzeptierte er doch den Frieden von Schönbrunn, der ihn und sein Haus immerhin vom Schicksal der Bourbonen bewahrte. Österreich verlor über 100.000 Quadratkilometer Land; es verlor Salzburg, Tirol, alle von Joseph II. erworbenen Gebiete wie das Innviertel und Galizien; aber auch Oberkärnten, Istrien, Dalmatien. Jahrhunderte des Kampfes und der geschickten habsburgischen Heiratsdiplomatie schienen vergebens: Österreich wurde auf eine Größe gestutzt, die etwa jener im 16. Jahrhundert entsprach. Erzherzog Johann lehnte den Friedensvertrag von Schönbrunn ab; mehr aus Verzweiflung als aus realem Sinn dachte er anders als Franz – und war für eine Fortsetzung des Widerstandes: *Die bekannten Artikel sind schlecht, die geheimen noch schlechter, so dass wir eine Kapitulation und keinen Friedensvertrag gemacht haben.*

Johanns Depression steuerte einem Höhepunkt zu, als die bereits erwähnte »Relation« über die Schlacht von Wagram nun in der »Österreichischen Zeitung« erschien und überdies als Broschüre weit verbreitet wurde. Erzherzog Karl und sein Generalstab schoben Johann – ungerührt von allen Einwänden – die Schuld an der Niederlage und damit an der politischen Katastrophe und dem Diktatfrieden zu. Johann war, wie schon 1800, wieder zum Sündenbock der Monarchie gemacht worden.

Eine spätere Verteidigungsschrift konnte die einmal in die Welt gesetzten Behauptungen nicht mehr entkräften«. An Hormayr schrieb er, dass sein *Geist gebeugt und sein Körper geschwächt* wären. Früher, in der habsburgischen Geschichte – so sinnierte er – sei das Land letztlich doch immer wieder durch die *Hochherzigkeit seiner Regenten* gerettet worden. Bei Franz fand Johann keine Hochherzigkeit. Und indirekt warf er dem Kaiser mangelnden Mut, mangelndes Selbstbewusstsein, Fehlen von Redlichkeit und Treue vor. Denn er glaubte noch immer an die Möglichkeit einer Erhebung – einer Volkserhebung, die Napoleons Herrschaft beseitigen würde, wenn nur zwischen dem österreichischen Volk und seinem Monarchen ein Zusammenwirken zustande kommen könnte. Am Hof sah er aber nur *ein Spiel der Leidenschaften* und zu wenig Wohl für das Ganze: *Die Gleichgültigkeit, die Apathie bei dem Unglück so vieler Untertanen ist für mich eine Marter, wie ich keine größere kenne.* Die Staatsmaschine funktioniere wie eine *Hundstrappe*; Intrigen bestimmen den Lauf der Dinge. So berichtete Joseph, der ungarische Palatin, Johann über die Umtriebe: »Man streut allerlei böse Gerüchte gegen Dich aus, um Dich zu degoustieren und Deinen Abtritt zu befördern. Ich bitte Dich, wehr Dich, Hansel, und mache ihnen den Verdruss, nicht zu gehen, was auch immer erfolge … also Courage!«

Aber Josephs wohlgemeinter Rat kam zu spät; Johann wollte nicht mehr länger der Gegenstand von Verleumdungen sein, denen Franz immer wieder das Ohr lieh. Er wollte so schnell wie möglich zurück – in seine Alpenländer: *Wahrlich bald weg in meine Berge, damit ich nichts mehr von allem hier höre … dort will ich Gutes tun und mich für die Zukunft vorbereiten – in meinem Gewissen beruhigt, hier so gesprochen und das Meinige getan zu haben.* Am 5. Oktober schreibt er, er wolle in die Berge, *wo ich mich von guten Menschen umgeben, für die Zukunft vorbereiten will.* Am 15. November ersuchte er seinen kaiserlichen Bruder in einem Schreiben um eine – ihm früher zugesicherte – *Anstellung* in Innerösterreich. Er wollte offensichtlich Landeshauptmann werden und sich endgültig in Graz etablieren. Aber das Ersuchen blieb unbeantwortet. Der Kaiser ignorierte seinen Bruder in der schon gewohnten Weise. Eigenartiges machte mittlerweile die Runde. Sollte es wahr sein, dass Österreich eine völlige

Kehrtwendung seiner Politik vollziehen könnte? Kaiser Franz strebe, so wurde auch Johann zugetragen, eine verwandtschaftliche Verbindung mit Napoleon an.

Am 5. Jänner 1810 hatte die Nichte Erzherzog Johanns, die Tochter von Kaiser Franz, ihrem Vater einen Brief geschrieben: Sie baue darauf, dass sie der kaiserliche Vater »nie zwingen würde«, eine Ehe einzugehen, die ihrer Neigung nicht entspreche. Franz versicherte dem 19-jährigen Mädchen umgehend, dass er nicht daran denke, sie der Staatsräson zu opfern. Daher versicherte einige Tage später Marie-Louise auch ihrer Freundin, der Gräfin Colloredo, dass »der Papa zu gut ist, um mir in einer Angelegenheit von solcher Bedeutung Zwang anzutun.« Der »gute Papa« hatte freilich längst über das Kind verfügt. Am Dreikönigstag 1810 hatte Napoleon schon die Zusage des Kaisers von Österreich in der Tasche, Marie-Louise heiraten zu können. Und so wurde aus dem »Scheusal« und »Parvenü« der Schwiegersohn des Chefs des Hauses Habsburg und Gatte der Nichte Erzherzog Johanns. Übrigens heiratete Napoleon mit Marie-Louise auch die Großnichte Marie-Antoinettes, Frankreichs letzter Königin, der »Österreicherin«, die unter der Guillotine starb.

Nun: Nicht allein in der Wiener Hofburg, sondern auch in Paris wurde die kälteste politische Heirat der europäischen Geschichte mit vernehmbarem Murren zur Kenntnis genommen. »Eine Österreicherin bringt uns Unglück«, sagte das Volk in den Straßen von Paris. Und erst viel zu spät erkannte Napoleon, dass dieser Pakt des Größenwahns auch zu seinen größten Fehlern gehörte. Was war geschehen? Wie konnten die Todfeinde auf den Schlachtfeldern über einem Ehebett zusammenfinden? Die Logik war längst anachronistisch. Möglich, dass man im Mittelalter Heiratspakte als politische Tauschgeschäfte abschließen konnte; und dass man die Toten und Krüppel über Nacht vergaß, wenn sich Fürstenkinder im Schlafzimmer verstanden. Aber nach allem, was vor und nach Hohenlinden, Austerlitz, Aspern und Wagram geschehen war – das konnte niemand über Nacht vergessen. Warum sollte man dieser Mesalliance, dieser absonderlichen Verbrüderung zujubeln? Als Andreas Hofer in Mantua im Februar 1810 starb, stickte Marie-Louise gerade gehorsam ihren Brautschleier. Und als Napoleon ausgerechnet den General Berthier nach Wien schickte, um seine Braut abzuholen, da erinnerten sich allzu viele Österreicher daran, dass derselbe Berthier von Napoleon den Titel eines »Fürsten von Wagram« erhalten hatte.

Konnte Kaiser Franz allen Ernstes annehmen, dass ihm seine eigene Familie und die erwachende Öffentlichkeit bei einem derartigen Kurswechsel folgen würden? Es bezeugt aber einiges von Verachtung für das Volk, wie sich Franz über die öffentliche Meinung hinwegsetzte – und wie er einige Jubelrufe der kriegsmüden, nie sonderlich patriotischen Weltbürger in Wien als Zustimmung seiner ganzen Monarchie missdeutete. Nein: Mehrere Mitglieder seiner Familie, viele bewusste Österreicher in den Kronländern, hohe Generäle, Diplomaten, vor allem aber die patriotische Intelligenz in Österreich und Deutschland konnte und wollte nicht »ja« sagen, sondern wagte es, den Kampf gegen Napoleon nicht als eingestellt zu betrachten. Und zu ihnen gehörte Johann.

Aber wer hatte den plötzlichen Wechsel in der Politik Österreichs erreicht, den Kaiser darauf eingestimmt – die patriotische Opposition missachtend, verniedlichend und unterdrückend? Noch im Sommer des Unglücksjahres 1809 war Klemens Lothar Wenzel Graf Metternich Staatsminister geworden. Erst 36-jährig hatte er als österreichischer Botschafter in Paris wesentlichen Anteil am seinerzeitigen Entschluss Österreichs gehabt, Frankreich anzugreifen. Jetzt, nach Wagram, war er völlig umgeschwenkt – Gefühle missachtend und die kalte Staatsräson im blauen Auge. Er überzeugte Kaiser Franz, dass jeder weitere Konflikt mit dem hochgerüsteten, militärisch überlegenen Frankreich sinnlos wäre und man vielmehr versuchen sollte, Frankreichs Bündnis mit Russland zu untergraben. Weil aber Napoleon vom Zaren auch eine Abfuhr erhielt, sich mit dessen Schwester zu verheiraten, sah Metternich die glänzende Gelegenheit, Österreich durch eine Heirat gewissermaßen aus der toten Ecke zu holen und als Verbündeten Frankreichs wieder ins politische Spiel einzuschalten. Die folgenden Monate waren ganz und gar von Metternich beherrscht. Der Minister hatte das Vertrauen von Kaiser Franz erringen können und lieferte Napoleon, dem Schwiegersohn, keinen Grund zur Beschwerde. Österreich, so schien es, war jetzt ein neuer Partner Frankreichs – ohne aber, wie sich bald herausstellen sollte, seine Eigenständigkeit zu verlieren. Zwischen Russland und Frankreich hingegen verdüsterten sich die Wolken; 1812 überschritten die Franzosen die Memel – im September brannte Moskau. Der Rückzug der Franzosen wuchs sich zur Katastrophe der Großen Armee aus. Napoleon Bonaparte war nicht mehr unbesiegbar. Spanien, Aspern, Russland – ein Ende begann sich abzuzeichnen. Ein österreichisches Hilfskorps unter Fürst Schwarzenberg hatte sich von der Selbstvernichtung in Russland fernhalten können. Immer deutlicher wurde, dass Napoleon den Bogen überspannt hatte.

Auch in Preußen regte sich Widerstand. Vom Bündnis mit Russland erhoffte man sich die Befreiung ganz Deutschlands von der französischen Vormundschaft. Und Britannien hatte seinen Widerstand gegen Napoleon nie aufgegeben. Nun schien gerade für England die Stunde gekommen, am Kontinent wieder Fuß zu fassen; Londons Agenten suchten Verbündete, wen immer, wo immer. Aber konnte Österreich neuerlich einen Kurswechsel vollziehen, konnte der Schwiegervater dem Schwiegersohn in den Rücken fallen? Es war ja auch in der Tat fatal, wenn Kaiserin Marie-Louise ihrem Onkel Johann Münzen von Paris nach Wien schickte, die ihr Napoleon für diesen gegeben hatte: »Seien Sie versichert, lieber Onkel, dass ich recht oft an Sie denke und obwohl entfernt, den wärmsten Anteil an allem, was Sie betrifft, nehme.«

Alle Fäden liefen jetzt bei Metternich zusammen. Und dieser nützte die Schwächen des Kaisers weidlich aus: Johann erkannte Metternichs geradezu irrationalen Einfluss – und seine Aversion wuchs. Als der Staatsminister nach Paris reiste, meinte Johann abfällig: *Metternich in Paris tut nichts, macht Dummheiten, er sollte zurückgerufen und weggetan werden, aber dazu ist keine Kraft da.* Nein, Kaiser Franz hatte nicht die Absicht, sich seines überlegenen, klugen Beraters zu entledigen. Ganz im Gegenteil: Metternich nahm immer mehr jene Stelle ein, die vorher wenigstens gelegentlich die Familienangehörigen des Kaisers eingenommen hatten.

Mittlerweile hatte ein allgemeiner Wirtschaftsbankrott in Österreich den Dritten Stand, aber auch die Bauern und die Beamten besonders hart getroffen. Unzufriedenheit keimte auf. Metternich schlug als einzigen Weg vor, Politik konsequent gegen die Volksmeinung durchzusetzen: noch strengeres Anziehen der Zensurschraube, Ausweitung des Polizei- und

Spitzelwesens, Knebelung jeder Aktion, die der offiziellen Politik zuwiderlaufen könnte. Es war daher sowohl ein natürliches Resultat der innenpolitischen Verhärtung, dass man jedes Abenteuer unterbinden wollte, als auch eine Folge der in den Augen der Bürger obskuren franzosenfreundlichen Diplomatie, dass keine aufsässige Bewegung gestattet werden konnte. So wurden die Emigranten strenger denn je überwacht. Man löschte den Geist von 1809 bei den Intellektuellen aus, wo immer dies möglich war, und man ging gegen jede Art der Geheimbündelei drakonisch vor. Mit einem – für den kommenden Verlauf der Dinge – entscheidenden Dokument gab der Kaiser Metternich sogar freie Hand gegen die Mitglieder seiner kaiserlichen Familie. Am 16. Juni schrieb Franz an den Rand eines schriftlichen Vortrags Metternichs eigenhändig: »Übrigens finde Ich für notwendig, Ihnen meine Willensmeinung dahin zu erklären, dass Ich entschlossen bin, alle Revolutionierungen und Bearbeitungen anderer Länder und Untertanen in Meinen Staaten mit allem Ernst zu verhindern und auch gegen Glieder Meines Hauses, die sich hiezu missbrauchen lassen sollten, mit aller Strenge vorgehen werde.«
Patriotische Beamte und ein Erzherzog waren es schließlich, die Metternich ab der Jahresmitte 1812 am nachhaltigsten herausforderten: die Verschwörer des »Alpenbundes« und Erzherzog Johann.
Die Verschwörung hatte eine Vorgeschichte: Nach den blutigen Ereignissen im Spätherbst 1809 waren zahlreiche Tiroler nach Österreich geflohen. Anfang 1810 setzte der Kaiser eine Hofkommission ein, um diesen Patrioten eine finanzielle Unterstützung zukommen und dabei Ordnung und Gerechtigkeit walten zu lassen; die Bittsteller wurden »administriert«, was dem bürokratischen Sinn des Kaisers entsprach.
In dieser Kommission waren zwei Männer entscheidend tätig: Hofrat Hormayr, der Vertraute und Freund Erzherzog Johanns, und der kurzfristig 1809 in Tirol eingesetzte nunmehrige Kreishauptmann von Traiskirchen, Anton von Roschmann. Beide konnten dank der Hofkommission legal mit geflohenen Tiroler Emigranten Kontakt halten und waren berechtigt, sogar verpflichtet, auch im besetzten Tirol über vertraute Mittelsmänner Erkundigungen einzuholen. Gewissermaßen unter den Augen der misstrauischen Metternich-Polizei entfaltete vor allem Hormayr

eine rege, aber unverdächtige Aktivität. Nun waren die beiden Männer nicht ohne charakterliche Schwächen. Hormayr war eingebildet und geltungssüchtig, obwohl er diese Eigenschaften durch ein sehr gewinnendes und sympathisches Wesen wettmachte; und Roschmann war durch und durch Beamter, Bürokrat und von einem fanatischen Ehrgeiz erfüllt. Hormayr stellte nun mit seinen Tiroler Freunden, über deren Unterstützungszahlungen er entschied, Überlegungen an: Wie könnte man Tirol wieder befreien und in die von rund 40.000 Mann – Franzosen und Bayern – besetzte Heimat zurückkehren? Im Klosterneuburger Wohnhaus Hormayrs war es bereits 1811 zu regelmäßigen Zusammenkünften gekommen, bei denen ein echtes Vorhaben immer mehr Gestalt annahm: ein bewaffneter Aufstand in Tirol.

Entscheidend für die weitere Entwicklung der Dinge in Österreich war aber der Kontakt, den Hormayr zu dem englischen Agenten John Harcourt King herstellen konnte. Bereits am 2. März 1812 war in einem Bericht Kings die Rede davon, dass »a general spirit of insurrection against the French in Switzerland, the Tyrol, the North of Italy and the Illyrian provinces« vorhanden wäre.

Nun – Erzherzog Johann lebte damals vor allem in seinem niederösterreichischen Schloss in Thernberg, erholte sich im Kreis der Wildensteiner Ritterschaft und fantasierte von künftigen Tagen, in denen man ihn vielleicht wieder benötigen würde. Verärgert, etwas versponnen, gewiss gelangweilt, war er in jener psychischen Grunddisposition, die ihn für ein Abenteuer geeignet erscheinen lassen musste, bei dem auch ein gewisses Risiko nicht auszuschließen war. Hormayr hatte es also leicht, auf Johann einzuwirken. Er sprach von den Leiden Tirols – *manch Bittres über die Lage der Dinge*, wie Johann in sein Tagebuch im Spätherbst 1810 notierte. Und später noch sehr allgemein – aber voller Fantasie: *Wenn jemand Tirol vereinigen, dort nach seinem Kopf eine den künftigen Zeiten anpassende Verfassung einführen, dadurch die Augen der Menschen auf sich ziehen und dann, wenn der Würfel einmal gefallen, die Bewohner der Alpen an die Bewohner der deutschen Ebenen anschließen (könnte)*, dann wäre das eine *herrliche Sache.* 1812 sprach er in seinen Tagebuchnotizen aus, was er dachte: *Ist es denn nicht Pflicht, aufzustehen, zu rufen, zu sammeln, zu handeln? … Und, wenn dies nicht mehr möglich ist, zu fallen, seinen Ahnen wert?* So wurde nur mehr die Frage des Zeitpunktes zu handeln der Angelpunkt. Denn über seine eigene Rolle war sich Johann auch im Oktober 1812 noch immer nicht schlüssig: *Ich fühle in mir Kraft, Wille, Mittel, sehe mich aber überall gehemmt, zurückgesetzt, darum mein Streben, in die Lage zu kommen, wo ich wirken könne.*

Erst gegen Jahresende war Johann über das bereits organisierte Unternehmen des »Alpenbundes« voll informiert. Und Mitte Dezember schrieb Johann dann eindeutig in sein Tagebuch: *Ich bin ja zu allem bereit; ob in Güte gegen Napoleon oder mit dem Schwerte.*

Jetzt hielt er sich aber verpflichtet, noch einmal mit seinem kaiserlichen Bruder zu sprechen, um eine Umkehr der österreichischen Politik zu bewirken. Er schlug vor, mit Preußen, Russland und England zu einer Absprache zu kommen, und dazu 250.000 Mann bereitzuhalten. Franz, der abgespannt, zweifelnd und bloß abwarten wollend reagierte, hatte aber nicht die leiseste Absicht, auf die Vorstellungen Johanns einzugehen. Er vertraute Metternich und drängte damit Johann endgültig in die Isolation – und ins Abenteuer. Jetzt war es für den Erzherzog soweit: Er verließ Franz *bedrückt und böse* und notierte ins Tagebuch: *Ich sehe, hier ist nichts zu tun. Ich muss meinen Hebel woanders einsetzen, dass ich meinen Plan vollbringe. Meine Männer handeln bereits, ich werde die Gelegenheit benützen, wenn sie sich zeigt; möge 1813 zeigen, dass ich etwas auszuführen fähig bin; dass ich Deutscher bin und ich in diesem Jahr in meinen Bergen den Grund für künftiges Wohl legen werde.*

Johann war damals 30 Jahre alt. Er hatte sich nun selbst zum Führer des »Alpenbundes« gemacht. Sein kaiserlicher Bruder kapierte nichts – sollte aber auch nichts wissen. Johann würde auf eigene Faust handeln. Er war, was Metternich auch richtig benannte, zum Rebellen geworden.

Selbstbefreiung in den Alpen?

Im Februar 1813 stand fest, dass der Aufstand unter dem Namen »Alpenbund« stattfinden sollte: Für Johann der zweckmäßigste Begriff, weil er unbestimmt genug war, um *alle Alpen oder nur einen Teil in sich zu fassen.* Der Plan ging freilich über die Alpen selbst hinaus; auch Illyrien, also die östliche Adriaküste, sollte sich erheben. Zum Großteil handelte es sich dabei um frühere österreichische Regionen. Darüber hinaus sollten sich aber auch das Fürsterzbistum Salzburg, die Schweiz und die »welschen Täler« zum Aufstand aufgerufen werden. Um auch die süddeutschen Fürsten zu gewinnen, sollten Russland und Preußen einerseits die Integrität Bayerns erklären (mit Ausnahme der besetzten Gebirgsländer); andererseits sollte Württembergs Regent persönlich gewonnen werden. All das würde, so Johanns Plan, in einem Manifest zu Beginn des Aufstands veröffentlicht werden; wobei durch Boten und Briefe der Kontakt zu allen befreundeten Mächten hergestellt werden sollte. Wie aber konnten die materiellen Bedürfnisse der Bewegung gedeckt werden? Johanns Plan zielte darauf ab, von England und Russland zunächst so viel Geld zu erhalten, dass der Bedarf für die ersten sechs Monate gedeckt sein würde. An die jeweiligen Führer der Bewegung in den einzelnen Ländern sollte Geld zur Verteilung gelangen, damit Waffen angekauft werden könnten. Aus grenz-

»Gedemütigt und zum Privatisieren gezwungen«: Erzherzog Johann als Jäger. Gemälde von Johann Peter Krafft

nahen österreichischen Zeughäusern sollten rechtzeitig Waffentransporte abgehen. Außerdem sollte England Waffen über Fiume nach Illyrien liefern. Über Graz und Klagenfurt konnten diese geheimen Aktionen abgewickelt werden: *Ein ungeheuerlicher Plan, sein Gelingen von tausend Zufälligkeiten abhängig, das ganze Unternehmen aufgebaut auf dem Freiheitsdrang der Völker, im Widerspruch mit der legitimen Herrscherautorität.* Johann sah also sehr wohl die technischen, staatsrechtlichen und finanziellen Schwierigkeiten – aber er war bereits so sehr in die Bewegung verstrickt, dass er offensichtlich die romantische Abenteuerlichkeit genoss. Jedenfalls stand seine eigene Rolle – als die des Führers der Bewegung – für ihn selbst zu Anfang des Jahres 1813 nicht mehr in Frage. Dabei ermittelte unterdessen die Polizei gegen Johann in anderer Richtung: nämlich hinsichtlich seiner Zugehörigkeit zur Freimaurerei. Johann kam zustatten, dass der Polizeichef jener Freiherr von Hager war, der nach 1792 als Johanns Erzieher zum Erzherzog eine gute Beziehung aufgebaut hatte. Hager dürfte Metternich beeinflusst haben, dass der Vorwurf der Freimaurerei »auf seichtem Grund« ruhte. Man machte daher auch dem Kaiser lediglich den Vorschlag, Johann zu warnen, dass möglicherweise sein Name missbraucht werden könnte.
Jedenfalls dürfte die Polizei lediglich in Freimaurerkreisen weitere Beobachtungen angestellt haben – so dass der Kontakt mit den »Alpenbund«-Verschwörern unentdeckt blieb.

Verrat – und Dummheit

Ende Februar 1813 standen weitere Details des Unternehmens fest. In den Alpenländern sollte die Verwaltung der Besatzungsmacht sofort nach Ausbruch der Kampfhandlungen festgenommen und durch die alten Obrigkeiten, soweit vorhanden, ausgewechselt werden; in Tirol sollten neue Landrichter provisorisch eingesetzt werden. Überall sollte sich die wehrfähige Bevölkerung – nach Landsturmmuster – in Kompanien gliedern und Anführer wählen. Das Muster von 1809 schien Johann so zielführend, dass er es auch außerhalb von Tirol anzuwenden hoffte. Jedenfalls wollte Johann selbst die Bewegung in Tirol anführen. Von dort aus sollten dann bewaffnete Züge nach Lindau, Augsburg, München und Salzburg unternommen werden, wobei Johann damit rechnete, dass sich Bayern kooperativ verhalten würde. Der Hauptstoß aber sollte sich nach Süden richten. Den schwachen Besatzungstruppen unter General Bertrand dürfte keine Zeit zum Sammeln gegeben werden, und die Aufständischen sollten sich rasch mit den englischen Landungskorps in Venedig, Genua und Fiume vereinigen. Diese Seehäfen sollten im Handstreich von See aus durch die Engländer erobert werden. Johann hatte daher bereits früher den Engländern Befestigungspläne über Venedig aus seiner Genie-Direktion zugehen lassen.

Für Johann selbst war jedenfalls das Wichtigste, was einer der Verschwörer, der Traiskirchner Kreishauptmann Roschmann, an Informationen über seine Tiroler Freunde laufend erhielt. Roschmann war überhaupt deshalb für den »Alpenbund« wichtig, weil in Traiskirchen eine Druckerei zur Verfügung stand. Dort ließ der gebürtige Tiroler, den es ins südliche Niederösterreich verschlagen hatte, geheim Flugzettel und Aufrufe drucken. Roschmann verfasste für den Erzherzog auch eine Denkschrift, in der er mitteilte, dass »in Tirol die Spannung mit jedem Tage« wachse. Das war Ende Februar. Weder Johann noch irgendeinem anderen Verschwörer war zu diesem Zeitpunkt bewusst, dass eben dieser Roschmann bereits alles verraten hatte – und dass Metternich längst Bescheid wusste. Eine eiskalte, verräterische Figur wurde Johann und seinen Mitarbeitern zum Verhängnis. Schon Anfang Februar hatte sich dieser Roschmann nämlich Metternich als Spitzel angeboten. Er wolle »zum Besten des Allerhöchsten Dienstes« dem Staatsminister einige Informationen von Wichtigkeit übermitteln. Am 12. Februar berichtete er persönlich am Ballhausplatz über die Verschwörung, den Stand der Vorbereitungen, alle wichtigen Personen – und die Rolle Erzherzog Johanns. Metternich seinerseits informierte umgehend den Kaiser. Und er schätzte Franz richtig ein. Der Kaiser war außer sich: Sein Bruder als Haupt einer Verschwörung, von der er, der Regent, nichts wusste – und führende Staatsbeamte als Ausführungsorgane! Noch glaubten aber er und Metternich daran, dass man den Erzherzog nur missbraucht und ihn gewissermaßen als Werkzeug benützt hätte. Metternichs Vorstellung (»ein englischer Agent der Kopf, einige Intriganten als

Werkzeuge, irgendein Erzherzog als Dupe«) erwies sich freilich angesichts der weiteren Informationen Roschmanns als Fehlannahme. Nein, Johann bildete ganz und gar den Mittelpunkt der Verschwörung, er war ihr Herz – und er verkehrte mit dem Ausland auf geheimen Wegen!

Zwischen Kaiser Franz und Metternich wurde festgelegt, noch nicht mit Verhaftungen gegen die Verschwörung vorzugehen, sondern noch eine Weile zuzuwarten. Roschmann sollte zusätzliche Berichte liefern und sich weiterhin aktiv an den Planungen beteiligen. Die kleine, ehrgeizige Seele, durch Allerhöchsten Willen bestärkt, war jetzt ganz besonders von seiner Wichtigkeit überzeugt und log Johann wie Hormayr seine weitere Loyalität vor. Er war sicher, dass »nach dem Zutrauen, dass man in meine Person zu setzen scheint ..., in kurzer Zeit die ganze Ramifikation der Verbindung« erforscht sein würde. Am 19. Februar verfasste Roschmann einen langen – für Erzherzog Johann folgenschweren – Bericht. In ihm schilderte er im Detail alle Vorbereitungen für den Aufstand, den Termin des Losschlagens durch Johann, die Rolle der Engländer. Vor allem aber befand sich in dem Papier ein Absatz, der für Kaiser Franz zum schmerzenden Stachel wurde – und der die »Alpenbund«-Verschwörung zu einer persönlichen Sache zwischen seinem Bruder Johann und ihm machte. In Roschmanns Denunziation stand: »Vor zwei Tagen ist ein Kurier aus dem russischen Hauptquartier mit der Antwort des Kaisers Alexander in Wien eingetroffen, der ... den Erzherzog als König von Rhätien anerkennen wolle, worunter Illyrien, Steiermark, Kärnten, Tirol und die Schweiz begriffen sei.« Franz wurde wohl blass, als er das hörte. Das also stand in Wirklichkeit hinter der Verschwörung! Johann hatte den Ehrgeiz, sich eine Krone aufsetzen und dem legitimen Kaiser von Österreich bedeutende und seit Jahrhunderten angestammte Provinzen abspenstig machen zu wollen! Johann konspirierte also hinter des Kaisers Rücken mit dem Zaren! Die Russen an der Adria – und womöglich noch die Zarenschwester als Mitgift!

Alles das war mehr als irgendeine patriotische Ambition. Es war für Franz ein Verrat am Staat und an der Familie; Rebellion – ja Schurkerei. Was konnte er, der Kaiser, aber nun tun? Er hätte die Möglichkeit gehabt, Johann sofort zu sich zu rufen und von ihm eine Erklärung zu verlangen. Oder er hätte die Möglichkeit ergreifen können, Johann und die anderen Verschwörer sofort verhaften zu lassen. Aber nein. Franz wollte mehr, wollte alles wissen; und so genoss er zwischen dem 19. Februar und den ersten Märztagen die Lust der grenzenlosen Verdächtigung. Sein Bruder hatte ihn verraten – vielleicht wollte er sich gar an seine Stelle setzen? War der Plan jenem Familiendrama vergleichbar, das 200 Jahre zuvor zwischen Kaiser Rudolf II. und dessen Bruder Matthias ausgefochten worden war? Sollte der Bruderzwist so enden, wie er für den legitimen gekrönten Rudolf geendet hatte? Man kann Franz geradezu vor sich sehen: voll von bösen Verdächtigungen, voller Eifersucht auf den Jüngeren, den Beliebteren; voll von Vorstellungen, was und wie geplant wurde und noch immer geplant würde. Franz mag rekapituliert haben, wie ihm Johann immer wieder in den letzten Jahren direkt und indirekt widersprochen hatte, wie ihm Johann mit den Ideen der Volksbewaffnung auf die Nerven gefallen war. Hatte der Bruder vielleicht schon damals Absichten gehabt, mit Hilfe der Landwehr die Macht an sich zu reißen? Und dann: die ständigen Hoffnungen und Wünsche Johanns, zuerst in Tirol, später in der Steiermark eine Art Regentschaft zu erhalten. Wollte Johann nicht schon immer auch mehr Selbstverwaltung für die Völker der Monarchie durchsetzen, war der Bruder nicht schon immer gegen des Kaisers Polizei und gegen das Spitzelwesen gewesen? Hatte er, der Kaiser, nicht allen Grund, gerade diesem System, gerade dieser Polizei dankbar zu sein? Und natürlich auch Metternich, der jetzt auch diese Verschwörung aufgedeckt hatte? Ja – man sollte nur alles unternehmen, um mehr, ja alles über Johanns Pläne zu erforschen – und dann zum richtigen Zeitpunkt zuschlagen!

Roschmann erstattete mittlerweile weiterhin Bericht; und informierte Metternich, dass mit Hilfe eines italienischen Kuriers dem Zaren eine persönliche Botschaft Erzherzog Johanns übermittelt werden sollte – »in einer Hutmappe verwahrt«. Weil er aber mit dem britischen Agenten King, diesem »verdammten britischen Beau«, auch ein privates Hühnchen zu rupfen hatte, hielt er es für zweckmäßig, zuerst den Engländer unter die Lupe zu nehmen. King war für ihn »aus einem Beobachtenden zu einem Handelnden in österreichischen Angelegenheiten« geworden.

Und er täuschte sich nicht. Der Agent hatte ihn nämlich um die Ausstellung eines Passes für einen Kurier namens Danelon ersucht. Metternich hatte zuerst das Papier verweigert, dann die Ausstellung verzögert. Nun, da King weiter drängte, konnte Metternich schließen, dass die Diplomatenpost sehr wichtig sein müsse. Und so fasste er zusammen mit Baron Hager den Plan, sich des Kuriers auf dezente Art und Weise anzunehmen.

Als Danelon am 24. Februar von Wien kommend in Brünn eintraf, war der Landesgouverneur für Mähren und Schlesien, Graf Lazansky, bereits informiert und instruiert. Man durchsuchte den Reisewagen und verzögerte Danelons Weiterfahrt; dann ließ man für den Kurier – auf Anweisung des Brünner Polizeidirektors – ein Schlafmittel vorbereiten; Danelon war aber wachsam genug und entging der Falle. Bei zwei Poststationen erklärte man ihm, keine frischen Pferde zur Verfügung zu haben, und ließ sich mit der Vidierung des Kurierpasses stundenlang Zeit. So war es Nacht, als sich Danelon in seiner Kutsche in der Nähe von Neutitschein befand. In einem kleinen Wäldchen wurde sein Wagen plötzlich von mehreren vermummten Männern angehalten, umgestürzt, er selbst und der Kutscher nach Gegenwehr gefesselt, geknebelt und in einer Lichtung auf den Boden geworfen. Das Ganze hatte, so berichtete der Gouverneur nach Wien, »das volle Gepräge eines gewöhnlichen Straßenraubs«.

Jedenfalls hatte Metternich am Abend des 27. Februar 1813 die geraubte Post in Händen. Sie enthielt als wichtigste Dokumente Briefe Kings an den englischen Außenminister Viscount Castlereagh und an den britischen Gesandten am Zarenhof, Lord Cathcart. In diesen Schreiben berichtete der Agent ausführlich, dass er mit Erzherzog Johann »zweimal in Betreff der Insurrektion« gesprochen habe; dabei seien die Operationspläne (»umständlich«, wie King meinte) und die benötigten Hilfsmittel sowie der Einsatztermin zur Sprache gekommen. Dem Gesandten am Zarenhof teilte King ausdrücklich mit, dass kein Zweifel bestehe, dass »der Erzherzog Johann sich an die Spitze« der Bewegung gestellt habe. Erst am 6. März kam Danelon nach Wien zurück und berichtete King von dem Überfall. Jetzt warnte der Engländer auch Erzherzog Johann und die Verschwörer, weil ihm bewusst wurde, dass ganz zweifelsfrei Metternich der Urheber des Zwischenfalls gewesen war.

Mittlerweile hatte sogar Kaiser Franz den Verräter Roschmann in Audienz empfangen – ein Beweis mehr dafür, dass der Kaiser die Denunziation als

Ehrenpflicht ansah. Danach gab Franz auch dem Polizeichef Hager grünes Licht, Maßnahmen zu veranlassen. In Lambach bei Wels wurde ein Botengänger Hormayrs und Johanns verhaftet, der unumwunden seine Beteiligung an der Verschwörung gestand. In einer Tabakdose wurde eine geheime Instruktion gefunden. Bei weiteren Verschwörern, so bei dem Tiroler Patrioten Eisenstecken, wurden Pläne über die Erhebung in Tirol sichergestellt. Jetzt hatte Hager genug Material. An Metternich schrieb er, dass durch die bei Danelon und den Patrioten gefundenen Daten »Seine Majestät bewogen finden, den Bund ohne weiteren Verzug zu sprengen und zu zermahlen«. Überdies ließ Hager bei Roschmann ein Scheinverhör durchführen, in dessen Verlauf dieser gestand, im Auftrag Erzherzog Johanns Druckmaterial hergestellt zu haben. Dabei dürfte es die Absicht Hagers gewesen sein, den Erzherzog als Werkzeug hinzustellen, den »bösen Geist« aber bei Hormayr zu orten.

Aber die Klärung dieser Frage ging längst über den Einflussbereich Hagers hinaus. Metternich erstattete nämlich am 6. März dem Kaiser einen genauen Bericht und schlug eine Vorgangsweise vor, die Franz auch voll und ganz billigte. Johann sollte demnach unter Hausarrest gestellt werden, wobei als eine Art Anklage gegen ihn eine »species facti« zusammengestellt werden würde. Der Erzherzog sollte nicht die Chance eines öffentlichen Prozesses erhalten, sich vielmehr vor dem Kaiser nur mit »ja« oder »nein« zu den einzelnen Punkten der »species facti« äußern. Die Groteske aber sollte ihren Gipfel dadurch erreichen, dass man partout Roschmann mit der Abfassung einer Anklageschrift betraute.

Aber das falsche Spiel wurde noch vom Verhalten des Kaisers selbst übertroffen. Am 7. März, einen Tag nach der Entscheidung über das Schicksal der an der »Alpenbund«-Verschwörung Beteiligten, traf nämlich Franz um die Mittagszeit seinen Bruder Johann beim Spaziergang auf der Bastei. Was sagte, was tat der Kaiser? Nun: Er ging auf Johann zu, begrüßte ihn freundschaftlich und scherzte mit ihm. Kein Wort der Warnung, kein Hinweis über sein Wissen.

Am Nachmittag dieses Tages schlug Hagers Polizei zu. In der Wohnung Hormayrs wurden der Hausherr und die gleichzeitig anwesenden Mitverschwörer Schneider und Roschmann verhaftet. Man verfrachtete die drei in Wagen, wobei jene mit Hormayr und Schneider in die Polizeidirektion fuhren, Roschmann aber quer durch die Innenstadt kutschiert und auf einem stillen Platz freigelassen wurde.

Noch um elf Uhr nachts ging für Hormayr und Schneider die Fahrt in Begleitung von Polizisten weiter. Hormayr wurde in die Festung Munkacs, Schneider auf den berüchtigten Spielberg in Brünn eskortiert. Sie sollten dort für längere Zeit und ohne Prozess inhaftiert bleiben.

Was aber geschah mit Erzherzog Johann?

Johann muss wohl am Morgen des 8. März erfahren haben, dass die Polizei in der vorangegangenen Nacht zugeschlagen hatte. Metternichs intriganter Geist war hinter allem sichtbar. Der Überfall auf den Diplomatenkurier, von dem Johann schon erfahren hatte, war, er hatte es gleich geahnt, des Ministers Werk gewesen. Johann selbst hoffte aber offenbar auf das Verständnis des Kaisers. Es musste dem Monarchen aufgefallen sein, dass Johann nicht gegen Österreichs wahre Interessen gehandelt hatte – und es war nur anständig, dass Johann den Kaiser nicht durch Mitwisserschaft kompromittieren wollte. Das wäre, wie die Dinge lagen, eine akzeptable Rückzugslinie gewesen. Ja, vielleicht würde ihn Franz jetzt sogar ermuntern, die Dinge im Geheimen weiter zu betreiben?

Jedenfalls wurde Johann am Morgen zum Kaiser bestellt. Wir wissen nicht, wie das Gespräch wirklich verlaufen ist – lediglich Johann selbst hat einige Bemerkungen darüber festgehalten, aber es zerstörte wohl eine Reihe von Illusionen: Zuerst habe ihm der Kaiser einen Aufsatz der Polizei zum Lesen gegeben: Es war die von Roschmann verfasste »species facti«; in dem Papier war alles so genau dargestellt, *als hätte ich es aufgesetzt.* Johann war nun klar, dass Verrat im Spiel war, aber er glaubte wohl primär daran, dass die Kurierpost zu ausführlich gewesen war. Zweimal las der Erzherzog das Papier. Er war zwar gefasst, aber jetzt versagte ihm doch die Stimme. *Nebst Wahrem stand Geschwätz darin, das mich ärgerte, da ich solches nie gedacht.* Franz muss mit der ihm eigenen Kälte Johann völlig zum Verstummen gebracht haben. Er kanzelte offensichtlich den Bruder ab, hielt ihm den Wunsch nach der »Krone von Rhätien« vor, den Wunsch der Hochzeit mit einer Russin. Wie ihm Metternich geraten hatte, stellte der Kaiser sodann Fragen; Johann durfte nur verneinend oder bejahend antworten. Und fügte

sich diesem Tribunal. Drohte ihm der Kaiser mit einem Verfahren wegen Hochverrats? Dies ist wohl sehr wahrscheinlich, weil Johann in seinem Tagebuch davon spricht, dass Franz ihn letztlich *herausreißen* wollte. Die Hitze der Stunde, die nervliche Überbeanspruchung ließen Johann schwach werden. Und dann die Drohung: Ein Prozess!
Nun hätte sich Franz niemals auf das Risiko eines öffentlichen Verfahrens eingelassen; überdies wäre eine Anklage gegen Johann auch einem öffentlichen Affront gegenüber Russland und England gleichgekommen, beides Mächte, mit denen Metternich längst im Geheimen über eine neue Koalition konspirierte. Ganz abgesehen davon wäre auch der Überfall auf den englischen Kurier in einem Prozess zur Sprache gekommen. Nein, Johann hätte nicht fürchten müssen, vor Gericht gestellt zu werden. Aber er durchschaute das Spiel nicht. Er erkannte nicht, dass er sich und seine Mitverschwörer sogar am leichtesten gerettet hätte, wäre er fest und konsequent auf Transparenz aus gewesen. So geriet für Johann alles zur Niederlage. Er versprach ehrenwörtlich, alle Pläne aufzugeben und sich nicht wieder in ähnliche Unternehmungen einzulassen. Er war sogar dankbar für die Behandlung: *Ungern gab ich das Ehrenwort, aber wenn mein Herr, statt zu zürnen, alles anwendet, mich herauszureißen, gut brüderlich zu mir spricht und edel handelt, wie kann ich minder sein? Ich halte bei Gott Wort.*
Ein blamables, ein lächerliches Ende eines großen Abenteuers. Johann, der Rebell, war noch dankbar dafür, dass man ihn völlig unter Kuratel stellte und ihn, einen politischen Menschen, in die Isolierung trieb. Und er war jeden Tag mehr und mehr dankbar, dass er keine Chance zur Rechtfertigung erhielt. Etwas, was sich später bitter rächen sollte, weil er jahrzehntelang zur Privatheit verpflichtet wurde.
Kurze Zeit später wurde dem Obersthofmeister Johanns – dem Grafen Nimptsch – ein Handschreiben des Kaisers zugestellt. Darin hieß es: »Beweggründe von größter Wichtigkeit vermögen Mich Ihnen Auftrag zu geben, darauf zu wachen, dass sich Mein Herr Bruder, Erzherzog Johann, nicht von hier entferne, ohne dass Ich von einem ähnlichen, nicht ohne Meine Erlaubnis zu vermutenden Schritte beizeiten unterrichtet würde.« Dem Grafen wurde gleichzeitig streng untersagt, Johann über das Handschreiben Meldung zu machen. Der Erzherzog stand also unter Hausarrest,

verschärft durch die Tatsache, dass sein Obersthofmeister sein Spitzel und Wächter in Einem war. Johann, naiv-ahnungslos, wusste nichts von alledem; und niemand sagte es ihm auch.

Am folgenden Tag ging er sogar zu Metternich, um diesem eine Generalbeichte abzulegen. Dem Kaiser berichtete der Minister später, dass Johann »in dem Maße reumütig schien, dass ich kaum glaube, dass für den Augenblick irgendeine Gefahr der Wortbrüchigkeit eintreten dürfte. Inzwischen war auch Roschmanns Scheinhaft zu Ende, und Johann glaubte, dass dessen Freilassung auf seine Intervention zurückzuführen war. Mittlerweile wurde auch der elegante britische Gentleman King von Wien abberufen, nachdem Metternich in London darum ersucht hatte: Die Anwesenheit wäre »no longer agreeable to the Emperor«. So hatte der Minister den lästigen Nebenbuhler bei der Herzogin von Sagan vom Hals.

Der »Kutscher Europas« revanchiert sich

Und was geschah mit Johanns Mitverschwörern? Das bitterste Los traf wohl Hormayr. Neun Tage dauerte seine Haftreise nach Munkacs. Es war Winter, er hatte keine warme Kleidung bei sich. In Munkacs starb man an Fieber, am Mangel sanitärer Minimalerfordernisse. Zahlreiche Häftlinge hatten hier den Verstand verloren. Und hier wartete Hormayr – Tage, Wochen. Erst im Hochsommer 1816, als Metternich längst zum »Kutscher Europas« geworden war, schien sich die Rehabilitierung Hormayrs abzuzeichnen. Er wurde Historiograf, erhielt wieder seinen Hofratstitel und eine angemessene Bezahlung. Und Johann trug, als Hormayr nach Wien zurückkehrte, in sein Tagebuch frohgestimmt ein, dass *die Sache endlich geendet* habe. Hormayr selbst widmete Metternich ein Geschichtsbuch, konnte aber den »Dank« vom Hause Österreich nie wirklich überwinden. Nachdem er 1809 gegen die Bayern tapfer mitgefochten hatte, mit dem »Alpenbund«-Abenteuer seine Tiroler Heimat von der bayerischen Besetzung befreien wollte, landete er schließlich in bayerischen Diensten. 1828 nach München berufen, schrieb er sich die Finger gegen Österreich und für den höheren Ruhm Bayerns krumm. War ihm aber, nach allem, der »Verrat« an Österreich zu verargen?

Gedemütigt, zum Privatisieren gezwungen, hoffte Johann erstaunlicherweise immer noch und immer wieder auf die Chance, dass er sich politisch nützlich machen könnte. Aber Kaiser Franz war nach wie vor viel zu eifersüchtig auf seinen beliebten Bruder.

Dabei hatten sich die politischen Umstände grundsätzlich geändert. Im April 1813, also zwei Monate nach der »Alpenbund«-Affäre, hatte der Kaiser dem Hofkriegsrat befohlen, eine neue österreichische Armee aufzustellen und auch die Reserve zu mobilisieren. Metternich hielt den Zeitpunkt für günstig, Österreich aus seiner frankreichfreundlichen Zurückhaltung herauszuführen. Und so ging Österreich von der einfachen Neutralität zur bewaffneten Vermittlung über. In Paris hatte der österreichische Botschafter den Schwiegersohn des Kaisers von Österreich auf die »natürlichen« Grenzen Frankreichs hingewiesen; die Landkarte sollte wieder so werden, wie sie vor Bonapartes Auftauchen ausgesehen hatte.

Napoleon, an einer Ruhepause dringend interessiert, akzeptierte vorerst die neue Rolle Österreichs – und gab damit Metternich freie Hand. Der österreichische Chefdiplomat diktierte jetzt seine Bedingungen – die aber umgekehrt Napoleon nicht erfüllen konnte und wollte; und bewirkte damit den Übertritt Österreichs auf die Seite der machtvollsten Allianz, der sich Frankreich jemals gegenübergesehen hatte. Im August 1814 erklärte Österreich Frankreich den Krieg, im Herbst fiel bei Leipzig die Entscheidung gegen Napoleon; Österreicher, Preußen und Russen kämpften Schulter an Schulter, England half mit Subsidien eifrig mit.

Nur Johann war von alledem ausgeschlossen. Er musste – übrigens ebenso wie sein Bruder Karl, der Sieger von Aspern – zusehen, wie Napoleons Stern versank. In der Ferne erfuhr er, dass sich sein Leibregiment, die Erzherzog- Johann-Dragoner Nr. I, in Leipzig tapfer geschlagen hatten. Sein Tagebuch berichtet von Tränen, die ihm in die Augen getreten seien – weil er sich beim Kampf um die Freiheit nicht beteiligen durfte. Immer wieder schrieb er auch nieder, wie sehr ihm das Scheitern des »Alpenbundes« eine »tiefe Wunde« geschlagen hätte.

Bis die Überraschung perfekt wurde: Der Kaiser und Metternich beauftragten just Anton Roschmann am 15. Juli 1813, den Erzherzog in Thernberg aufzusuchen; er wurde mit einem Schreiben des Kaisers eingeführt,

in dem Johann angewiesen wurde, vorläufig in Thernberg zu bleiben – er möge aber auf andere Weise helfen. Es mutet wie eine Schmierenkomödie an, wenn Roschmann vom Erzherzog als vom »angebeteten Prinzen« sprach; und berichtete, dass sich Johann leichtgläubig für alles zur Verfügung stellte. An Metternich berichtete Roschmann danach: »In dem Hause des durchlauchtigsten Erzherzogs sowie anderswo argwöhnt man nicht im mindesten die Verhältnisse, in denen ich gestanden bin, man hält mich durchaus für einen Märtyrer der Politik.«
Und dann zog Roschmann die alten »Alpenbund« Pläne aus der Lade. Der Kaiser hatte ihn zum Oberlandeskommissär für Tirol ernannt und mit dem Leopold-Orden ausgezeichnet. Am Tag Mariä Himmelfahrt, am 15. August 1813, sollte bereits der Aufstand Tirols ausgerufen werden. Erst jetzt dämmerte auch Johann, dass man ihn nur benützt hatte – und dass nicht er, sondern Roschmann für eine führende Rolle ausersehen war. Er erbat Klarheit, musste aber in der Folge zur Kenntnis nehmen, dass ihn weder der Kaiser noch Metternich empfangen wollte. Und auch am 15. August geschah nichts; Roschmann kehrte aus Tirol zurück, ohne die geplante Aufstandsbewegung angefacht zu haben. Allerdings verhandelte mittlerweile Metternich sehr erfolgreich mit den Bayern, um deren Übertritt ins Lager der Alliierten zu erreichen. Am 8. Oktober trat Bayern auch wirklich aus dem frankreichfreundlichen Rheinbund aus und erklärte sich bereit, mit 36.000 Mann gegen Napoleon ins Feld zu ziehen. Dafür garantierte man Bayerns Besitzstand. War also Tirol erst recht verloren? Hatte man in Wien das Land gar neuerlich geopfert?
Johann war entsetzt: *Armes Land! Welchen Eindruck soll dies … machen, wenn man so wenig dafür sorgt? Glaubt man also, dass es nicht an der Zeit sei, mich hineinzusenden? Oder will man mich nicht mehr? Auch möglich. Ich gestehe es, es hat mich geschmerzt, es ist hart, so behandelt zu werden, mich zu beordern, wo ich es nicht gesucht, und dann zwei Monate in der Ungewissheit zu lassen – endlich auf eine gute Art zu verstehen geben, man bedürfe meiner nicht.* Erst jetzt wurde ihm auch klar, dass Roschmann – und niemand sonst – im März 1813 der Verräter gewesen sein musste; und dass er einem Intrigenspiel kläglich aufgesessen war. Wem aber hatte er das alles zu verdanken?

Es war sein kaiserlicher Bruder, der alles andere als ein »guter Herr« war und der sich vor persönlichem Kontakt mit Verrätern und Intriganten nicht scheute. Ja, Franz liebte geradezu solche Kreaturen wie Roschmann – das erkannte jetzt Johann deutlicher denn je. Und später notierte er verbittert: *Es war eine Fopperei. Fürchtete man, ich würde durchgehen, wollte man mich festhalten, oder was war es – wozu einen zum Narren halten?* Deprimiert gab er die Hoffnung auf, Tirol je wieder zu sehen. Dem Freiherrn von Gagern schrieb er, dass er wenigstens *im Tod zu dem alten Freund Hofer et consorten gelegt* werden wolle – in die Tiroler Erde. Ansonsten aber zog er nun endgültig die Konsequenz, die für sein weiteres Leben entscheidend sein sollte: Rückzug aufs Land, weil *mir die stets zunehmende Herz- und Lieblosigkeit die vermoderte Welt der Stadt unerträglich macht.* Sein Widerstand sollte ab nun einen anderen Charakter haben als bisher. Er suchte nicht mehr die offene Auseinandersetzung, nicht mehr den Kampf um ein politisches Konzept: Nein, sein Widerstand manifestierte sich in Lebensart, Stil und Beispiel. Endgültig.

Wenig später schrieb er Sätze nieder, die sein künftiges existenzielles Credo werden sollten: *Nach gemachten reichlichen Erfahrungen in einer vielfach bewegten Zeit beschloss ich, Johann, Erzherzog von Österreich, in den schirmenden Alpen mir ein Haus der Ruhe, der tätigen dem Frommen meines kaiserlichen Herrn und Bruders und seiner unerschütterlichen Bergvölker gewidmeten Zurückgezogenheit, sowie auch als Beleg, wie sehr jederzeit mein Gemüt ehrgeizigem Streben fremd war – einfach und prunklos zu bauen.*

Farbteil 2, Seite 1: Erzherzog Johann und Mattthäus Loder (?) über ein Schneefeld abfahrend, Aquarell von Mattthäus Loder
Seite 2–3: Gespräch zwischen Anna und Johann bei Irdning (1822), Aquarell von Mattthäus Loder
Seite 4: Steirisch Tanzen auf der Alm. Aquarell von Max Tendler

»Ein jämmerlicher Handel mit Ländern«

Es ist erstaunlich, wie parallel Johanns zwangsweiser Rückzug ins Private mit dem Rückzug einer ganzen Generation zeitlich zusammenfällt. Oder ist Johanns spätere Popularität vielleicht sogar darauf zurückzuführen, dass er prototypisch mit und durch sein Leben eine ganze geistesgeschichtliche Epoche symbolisierte? Die gloriose Schau des Wiener Kongresses hatte die alte europäische Balance wieder hergestellt. Ein ewiger Friede sollte Jahre größter Erregung abschließen. Man war des Kämpfens müde, man sehnte sich nach Ordnung. Nur so ist erklärlich, dass das politische System nicht als Despotie gesehen wurde, sondern als Wohltat – weil man die Last des »Politischen« von den Menschen genommen hatte. In den Jahren des Kampfes war freilich der »Bürger« entstanden; man hatte ihn als Patrioten, Steuerzahler, Vaterlandsverteidiger benötigt. Er war vom Untertan zum Staatsbürger geworden. Der Heroismus wich aus der Sprache, und die vaterländischen Gesänge, Lieder, Hymnen wurden zu Erinnerungs-, sogar zu Museumsstücken. Und Johann machte dieses Gefühl deutlich, wenn er sagte: *Jetzt lasst uns vergessen! Keine Habsucht, kein Ehrgeiz, die Menschheit hat grausam gelitten.* Arbeit und Sorge um die Behebung der Schäden der Napoleonischen Kriege, die noch durch Missernten (so etwa 1816/17 in Österreich)

Ist große Politik große Feinheit und Betrug? Der Wiener Kongress in einem zeitgenössischen Kupferstich (koloriert) von Jean Godefroy nach dem Gemälde von Jean-Baptiste Isabey (Ausschnitt)

verschärft wurden, lähmten Bauern und Bürger. Hatte nicht alles mit der verflixten Aufregung von 1789 begonnen? Also nahm man die Knebelung der Presse, das Polizeisystem, die neuen-alten Obrigkeiten als unvermeidlich hin. Man wurde sich selbst der Nächste – ein Biedermann im Biedermeier.

Die Schau zurück, romantisch verklärt, bestimmte nun die Geister: Rückblick wurde zum Vorblick, das Bewahren zum emotionalen Bedürfnis. So war Erzherzog Johann ganz und gar auf der Höhe der Zeit, wenn er sein Ziel darin sah, *als Damm mit den Besseren vereint und mit den Völkern der Berge zu stehen gegen den Schwindel der Zeit, die Berge zu erhalten, zu bewahren in ihrem Glauben, in ihrer Treue, Rechtlichkeit, Einfalt und Armut und, während alles sich krampfhaft bewegt, ruhig als Muster dessen zu stehen, wie es überall sein sollte.* Dabei konnte Johann dem Wiener Kongress weder politisch noch emotional etwas abgewinnen. Was als größtes politisches und gesellschaftliches Spektakel inszeniert wurde, liest sich in Johanns Tagebuch so: *Es ist ein jämmerlicher Handel mit Ländern und Menschen! Napoleon und seinem System haben wir geflucht, und mit Recht. Er hat die Menschen herabgewürdigt. Und eben jene Fürsten, die dagegen kämpften, treten in seine Fußstapfen.* Es war ihm klarer als den meisten Zeitgenossen: *Also kämpfte man bloß gegen Napoleon als Person, und nicht gegen sein System.* Johann war, aus Resignation, ruhig geworden. Diese Ruhe entsprach dem Zeitwunsch. »Politisch Lied, garstig Lied«, hieß es nicht allein für den Erzherzog, vielmehr entsprach das der allgemeinen Vorstellung von der Ordnung der Dinge. So überließ eine ganze Generation freiwillig den Metternichs das Parkett. Klarsichtig erkannte Johann aber, dass eine *elende Politik* gemacht wurde: *Wie irrig, wer glaubt, die Überlegenheit der Politik bestehe in der großen Feinheit, in Betrug usw.* Johann ging sogar so weit, den Kongress als Missgriff zu bezeichnen, weil man Österreichs wahres Inneres kennen lernen würde – *und damit sinkt das Vertrauen in uns.* Dass Johann eine so starke Symbolgestalt des österreichischen, des deutschen Biedermeiers wurde, verdankte er aber einer zweiten Tendenz, die er wie kaum ein anderer seiner Zeitgenossen ansprach: der Verwirklichung eines alternativen Lebensstils, der Rückkehr zu den Quellen der Natur, der Anwaltschaft für Natürlichkeit. Denn Biedermeier ist ohne Romantik und Romantik ohne die »Philosophie der Natur« unvorstellbar. Es ging um eine neue Einheit, die Johann glaubwürdig verkörperte. Überall hatte er zwar, wie er schrieb, viel Gutes in der Welt gesehen, aber nichts zog ihn besonders an, *denn überall vermisse ich jene Einheit der Natur und des Lebens.* Durch die Umstände gezwungen, aus politischen Gründen seinen Rückzug ins Private anzutreten, konnte sich Johann selbst verwirklichen – in eben dieser Einheit von Natur und Leben.

Eine ganze Generation war damals wie Erzherzog Johann im eigenartigen Bann eines Mannes gestanden, der wahrscheinlich mehr als alle anderen Philosophen der Aufklärung der Pate für eine Neubewertung der Dinge war: Jean-Jacques Rousseau. Der Ruf »Zurück zur Natur!« war das Signal eines neuen Lebensgefühls. Es war ein Weckruf, den freilich jeder anders verstand. Rousseau wurde zuerst zum Inspirator der letzten Phase des Ancien Régime, aber er gab auch den deutschen Romantikern eine Basis, er belebte das religiöse Gefühl neu und bildete mit seiner Weltsicht die Grundlage, von der aus Kant und Schopenhauer, Marx und Hegel weiterdachten.

»Zurück zur Natur« hieß jetzt, vierzig Jahre nach Rousseaus Tod, zurück zur natürlichen Lebensform, die im Volk der Bauern zu suchen und zu finden war. *Ich fand in den Bergen Kraft, Treue, Einfalt, ein noch unverdorbenes Geschlecht,* schrieb Johann. Ja, das war es, was sie diesseits des Rheins suchten, die Romantiker der deutschen Sprache, die Entdecker des »deutschen Wesens«, des »Biedermannes« im einfachen Bürger. Nicht der Aristokrat war mehr das Vorbild der Intellektuellen, im Menschen der harten Arbeit wollte man den eigentlichen humanen Kern versteckt sehen, von dem Jean-Jacques Rousseau gesagt hatte, dass er »von Natur gut« wäre.

Beethoven komponierte in jenen Tagen Symphonien, in denen er sich einer neuen Welt öffnete; im Autograf der »Pastorale« überschrieb er einen Satz mit den Worten: »Angenehme heitere Empfindungen, welche aus der Ankunft auf dem Lande im Menschen erwachen«

»Aber alles verdirbt unter den Menschen«, sagte Rousseau – will heißen: unter der Zivilisation. Für Rousseau waren die Städte »Abgründe für das

Menschengeschlecht«; nach einigen Generationen in der Stadt war Degeneration unvermeidlich, und man müsste die Menschen veredeln: »Diese Veredelung geschieht immer vom Land aus.« Johann setzte also praktisch dort ein, wo Rousseau theoretisch geendet hatte. 1817 notierte er nach einem Abend im Kreis steirischer Bauern: *Welche Einfalt, welches Herz bei Menschen, wo noch nichts verdorben. Wie ist die einfache Sprache weniger Worte herrlicher als alle die glatten unserer gebildeten Welt. Es ist ein hell brennendes Licht! Gott erhalte solche Menschen. Sie gibt nur das Gebirge. Ich liebe diese Menschen wie Brüder und Kinder.* Johann folgte damit ungewollt der Konsequenz der neuen Religion. Die Anbetung des Natürlichen zwang zur Ablehnung des Hierarchischen; ein neues Menschenverständnis, das demokratisch in dem Sinn war, dass vor der Natur und in der Natur Gleichheit ein bestimmendes Motiv war. Rousseau lehrte, dass das Dasein durch die Sinne wahrgenommen wird – ich empfinde, also bin ich. Natur wurde daher zu einem mystischen Erlebnis, das auch seine gesellschaftliche Komponente hat: Natur befreit. Und Johann beschrieb in seinem Tagebuch, was er in den Alpen erlebt hatte: *Frei ist die Luft, frei alles, was da ist, frei wir selbst … Jeder Gedanke an die große Welt, jeder Kummer schwindet hier. Frei ist der Atem und man denkt sich auch frei.*

Von den vielen Natur-Gleichgestimmten waren freilich nur wenige von so entschlossener Radikalität wie der österreichische Erzherzog. Die Jünger Rousseaus predigten nur selten wirklich im Gebirge, sie schliefen nicht auf Almhütten, sie halfen nicht den Sennerinnen – wie Johann – und sei es nur deshalb, um die harte Bauernarbeit kennen zu lernen. Johann unternahm all das. Schon bei seinen Reisen als Geniedirektor, dann in der Zeit nach 1809, besonders aber nach der »Alpenbund«-Affäre durchwanderte er tagelang die Alpentäler, suchte Kontakt mit Land und Leuten, beschäftigte sich mit den Lebensproblemen der Bauern, erfasste nahezu wissenschaftlich Volkstum und Lebensumstände. So wurde er zum Praktiker unter den Romantikern. Während diese in den Städten saßen und in Biedermeiersalons philosophierten, zog es Johann in die reale Welt: Ihm war nur dann wohl, wenn er über den Semmering fuhr und seine Berge wieder sah, die reine Luft atmete und sich unter dem

Volk befand, *welches zwar nicht den hochgepriesenen, nicht haltbaren Firnis der großen Welt besitzt, aber redlich, offen, gut, herzlich ist.*
O mein Gott, bleiben wir bei der Einfachheit, rief er aus, und dann: *Jene feinen Studien überlassen wir der Hauptstadt, wo die Köpfe weit reifer dazu sind als jene unserer Bergbewohner.*
Das Wie und Warum war wohl auch den Theoretikern nicht klar. Aber das neue Lebensgefühl war allgemein geworden: Da war Johann Gottlieb Fichte, bereits 1798 Autor der »Grundlagen des Naturrechts«. Er verstand Natur als Organismus, in dem sich der gestaltende Geist zum selbstbewussten Ich entfaltet. Das beeinflusste auch Friedrich Wilhelm Joseph Schelling, der postulierte, dass Geist und Natur in einem unterschiedslosen »Absoluten« identisch sind. Da war Ludwig Tieck, der Volksmärchen sammelte, umschrieb und dadurch zu den Quellen des einfachen Geistes vorstoßen wollte, Absage gleichermaßen an die kalte Aufklärung wie an die Ungläubigkeit der Rationalität.
Es war aber vor allem Schillers Schauspiel »Wilhelm Tell«, das für das Verständnis der Epoche wichtig ist – und einen aktuellen Hintergrund nicht verleugnen konnte. Wir wissen nicht, ob Erzherzog Johann damals das 1804 entstandene Stück kannte – immerhin wurde es zum Nationaldrama der Schweiz, die Johann so am Herzen lag. Jedenfalls war der Erfolg des »Tell« außergewöhnlich: Da steht »der Sitten fromme Unschuld« und das »Alte, Würdige« der gewaltsamen, despotischen Tyrannei gegenüber. Rechtmäßigkeit ergibt sich nicht aus einem Rechtstitel, sondern aus der Metaphysik der Heimat: »Wir haben diesen Boden uns erschaffen durch unsrer Hände Fleiß«. Und auf dem Rütli wird der »contrat social« neu geschlossen. Im Tell begegnet uns auch die von Johann so vehement vertretene Volksbewaffnung in literarischer Darstellung, es sind die Bauernheere, die gegen die höfischen Heere den Sieg davontragen.

Paris und London

Seit 1810 besuchte Johann regelmäßig die Steiermark. Hielt er sich in Thernberg – am Rand der Buckligen Welt – auf, war der Weg über Wechsel oder Semmering nicht weit. Er hatte die Erlaubnis des Kaisers erbeten, in Graz eine Lehranstalt errichten zu dürfen. So entstand 1811 das Joanneum, dessen Wirken bis in die Gegenwart reicht. Damit aber war nun ein offizieller Grund für Johann gegeben, möglichst oft in die Steiermark zu reisen. Das Herzogtum reichte damals vom Alpenhauptkamm bis knapp vor die Tore der kroatischen Hauptstadt Agram, von den Tauern bis in die pannonische Tiefebene. Johann scheute keine Beschwerlichkeit, weder lange Kutschenfahrten in Hitze oder Kälte noch die Mühen einfachster, primitivster Unterkünfte, dieses große Land kennen zu lernen. Vor allem aber unterzog er sich harten Fußmärschen, die er systematisch zur Erforschung der verschiedenen Regionen nutzte.

Wir gehen nicht zu weit, wenn wir Johanns Naturgefühl als eine Art mystisches Erlebnis deuten. Lange Zeit waren die Berge Ärgernis und Beschwernis gewesen. Sie waren unfruchtbar, stellten ein Verkehrshindernis dar, gefährdeten, töteten sogar Menschen. Qualvoll zogen die mittelalterlichen Kreuzfahrer und Rompilger über die Pässe und Höhen. Niemanden fiel es bis ins 18. Jahrhundert ein, die eisigen Gletscher zu besteigen, die Almen zu beschreiben, die kahlen Gipfel zu besingen. Die Berge waren bestenfalls der optische Hintergrund der bildenden Kunst von der Hochrenaissance bis zum Rokoko, und man legte wenig Wert auf Authentizität. Erst zu Ende des 18. Jahrhunderts rückte die Natur in den Mittelpunkt. Jetzt musste man mit der Staffelei unter freiem Himmel arbeiten, sich literarische Anregung auf Wanderungen holen. Und doch erschlossen sich gerade die Berge nur wenigen. Die äußeren Strapazen, das Fehlen von Wegen und Steigen, der Mangel an Unterkünften, das Problem der Verpflegung – all das machte den Romantikern, den Naturliebhabern des frühen 19. Jahrhunderts die Alpen unvorstellbar beschwerlich. Johann scheute als einer dieser wenigen nicht zurück. Geradezu masochistisch unterzog er sich den Strapazen, narkotisch berauscht vom Vergessen-Wollen.

Rekonstruiert man die Märsche genau, ergibt sich etwa für jenen zwischen 23. August und 5. September 1810 (vom Toten Gebirge bis Öblarn im Ennstal) eine Wanderzeit von rund sechs Stunden täglich nebst der Überwindung von 8000 Metern Höhendifferenz. Er übernachtete in primitivsten Unterkünften (das Bett war so eng, *dass man des Daches wegen gar nicht aufrecht darin sitzen kann*). Auf der Gumpenalpe schlief er in einer Hütte, in der Herd, Wohnstube, Milchkeller *alles in Einem, des beschränkten Raums wegen*, waren; ein andermal bissen ihn die Flöhe. Aber er klagte nicht, im Gegenteil. Er erwähnte mit keinem Wort die Mühen, die mit der Erkundung der Alpen verbunden waren. Und kein Wort findet sich darüber, dass er das Einfachste vom Einfachen in den Hütten der Bergbauern für minderwertig hielt. Auf eben diesen Wanderungen über den Dachstein und in den Schladminger Tauern aber sprach er von der Herrlichkeit der Einsamkeit, in der man den *moralischen Unflat* ablegen kann, *den man in der großen Welt leider erhält.* Und er beneidete die Alpenbewohner, dass sie eine *beglückende Unwissenheit … über die Dinge der großen Welt* haben.

Denn just jetzt beauftragte ihn Kaiser Franz mit ehrenden Aufträgen: Er reiste im Frühsommer 1815 nach Oberitalien, um formell die Rückkehr Venetiens und der Lombardei in den österreichischen Staatsverband zu dokumentieren. Es war sechs Jahre her, dass er für Österreich eben diese Provinzen – damals als einziger erfolgreicher österreichischer Heerführer – erobert hatte, bis ihm vor Verona der Auftrag zuging, mit seinen siegreichen Truppen umzukehren.

Dennoch: 1815 war Napoleon noch immer nicht bezwungen. Seine Rückkehr aus Elba auf das Festland war ein letzter 100-tägiger Verzweiflungskampf, während die alliierten Truppen von allen Seiten in Frankreich einfielen. Dennoch widerstand die Festung Hüningen – die die Stadt Basel vom Elsass her strategisch beherrscht – auch noch nach der Schlacht von Waterloo. In Wien erinnerte man sich daran, dass Johann auch Geniedirektor gewesen war und ließ ihn gleich von Oberitalien aus nach Basel abgehen. Immerhin hielt sich die kleine, winzige französische Besatzung Hüningens schon rund sechzig Tage.

Johann konzentrierte nicht weniger als 30.000 Mann und hundert Kanonen rund um die Festung – was den französische General Barbanègre doch zur Kapitulation zwang. Johann konnte ihm die Wertschätzung nicht versagen und er hatte sogar Mitleid mit den Franzosen: *Als aber die Feinde herauszogen und so elend erniedrigt aussahen und weinend die Ihrigen, da war alle Freude hin. Ich dachte mich als Mensch in ihre Lage.* Es muss Johann in diesen Tagen auch eine gewisse Befriedigung bereitet haben, doch noch einen Anteil an der Befreiung der Schweiz zu haben. Die Eidgenössische Tagsatzung sprach in einem Dankbrief vom »erhabenen Freund der Schweiz«. Noch mehr befriedigt haben mag Johann die Freude des Volkes, wie dies ein Basler Bürger in Schwyzerdütsch zum Ausdruck brachte: »Für d' Stadt Basel het Johann gerunge – als Held us Tütschlands heiligem Bund – und het gar bald die Festig erzwunge.«

Von Basel aus reiste Johann noch nach Paris. Zum ersten Mal sah er nun die Hauptstadt jenes Reiches, mit dem Österreich fast ein Vierteljahrhundert lang Krieg geführt hatte. Er besichtigte die Denkmäler, die der große Korse errichtet hatte, und hielt Kontakt mit der in Paris eingerückten österreichischen Kolonie. Paris enttäuschte ihn aber außerordentlich. Die lärmende Stadt, die *nichts tauget*, war zwar lehrreich – aber um nichts in der Welt würde er bereit sein, länger dort zu bleiben. Im Übrigen war er pessimistisch, was die Zukunft Frankreichs betraf – weil er das Land nach Napoleons Sturz als überreizt empfand.

Im September 1815 war mittlerweile die »Heilige Allianz« der europäischen Mächte besiegelt worden. Sie sollte für mehr als drei Jahrzehnte bestimmend sein.

Im Oktober reiste der Erzherzog schlussendlich im Auftrag seines kaiserlichen Herrn nach England. Sein jüngerer Bruder Ludwig begleitete ihn. Mehr als vier Monate lang erkundete Johann das damals industriell und technisch fortschrittlichste Land Europas. Denn dort hatte ein neues Zeitalter begonnen und die ersten Maschinen hatten bereits die Sozialstruktur verändert. Johann, der Mann aus den rückständischen agrarischen Zonen der Alpen, stand einem neuen Phänomen gegenüber: der Industrialisierung und dem Kapitalismus.

Es war der Schotte Adam Smith, der aus den Gesetzlichkeiten der Textilproduktion durch Maschinen – plus der von James Watt erfundenen Dampfmaschine – schon Jahre zuvor ein wirtschaftstheoretisches System entworfen hatte. Man müsse, so Smith, neuen Unternehmern und ihren Betrieben nur größtmögliche Entwicklungsfreiheit lassen, dann würde das natürliche Gewinnstreben stets neue Verbesserungen, stets mehr Einsatz von Kapital, Arbeitskräften und Energie bewirken. Je mehr man produzieren würde, desto mehr Handel würde man treiben – und desto mehr würde wieder neu investiert werden. Dieser Produktions- und Handelskreislauf würde daher auf ganz natürliche Weise zu einer Hebung des Volkswohlstandes führen – von dem letztlich der Staat außerordentlich profitieren könnte. Und so wurde Smith' Theorie von den »Quellen des Volkswohlstandes« zum theoretischen Unterbau des Aufstiegs Englands und zur Rechtfertigung für Erfinder, Fabriksherren und Kapitalisten. Alles entwickelte sich ungeheuer schnell. 1788 verhüttete man in England noch 68.000 Tonnen Koks; 18 Jahre später waren es bereits 250.000 Tonnen, und die Kohlenförderung erhöhte sich um etwa 250 Prozent. Zu Beginn des 19. Jahrhunderts fielen auch die Zunft- und Lehensgesetze; und London wurde zur Millionenstadt. In fünfzig Jahren hatte sich die Bevölkerung – etwa im Textilindustriegebiet von Lancashire – um 40 Prozent vermehrt, in der Eisenindustriezone von Warwick um 60 Prozent. Trotz des Verlustes der amerikanischen Kolonien dominierte England im Welthandel. Napoleons Versuch der Invasion Englands war ebenso gescheitert wie der Versuch, Großbritanniens Vorherrschaft auf dem Meer zu brechen. Im Gegenteil: Das reich gewordene England hatte den Kampf der Kontinentalmächte gegen Frankreichs Kaisertum finanziert. So traf Johann im Herbst 1815 in einem England ein, in dem es brodelte und gärte. Aber er war in England kein Unbekannter. Im Bruder des Kaisers von Österreich sah man am Hof den Verbündeten gegen Napoleon, Johanns Einsatz in den immer von England unterstützten Feldzügen von 1800, 1805 und 1809 war auch den Zeitungslesern der Insel nicht unbekannt geblieben. Auch Minister Castlereagh hielt viel von Johann; und das von den Engländern unterstützte und in ihren Augen mutige »Alpenbund«-Abenteuer hatte Johann viel Sympathie eingebracht. Freilich war auch bekannt, dass Johann politisch in Wien kaltgestellt war, dass er zu Metternich und zur Wiener Politik in heftiger Gegnerschaft stand und dass ihn Kaiser Franz lediglich mit Repräsentationsaufgaben beschäftigte. So nahm man Johann in England also nicht als politischen Emissär auf (während zu diesem Zeitpunkt von den Mächten auch der Vertrag von Paris verhandelt wurde), sondern als freundlichen Gast eines befreundeten Landes. In London wohnten Johann und Ludwig im Hotel des

Herzogs von St. Alban, wurden vom Prinzregenten herzlichst begrüßt, und man gab zu ihren Ehren eine große Cour. Sie mussten selbstverständlich auch an einem großen Pferderennen in Suffolk teilnehmen. Aber man wusste von Johann, dass er vor allem nicht an Politik, sondern an den technischen Entwicklungen in England interessiert war. Johanns wachem Geist war nicht entgangen, dass hier für ihn angesichts seiner damals bereits vorhandenen Interessen für Österreich einfach viel zu lernen war. Metternich hatte Johann auch unumwunden diesen Auftrag mitgegeben, als er schrieb: »E. Hoheit werden sich bald überzeugen, dass in England und selbst in Frankreich die Industrie sich nicht auf bloße Erzeugung, sondern auf das bessere Erzeugnis beschränkt … Ist es nicht schimpflich, dass wir in der ganzen Monarchie nicht ein Fell haben, um Schuhe zu machen, welche gut genannt werden können?« Wir würden heute wohl sagen, dass Johanns »Besichtigung« Industriespionage war – nämlich die Erkundung von Techniken und Verfahren sowie die Vermehrung technologischen und organisatorischen Wissens. So glich er in gewissem Sinn seinem Onkel Joseph II., der vierzig Jahre vor ihm mit ähnlicher Wissbegierde als Graf von Falkenstein Frankreich bereist hatte, den Institute und Manufakturen, Bibliotheken und Häfen mehr interessierten als das Hofleben in Versailles.
Josephs Neffe Johann bereiste also im Winter 1815/16 England mehrere Monate lang und kam dabei bis in den Norden Schottlands. Er ließ sich Routen zusammenstellen, die es ihm ermöglichten, mit Fabrikanten, Reedern und Ingenieuren bekannt zu werden – und eine neue Welt eröffnet sich ihm. Die bäuerliche Welt, die er von Innerösterreich her kannte, war hier längst umstrukturiert. Englands Bauern standen unter hartem Konkurrenzkampf aus Übersee und viele hatten die Städte den unergiebigen Höfen vorgezogen. Sie waren das neue Proletariat. Industrie und Handel hatten systematisch die Grundlagen bäuerlichen Lebens zerstört; und die Identität ging in den Massenquartieren der Industrien verloren. Er wusste davon, aber jetzt sah er dem Elend ins Gesicht: Die Kinder bei der Schwerarbeit, den stumpfen Blick der Arbeiterfrauen, die kaputtgearbeiteten Rücken der Arbeiter; er sah die Rücksichtslosigkeit, die Krankheiten, den Alkoholismus. Aber es konnte wohl nicht allein die Armut sein, die ihn

schockierte – die gab es auch in den Almhütten der Steiermark: Es war die Entmenschlichung, die Entwurzelung, die Verzweiflung, die er entdeckte. Über Birmingham, wo es bereits zu Arbeitskonflikten gekommen war, schrieb er: *Birmingham war der Feuerherd aller teilweisen Volksaufstände, Plünderungen und Unordnungen, weil es die größte Anzahl solcher Menschen in sich schloss, die keinen eigenen Herd und kein Vaterland haben, denen ihr täglicher Gelderwerb alles ist, daher ihnen auch jedes Mittel, diesen zu mehren, willkommen sein muss.* Und bald wurde es ihm zur Gewissheit, dass die totale Industrialisierung, verbunden mit dem Verlust des Bauernstandes, eine Katastrophe bedeuten würde. Es musste in der Donaumonarchie vermieden werden, was in England eingetreten war: Die Zerstörung einer humanen sozialen Bezugswelt, einer zufriedenen Gesellschaft, einer Struktur, die in Jahrhunderten entstanden und gewachsen war.

Industriespionage?

Nun verkannte Johann allerdings nicht, was die Vorteile der Maschine als zivilisatorische Errungenschaft bedeuten kann. Er lehnte nicht die Nutzung des Erfindergeistes ab, wohl aber das gesellschaftliche System, dem die Maschine zum Sieg verholfen hatte. Und so kann Johann weder als anarchischer Maschinenstürmer noch als reaktionärer Grüner angesehen werden: Vielmehr hielt er das für möglich, was in der Steiermark in den folgenden 40 Jahren auch zum Programm erhoben wurde: Den systematischen Aufbau der (Schwer)Industrie, die sanfte Entwicklung des Gewerbes und die Förderung der Landwirtschaft. Ziel sollte die Erhaltung der bäuerlichen Lebenswelt sein, ohne dass auf den Maschineneinsatz verzichtet werden musste.

In Wien erwartete man weniger eine Philosophie, sondern eine Art Industriespionage. Metternich seinerseits wünschte sich von Johann auch eine Beschreibung der Gasbeleuchtung, damit er im Garten seines Wiener Palais eine solche aufstellen könne. Auch Johann erkannte die Bedeutung der neuen Lichtquelle, aber vor allem im Hinblick auf den Umstand, dass man die Fabriken Englands in der Nacht in Betrieb halten konnte – wie

er in Manchester notierte. In Birmingham hatte Johann dafür das Glück, dass er James Watt kennen lernte und dessen Maschinen sehen konnte, obwohl *niemandem sonst der Zutritt erlaubt ist und vor kurzem ein königlicher Prinz, der Herzog von Glocester, abgewiesen wurde.*
Sosehr ihn die technischen Fragen interessierten, sosehr sehnte sich aber der Erzherzog bald nach Österreich zurück. Sein Horizont war erheblich erweitert, er hatte jetzt eine neue Welt kennen gelernt, von der er wohl instinktiv spürte, dass sie auch bald für den Kontinent bestimmend werden würde. Gerade nach dieser großen Reise durch Frankreich und England (auf dem Rückweg hatte er auch die Niederlande und Deutschland durchfahren) war er sich aber sicher, dass er für seine geliebten Alpenbewohner auch dann eine Aufgabe erfüllen konnte, wenn er in Zukunft als Privatmann auftreten würde. Sollte man in Wien nur unverwandt weiter Feste feiern, Salons kultivieren, intrigieren und manipulieren; er, Johann, hatte sich schon entschieden. *Für unsere Stadtherren mit ihren wurmstichigen Herzen und überklugem Verstand* wollte oder würde er nicht mehr da sein – wohl aber für die einfachen Menschen auf dem Land, da *wäre ich fähig, alles zu tun.*
Nach seiner Reise nach England zog Johann endgültig unter sein bisheriges Leben einen Schlussstrich. Es scheint, dass ihn die Eindrücke in der weiten Welt sicherer, souveräner gemacht haben, dass er sich auch selbst mehr vertraute und langsam die Demütigungen durch seinen Bruder und durch Metternich verdrängte. Wir dürfen annehmen, dass er für sich selbst zunehmend das Gleichgewicht wieder fand. Aber nach seiner Rückkehr nach Österreich beurteilte er die politische Lage, die er vorfand, negativer denn je; er entdeckte allgemeinen Missmut und *bange Sorge für die Zukunft.* Auch begann Metternichs System zu greifen, die Polizei war allgegenwärtig. Auch er wurde überwacht – wusste es und nahm es gelassen hin. Denn auf den Bergen, wohin er bald aufbrach, würde er bald unter guten, treuen Menschen sein – und *Gott näher.* Die große weite Welt, in die er aufgebrochen war, hatte in ihm nur Ekel erregt. Und so zeigte er auch äußerlich, wo er hingehören wollte: Seine Kleidung wurde die eines einfachen Bauern. Auf den Bildern, die ihn und seine Reisegefährten auf den Wanderungen im Gebirge zeigen, kann man ihn nicht

einmal mehr einwandfrei erkennen. Er trug wie alle den »grauen Rock«, die Tracht der Gebirgsjäger – ein Lodenanzug mit grünem Kragen, schwarzlederner Kniehose, grünen Wollstutzen und Bundschuhen. 1817, ein Jahr nach seinem Englandaufenthalt – wo er immerhin auch die Welt und Ästhetik eines Beau Brummell und der Dandys kennen gelernt hatte – malte Peter Krafft Erzherzog Johann so, wie dieser sich selbst sah – und wie wir Heutigen ihn auch von Hunderten Abbildungen kennen, die bis heute die Wirtsstuben und Bürgerhäuser der Steiermark schmücken. Krafft, der pathetische Kompositeur der Freiheitskriege, machte aus Johanns Pose auch wirklich mehr – nämlich eine Demonstration der Einfachheit, eine Rebellion gegen die Konvention, ein geheimes Fürstenbild: Johann steht, mit der Büchse über der Schulter und lässig auf den Bergstock gelehnt, mit verschränkten Armen da. Er hat den Jägerhut locker auf dem Kopf: Ganz ein Prinz der Berge.

In Wien belächelte man das Bekleidungs- als Verkleidungsritual als Mischung aus Verrücktheit und Aufbegehren. Aber man ahnte zugleich, dass Johann Recht hatte, wenn er die Leute von Welt rund um die Hofburg ins Visier nahm; dort, wo *nichts als Lärm, eitles Treiben, Zerstreuung, nichtiges Streben, Genuss, Herzlosigkeit, Selbst- und Scheelsucht, niedrige Kniffe* vorherrschten.

Es war im August 1816, wenige Monate nach seiner großen Reise, als er im Zuge einer Begehung des Salzkammergutes an den Grundlsee kam. Dort hatte man beim Fischmeister für Johann ein kleines ländliches Fest vorbereitet. Er selbst berichtete später: *Als sich das Ganze zu dem landesüblichen Wechseltanze gestaltete, kam zuletzt ein Mädchen an die Reihe, sie mochte höchstens 14 Jahre alt sein, kaum aus den Kinderjahren heraus, frischfröhlich, die, als ihre Reihe vorüber war, wieder wegsprang und sich unter die Leute verlor. Das Mädchen war die älteste Tochter des braven Bürgers und Postmeisters von Aussee, Jakob Plochl.*

Aussee und der Kampf mit dem Kaiser

Das Ausseerland gehört zu den Wunderlandschaften der Alpen. Eng von Bergen umstellt und doch offen, ein Land des Durchzugs und doch abseits der großen Wege, genießt es einen geradezu intimen Charakter und den diskreten Zauber einer in sich harmonisch ausgewogenen Welt. Das Grün der Wiesen und Almen verschmilzt mit den Gärten der Häuser, die hier ihren eigenständigen Reiz wahren konnten. Nicht klobig-massiv, wie das Älplerhaus seit Jahrhunderten ist, liebten es die Ausseer – sondern gartenhaft-verspielt mit geschnitzten Balkonen und Vorhäusern, Erkern und Salettln; eine Architektur des guten Geschmacks. Der Menschenschlag, der hier lebt, nimmt seit jeher das große Leben mit charmanter Gelassenheit hin. Fremde werden auf Zeit zu Einheimischen. Gäste, selbst prominente, haben hier den Vorzug der Gleichstellung. Das bedeutet, dass auch Literaten, Politiker, Künstler in dieser Atmosphäre des heiteren Understatements ein selbstverständliches Vorrecht auf das Inkognito besitzen. Draußen, jenseits des Pötschenpasses hingegen war (und ist) die große Welt präsent. Schon in Ischl hatte das bunte Treiben der Hauptstadt Spuren hinterlassen (wie Erzherzog Johann meinte), wäh-

»So war ich, als mich mein Erzherzog am Toplitzsee das erste Mal sah«: Porträt Anna Plochls von Johann Nepomuk Ender

rend für das Ausseer Land die bäuerlich-bürgerliche Unbekümmertheit typisch geblieben war. Natur und Kultur waren ineinander verschränkt, nie schreiend aufdringlich, nie anpreisend-geschäftig. Es war die Natürlichkeit der Seenlandschaft, die Unversehrtheit der Natur und die Freundlichkeit der Bewohner (unter ihnen viele Bergknappen der Salinen), die als einmalige Kulisse für die bezauberndste Liebesgeschichte des Biedermeier dienten. Auch heute noch könnte man daher, wenn die Nebel vom Grundlsee am Backenstein hochsteigen, die Kähne zum alten Fischmeister fahren sehen; und wenn die warme Nachmittagssonne hinter den Fichtenwipfeln verschwindet, könnte man am Ufer des Toplitzsees ein junges Mädchen namens Anna Plochl in ihrer Tracht beobachten, wie es blaugrün vom Wasser gespiegelt wird.

Das so Biedermeierliche im Ausseerland hat niemand so einzigartig eingefangen wie die so genannten Kammermaler Matthäus Loder und Jakob Gauermann. Bei ihnen wirkt auch nicht kitschig, was sich vor 160 Jahren zwischen Erzherzog Johann und dem Mädchen Anna ereignete – und was sowohl als Bilddokumentation wie literarisches Selbstzeugnis in die Geschichte eingegangen ist: »Der Brandhofer und seine Hausfrau.« Es ist das Herzstück eines Kultes, das nachvollziehbar ist: Johanns selbstverfasste Darstellung der Liebesgeschichte, die nun schon fast zwei Jahrhunderte die Menschen rührt; denn einfach, poetisch und nie geschmacklos hat Johann die Begegnungen mit – und seinen Kampf um – Anna Plochl darin niedergeschrieben. War es ihm doch stets zuwider, Objekt vermarkteter Legenden zu sein; was unrichtig oder entstellt erschien, sollte korrigiert werden.

Johann hat wahrscheinlich erst 1839 die biografische »Novelle« abgeschlossen, in der er sich selbst nach seinem Bauerngut in der Obersteiermark als *Brandhofer* bezeichnete; um 1850 hat er dann das Verhältnis der beiden Verliebten in die letzte Form gegossen, wobei er von sich in der dritten Person sprach. So ist, nach Johanns eigenen Worten, *Der Brandhofer und seine Hausfrau – von ihm selbst erzählt* keine beschönigende Story, sondern *eine Wahrheit, so wie sie ist, nicht mehr, nicht weniger.*

»Seien Sie mir gut«

Es war im August 1819, als Johann mit seinem Sekretär Johann Zahlbruckner, dem Maler Jakob Gauermann, dem Hauptmann Joachim Schell, dem Oberamtsrat Joseph Ritter aus Aussee und anderen Männern zu einer Besichtigung des Toplitzsees und des Kammersees aufbrach. Man besuchte die Wasserfälle, die den Ursprung der Traun bilden, aber damals, im August 1819, infolge der sommerlichen Trockenheit eher unansehnlich waren. Man fuhr in einem der Kähne, wie sie für die Seen des steirischen Salzkammergutes typisch sind, über den Toplitzsee zurück. Und dort, wo die Traun den See verlässt – auf einer Wiese am Ufer –, standen vier junge Mädchen in Landestracht: weiße Kleider, grüne Mieder mit Goldborten, weiße Strümpfe, grüne Hüte. *Während der Brandhofer sie ernst, ja etwas verlegen betrachtete, näherten sich ihm dieselben, alle jung, wohlgewachsen, doch sehr verschieden in Gestalt und Gesichtszügen, alle freundlich, anspruchslos, artig, aber etwas scheu, was sie besonders empfahl.* Die Gesellschaft kam rasch ins Gespräch, weil den Mädchen die Männer aus Aussee nicht unbekannt waren. Man ging nun gemeinsam den Weg vom Toplitz- zum Grundlsee; ein Weg, der sich an den Felsen, die das aufragende Tote Gebirge hier bildet, entlang zieht, halb durch Wälder, halb an Wiesen vorbei. Wie verhielt sich aber der Erzherzog zu den jungen Frauen – zu jener einen von ihnen im besonderen Fall? Der Brandhofer hatte stets *auf ein zartes, achtungsvolles Benehmen gegen das andere Geschlecht gehalten und nie eine leichte Sprache, sonst so allgemein in der so genannten gebildeten Welt, gebilligt. Aber jetzt traf es sich, dass er neben dem einen Mädchen zu Gehen kam und gerade mit jener ins Gespräch kam, die ihm am besten gefiel.* Die Gesellschaft fuhr, nachdem man den Grundlsee erreicht hatte, neuerlich mit dem Boot zum so genannten Ladner, wo eine kleine Tafel hergerichtet worden war. Man speiste vergnügt, und Spielleute begannen mit dem Musizieren. Johann tanzte mit allen Mädchen, aber über die eine, die ihm besonders gefiel, fasste er bestimmt sein Urteil. Sie war ihm sehr sympathisch, und er fand das erst 15-jährige Mädchen besonders nett: *Schlank gewachsen, über die mittlere Größe, in schönster erster jungfräulicher Blüte, sprach ihr Gesicht jeden durch das Gepräge der Unbefangenheit und Gemütlichkeit an, ein schönes braunes Auge, was wir Gebirgsbewohner gamsauget bezeichnen.* Unbefangenheit, Fröhlichkeit, Bescheidenheit, Aufrichtigkeit – diese Eigenschaften waren es, die der Erzherzog als besonders signifikant festhielt. Sie waren wohl auch der Grund, dass Johann der Kontakt leicht fiel. In der folgenden Nacht fand der Brandhofer keinen Schlaf; alles war *wie ein schöner Traum.* Johann, der österreichische Erzherzog, hatte sich verliebt. An der Traunmühle verabschiedete man sich. Der Maler Loder hielt Ort und Atmosphäre fest. Ein strahlender Tag, ein ganz junges Mädchen, kaum der Kindheit entwachsen, ein Mann in Landestracht, der nicht zeigen wollte, wer er war – von dem es freilich jedermann wusste.

Eine Woche später war Johann nach längeren Wanderungen ins Sölktal, einem Nebental des Ennstales, gekommen. Wie in früheren Jahren besuchte er den Schwarzensee und traf dort Anna, die mit ihren Bekannten einen Tagesausflug aus Aussee unternommen hatte. Johann vermied aber außergewöhnlichen Kontakt mit dem Mädchen, weil er *alles Auffallende vermeiden* wollte. Erst nach einem Gespräch unter vier Augen begann *eigentlich die Sache eine andere Richtung zu nehmen*; und er erkundigte sich immerhin, ob sie schon ihr Herz verschenkt hätte. Er muss wirklich ernsthaft verliebt gewesen sein; denn als Anna verneinte, bat er sie aufrichtig zu sein; und als sie fest blieb, sagte er: *Dann, da niemand Unrecht geschieht – seien Sie mir gut.*

Was sollte das wohl heißen? Anna weinte. Und wirklich: Sie sollte vorläufig einmal ihren Erzherzog ein Jahr lang nicht wieder sehen.

Anna Plochl, 1804 geboren, war die Älteste in der Familie des Postmeisters von Aussee; ihr Vater Jakob war im Ort ein wichtiger Mann, weil die Straßenverbindung die Nabelschnur des abseits gelegenen Ausseer Landes zur Welt war. Überdies war Aussee durch die Salztransporte seit dem Mittelalter zu einem wichtigen Umschlagplatz geworden. Nach Anna waren in der Familie Plochl noch elf Kinder zur Welt gekommen; doch ihr vierjähriger Bruder Alois ertrank in der Traun, die Schwester Walpurga starb nach wenigen Monaten. Zwei andere Brüder wurden von den Fraisen und vom Keuchhusten hinweggerafft. Und schließlich starb auch die Mutter, dem Vater und der Ältesten die kleinen Kinder

zurücklassend. Mag sein, dass den sensiblen Erzherzog dieses persönliche Schicksal Annas besonders berührte; dass zur Liebe auch ein wenig Mitleid mit dem halben Kind hinzukam, und väterliche Schutzgefühle eine Rolle spielten. Aber entscheidend muss für Johann doch wohl gewesen sein, dass er in Anna naturhaft ein Prinzip zu erkennen glaubte, dem er sich verschrieben hatte: der erdnahen Ursprünglichkeit, der unverfälschten Natürlichkeit, dem unverbrauchten Leben. Mit der nur halb so alten Anna war für ihn alles frisch, verjüngend, ursprünglich und unkompliziert. Vor allem dürfte dieser Umstand wohl ein wichtiger Grund für Johanns leichte Entflammbarkeit in diesem Sommer 1819 gewesen sein.
Nun hatte Johann auf seinen vielen Reisen durch die Alpen selbstverständlich immer wieder Mädchen und junge Frauen kennen gelernt. Viele haben ihm sicherlich auch gefallen. Er beschrieb die Landmädchen und Sennerinnen, bemaß ihre natürliche Grazie und verglich ihre Arbeit mit ihrer Schönheit. Der steirische Tanz, der fast überall, wo er auftauchte, zu seinen Ehren veranstaltet wurde, brachte ihn den Töchtern des Landes sogar noch näher. Da beschrieb er etwa die reizende Szene in der Tangelmayerhütte, als Spielleute aus Mitterndorf anrückten und aufspielten: Johann hielt sich zuerst ruhig in der Ecke, bis ein Mädchen zu ihm kam und ihn, den Erzherzog, aufforderte, doch mit ihr zu tanzen – er hätte lange genug nur zugesehen! Und wirklich – bald tanzte Johann mit einem Mädchen nach dem andern. Es waren Ländler und steirische Volkstänze, die er bald auch beherrschte. Schließlich berichtete er stolz, dass man behauptete, er tanze »so schnittig wie unsere Buben«. Und über das Fest vermerkte er – geradezu überglücklich – in seinem Tagebuch: *Es war eine herrliche Unterhaltung, die frohen Menschen, die Landmusik, die Einfachheit ihrer Reden, ihre Aufrichtigkeit stimmten mich fröhlich, so wie ich es bald nicht gewesen.*
Auch daraus wird deutlich, dass Johann gegenüber Frauen ein eher verlegener, gehemmter Mann war – und jedenfalls alles andere als ein Draufgänger. Offenbar spürte er überdies den Gegensatz in der Sexualmoral von Stadt und Land seiner Epoche. Die heiße Revolution, Frankreichs amouröses Empire, die frivole Atmosphäre des Wiener Kongresses – all das stieß Johann ab; und seine Aversion gegen die Stadt schloss wohl auch

seine Abneigung gegen deren lockere Sitten mit ein. So war er auch unangenehm berührt, als sich Metternich und der Zar von Russland wechselweise und vor aller Welt die Herzogin von Sagan und die Fürstin Bagration im Bett teilten – und nebenher die Neuverteilung Europas vollzogen.

Es war daher eine geradezu absurde Vorstellung, dass ein Angehöriger der bedeutendsten Dynastie Europas ein einfaches Mädchen vom Land heiraten würde. Johann war nicht irgendwer: Sein Vater, sein Onkel, sein Bruder waren Kaiser gewesen – zuerst des Heiligen Römischen Reiches und dann des Kaisertums Österreich; er war auch mütterlicherseits Enkel des Königs von Spanien und Großneffe der unglücklichen Königin von Frankreich, Marie-Antoinette; er war auch Onkel der Kaiserin der Franzosen, Marie-Louise, und Schwager der Könige von Neapel und Sachsen. Seine Nichten waren Königinnen von Sardinien und Belgien, eine andere Kaiserin von Brasilien.

Das Band, das diese unglaublich fruchtbare Sippschaft zusammenhielt, war das Bekenntnis zum Gottesgnadentum. Gott habe demnach einige zur Führung bestimmt, die nicht austreten konnten aus der Welt der Auserwählten. Und gerade weil die Französische Revolution dieses Gottgnadentum der alten Herrscher Europas so blutig in Frage gestellt hatte, war es danach nötig, die »natürliche« Ordnung wieder herzustellen. So ist die Phase der Restauration nach dem Sieg über Napoleon in Europa die Zeit der Wiederherstellung des dynastischen Gefüges und der neuen Verkettung der Dynastien untereinander. Kaiser Franz und sein Handlanger Metternich sahen sich nach dem Wiener Kongress geradezu verpflichtet, auch durch die Heiratspolitik die Rückkehr zur Normalität deutlich zu machen.

Kaiser Franz, Johanns selbstherrlicher Bruder, hatte sich stets an die Maxime des Hauses gehalten: Heirat nur mit bestem Blut, aber dafür auch keine Sittenstrenge bei der Verfolgung privater Interessen. Franz hatte sich auch nie am regen Liebesleben Metternichs gestoßen – ja, er ließ Metternichs subtiler Regie bei der Ordnung der diversen Betten während des Wiener Kongresses seinen freien Lauf. Er selbst soll, nachdem eine Entfremdung von Kaiserin Maria Ludovika eingetreten war, den General-

adjutanten Kutschera beauftragt haben, ihm »Abwechslung« zu verschaffen. Baron Gentz berichtete, dass dies auch in der Person einer »vom Beichtvater zugewiesenen, vom Leibarzt Stifft erprobten Maitresse, einer Hofratstochter aus Enzersdorf«, gelang. Es ist also so gut wie sicher, dass der Kaiser gegen Liebschaften seines Bruders Johann in diesen Jahren nichts einzuwenden gehabt hätte. Und wenn er auch nicht die Neigung Johanns, sich auf hohen Bergen und grünen Almen herumzutreiben, begriff – amouröse Abenteuer mit Sennerinnen wären kein Grund für Meinungsverschiedenheiten gewesen. Wenngleich er natürlich stets aus prinzipiellen Gründen daran interessiert war, auch über alle Schritte Johanns polizeilichen Bescheid zu wissen (die ersten Polizeiberichte über Anna Plochl und über ihre Beziehung zu Erzherzog Johann sind leider verloren gegangen.)
Der Kaiser nahm jedenfalls an, dass sich Johann der Stellung als Angehöriger des Hauses Habsburg bewusst sein würde; eine freie Entscheidung über eine Lebenspartnerwahl war deshalb undenkbar. Johann hatte – aus der Sicht des Hofes – daher die Alternative, etwaigen Heiratsentscheidungen des Hofes zu folgen – oder die Beziehung zu einem Landmädchen auf eine Liebelei zu reduzieren.
Wie weit wollte also Johann gehen? Für wen wollte er sich entscheiden? War das »Seien Sie mir gut …« bereits ein Versprechen, ein Schritt ins Abenteuer? Oder nur die harmlose Äußerung eines vagen Gefühls?

Brandhof & Erzberg, Bauer und Bürger

Herbst und Winter des Jahres 1819 vergingen. Johann war wieder in Wien und einsam, mit dem Gefühl, unnütz zu sein. *Eine Sehnsucht, welche schwer zu bemeistern war*, überfiel ihn oft. Erst im August 1820 kam er wieder nach Aussee, wieder in das ihm liebgewordene grüne Ländchen. Und wieder fuhr er zum Grundlsee, wo sich Begrüßung und Gastfreundschaft wiederholten: *Sechs Mädchen, paarweis, in gleicher ländlicher, aber verschönter Tracht* empfingen Johann – unter ihnen wieder Anna. Jetzt lernte er auch die Familie Annas kennen, hatte aber nur kurz Gelegenheit, mit dem Mädchen selbst zu sprechen. Am folgenden Tag war

Anna unwohl; wahrscheinlich hatte sie sich den Magen verdorben. Johann registrierte, dass *kleine boshafte Äußerungen bei dem Anlass ihres Unwohlseins nicht ausblieben* – man war ja unter einfachen Menschen, Bauern, Jägern, kleinen Beamten. Da war eine derbe Sprache nichts Außergewöhnliches. Aber schon am 27. August war Anna wieder wohlauf. Und im Oberamtshaus von Aussee fand ein kleiner, improvisierter Ball statt, bei dem Johann endlich etwas länger mit ihr sprechen konnte. Dabei kam es, wohl in einem kleinen Nebenraum, zu einer rührenden Szene. Der berühmte Erzherzog, den man mit Zaren- und Kaisertöchtern vermählen wollte, der immerhin schon ein fast 40-jähriger Mann war – schnitt sich eine Haarlocke ab und bat den Backfisch, das Gleiche zu tun. Später meinte Johann, dass damals *die Sache eine ernste Richtung bekam.* Und tatsächlich beauftragte Johann umgehend Freunde, über Anna Erkundigungen anzustellen. Aber *alle Erkundigungen, welche man eingezogen hatte, stimmten über die Redlichkeit der Eltern und das tadellose Verhalten des Mädchens überein.* Keine Unwürdige hatte also die blonde Haarlocke des Erzherzogs empfangen.

Die monatelange Trennung von Johann und Anna macht deutlich, dass es nicht die amouröse Emotion allein war, die ihn bewegte. Immer wieder war da mehr: nämlich eine Symbiose aus bekenntnishaftem Lebensstil und Gefühl. Er liebte Anna nicht nur deshalb, weil er ihre fraulichen Reize entdeckt hatte, sondern weil sie für ihn der Inbegriff der Naturhaftigkeit war. Wäre Anna nicht eine einfache Bürgerstochter vom Land, sondern ein adeliges Fräulein gewesen und hätte Johann sie nicht auf einer Wiese am Toplitzsee, sondern auf einer schicken Wiener Redoute kennen gelernt – die beiden wären wahrscheinlich nie ein Paar geworden.

Im Herbst 1821 erlitt Johann eine schwere Verletzung. Am Brandhof, den er damals bereits gekauft hatte, fiel ihn ein Stier an und verletzte ihn schwer an den Schulterbändern. Die Schmerzen, der mühsame Heilungsprozess und eine Erschlaffung des Armes machten Johann offensichtlich nachdenklich. Und er begann über seine häuslichen Verhältnisse nachzudenken.

Im Februar 1822 starb Albert von Sachsen-Teschen, der Mann seiner Tante Marie-Christine. 84 Jahre alt, war Albert Zeuge eines bewegten

Zeitwandels gewesen. Unter Joseph II. war er zusammen mit Marie-Christine Gouverneur der österreichischen Niederlande (dem heutigen Belgien) geworden – just zu einem Zeitpunkt, als sich dort die Gärung gegen die josephinischen Reformen zum Volksaufstand steigerte. Nach Wien zurückgekehrt, war das kinderlose Ehepaar schließlich rührend um die Waisenkinder Kaiser Leopolds bemüht und brachte dem kleinen »Hansl« viel Sympathie entgegen. Albert hatte eine der bedeutendsten Kunstsammlungen der Welt zusammengetragen – die heutige Grafische Sammlung Albertina in Wien – und dann als Witwer mit Wohlwollen Johanns eigenwilligen Kurs gegen die Hofkamarilla miterlebt.
Als er nun starb, bedachte er Johann in seinem Testament mit 200.000 Gulden. Und so war Johann über Nacht ein vermögender Mann. Jetzt konnte er den Brandhof ausbauen und einen für einen Habsburger eigenwilligen Plan verwirklichen. Er kaufte ein so genanntes Radwerk in Vordernberg und wurde sowohl zum Besitzer eines bäuerlichen wie eines Industrie-Unternehmens, das das Eisen des nahen Erzberges verhüttete. Er war Bauer und Bürger in Einem geworden. Und er hatte beschlossen, sich endgültig in der Steiermark niederzulassen.
In einer eindrucksvollen Tagebucheintragung erklärte er seinen weiteren Lebensweg. Es gab für ihn jetzt kein Zurück mehr – auch nicht für die Verwirklichung seines privatesten Planes: *40 Jahre habe ich erreicht,* so vermerkte er, *manche Länder bereist, die Menschen beobachtet ... (aber) überall vermisste ich jene Einheit der Natur und des Lebens.* Und dann: *Mein Ziel ist, als Damm mit den Bessern vereint und mit den Völkern der Berge zu stehen gegen den Schwindel der Zeit.*
Einige Tage später verfasste Johann auch sein erstes Testament.
Es war im Juli 1822, als Johann endlich wieder in Aussee eintraf. Er besuchte den Postmeister und fand Anna mit dem kleinsten Geschwisterkind am Arm. Mutter Plochl war mittlerweile gestorben, und auf dem ältesten Mädchen ruhte nun die Versorgung von Haus und Kindern. Auf einem Spaziergang entlang der Traun fand Johann die gereifte Anna nach wie vor voll von Liebe für ihn – und: *Zu jedem Opfer bereit.* Aus Verliebtheit war Liebe geworden: *Jugend, hohe Einfalt, Bildung, reines Herz, Verstand, kräftiger Wille, Klugheit und Wahrheit* – alles das wollte

Johann in ihr nun klar erkannt haben; und überdies den Umstand, dass dieses Mädchen nur für ihn lebt. Die Romanze wurde Ausseer Tagesgespräch. In Gstanzeln dichtete Johanns Privatsekretär und Freund Zahlbruckner dass der »Adler vom Brandhof« mit dem »Täuberl von der Traun« ein »Nesterl« erbauen wolle. Aber trotz aller Euphorie wurde Johann mehr und mehr bewusst, worauf er sich eingelassen hatte. Abgeschoben, verspottet, am Hof sogar verhasst, würde man gegen ihn und Anna alles aufbieten, um das Paar zu trennen: *Ein unermessliches Gefühl bemächtigte sich meiner Seele, Schmerz über die Gegenwart und die ungewisse, wenig versprechende Zukunft, tiefer Unmut über den Geist der Zeit. Nur der Blick auf die Berge gibt Trost.* Am 9. August gaben sich Johann und Anna ein Eheversprechen. In einem einstündigen Gespräch an der Ennsbrücke bei Irdning – *im Angesicht der schönen großartigen Natur* wollte er gesagt haben: *Nani, ich lasse nicht von Ihnen.*

Wie sollte er aber vorgehen? Wie sollte er all das dem Kaiser, seinem Bruder, beibringen? Wieder flüchtete er sich vorerst in Worttiraden gegen Wien: Man müsse dort vor den Kaiser treten und deutlich sagen, dass er, der »Brandhofer«, eben keine Frau seines Standes gefunden habe. Man möge zur Kenntnis nehmen, dass vielmehr Anna *seine liebe, treue Gefährtin werden (würde), ohne hochgestellt zu sein.* Basta. Das schien in der Theorie einfach, in der Praxis hatte Johann allerdings einen viel zu tief sitzenden Respekt vor seinem Bruder. Also ging er vorläufig in Abwartestellung: Alles bedürfe Zeit und Klugheit.

Umgekehrt kennen wir auch eine Weisung Metternichs vom April 1822 an die Polizei, über die Familie Plochl einen Bericht zu verfassen. In einer Bleistiftnotiz berief er sich auf den Kaiser, der eine »schleunige, jedoch mit aller Umsicht« eingeholte – also geheime – Auskunft wünsche. Im Akt der Polizeihofstelle findet sich der Hinweis, dass sich »Se. kaiserliche Hoheit … in ein so enges Liebesverhältnis eingelassen hat, dass Höchstderselben sogar mit dem Vorhaben, sie zu ehelichen, sich beschäftigen«. Und Vater Plochl informierte den Erzherzog, dass sich das Gerede der freundlichen Nachbarn in bösartige Gerüchtemacherei verwandelte. Auch Jakob Plochl dürfte sich über die wahren Absichten des hochgeborenen Verehrers seiner Tochter nicht sicher gewesen sein.

Am meisten freilich litt Anna unter den ungeklärten Zuständen; notabene deshalb, weil Jakob Plochl versuchte, Anna mit einem anderen Bräutigam zu verheiraten.
So wurde es für Johann langsam eng: Er musste endlich mit Kaiser Franz offen reden – was nicht einfach sein würde angesichts der Charakterdisposition des Monarchen. Am 1. Jänner 1823 machte er sich auf den Weg nach Wien. *Ich muss es Gott überlassen, mir die Gelegenheit zu geben, ich muss aufpassen und sie gleich ergreifen und benützen.* Zuerst allerdings offenbarte er sich seinem – politisch kaltgestellten – Bruder Karl und fand vor allem in dessen Frau Henriette (von Nassau-Weilheim) eine Verbündete. Sie ermunterte ihn, fest und unerschütterlich zu sein.
Es war am 5. Februar 1823, als Johann endlich Gelegenheit fand, mit Kaiser Franz offen zu reden; wobei er gleich zu Beginn des Gespräches – nach eigener Beschreibung und vom Kaiser nicht unterbrochen – das Wichtigste in den Mittelpunkt rückte: Seine Liebe zur Postmeisterstochter Anna Plochl.
Und erstaunlich: Der Kaiser zeigte Verständnis, dass Johann »wegen der Sippschaft nicht zu dem Adel geschritten« ist; aber dann erkundigte er sich, wie sich Johann ein Leben mit dem Bürgermädchen vorstelle, wie er für sie und die Kinder sorgen wolle und – typisch der misstrauische Franz – ob nicht vielleicht die Verwandten Annas »davon Nutzen ziehen, plagen und überlaufen werden«. Und schließlich erkundigte sich der Kaiser auch über die Lebensweise des Bürgermädchens, das er da zur Schwägerin erhalten sollte, ob sie putzsüchtig sei, hübsch wäre und ob sie die moderne Lebensweise bevorzuge – kurz: *Wie ein guter Vater, dem es bang ist, sein Kind könnte im Rausch der Liebe etwas Dummes machen.*
Johann dürfte zur Unterredung den Entwurf einer schriftlichen Ehegenehmigung mitgebracht haben; jetzt übergab er Franz das Papier. Es war einfach formuliert und enthielt die Klarstellung, die Zustimmung des Kaisers zur Eheschließung bedeute nicht, dass Anna Plochl oder die Kinder aus der Verbindung Anspruch auf Name, Stand oder Versorgung von Seiten des Erzhauses hätten. Kaiser Franz besserte in den folgenden Tagen diese Erlaubnis eigenhändig aus und präzisierte – immer voll Vorsicht und Misstrauen – noch deutlicher den Vorbehalt: »Ich erteile Dir hiemit

meine Zustimmung, jedoch nur unter der ausdrücklichen Bedingnis, dass dadurch weder ihr noch den aus dieser Ehe entstehenden Kindern ein Anspruch von was immer für eine Art auf Deinen Namen, Stand und Versorgung von Seiten des österreichischen Staates und von Seiten unseres Hauses erwachsen dürfe.« Also hatte der Kaiser doch zugestimmt – und das Haus Habsburg gestattete die erste morganatische Ehe seit gut dreihundert Jahren. Damit war dem von Kaiser Ferdinand I. erlassenen Familienstatut Rechnung getragen und klargestellt, dass weder Anna noch deren Kinder je Mitglieder des Erzhauses sein würden.

In Neuhaus unweit von Aussee traf Johann ein überglückliches junges Mädchen und ihren Vater. Man wollte nach Ostern – im Mai 1823 – heiraten. Und rührend berichtete Anna, dass die Leute bereits Eier und Butter angeboten hätten.

Aber mittlerweile hatte sich die Neuigkeit auch in Wien herumgesprochen. In der kaiserlichen Familie war Johanns Wunsch Tagesgespräch. Und selbstverständlich beschäftigte sich die Regierung, allen voran Metternich, mit der neuen Situation. Da waren auch die Brüder, dann bösartige Schwägerinnen, diverse Erzherzoginnen der verschiedenen Linien. Und dann waren da auch die männlichen Familienmitglieder – sie neideten Johann die Freiheit, die sie auch gerne in Anspruch genommen hätten. Aus der Hofburg wurde ein Intrigantennest. Vielleicht hatte auch die neue Kaiserin, Karoline-Augusta, eine Wittelsbacherin, einen gewissen Einfluss auf die Stimmung bei Hofe. Karoline-Augusta war zum Haupt einer sehr frommen Gruppierung geworden und beeinflusste Kaiser Franz auch in diesem Sinn. Jedenfalls verschob Johann aufs Erste einmal eine schnelle Heirat und fuhr im Mai wieder nach Wien. Dort erfuhr er, dass Franz Erzherzog Karl und dessen Frau Henriette ersucht hatte, Johann die Heirat auszureden – um auf elegante Art und Weise die schriftliche Heiratserlaubnis hinfällig zu machen. Tatsächlich dürften auch handfeste politische Gründe eine Rolle gespielt haben. Denn Metternich hatte seine Besorgnis geltend gemacht, dass eine Ehe Johanns mit dem Bürgermädchen die Popularität des grünen Erzherzogs ins Maßlose steigern könnte – zum Nachteil der Beliebtheit des Kaisers. War es also wieder die alte Angst von Franz vor seinem Bruder?

Partikularistische Strömungen, nationale Tendenzen, ein erwachender Patriotismus der Völker der Monarchie mahnten gerade 1823 zur Vorsicht: Die Tschechen erwiesen sich plötzlich als ungeduldig, eine (gefälschte) »Königsberger Handschrift« fand ungeheure autonomistische Popularität; der »größte Ungar« seiner Zeit, Stephan Graf Szechenyi ermunterte das erwachende Selbstgefühl der Magyaren; vor allem aber gärte es in Oberitalien. 1820 und 1821 kulminierte dort die nationale Aufregung in einer Serie politischer Prozesse. Die Carbonari stachelten die Leidenschaften gegen das fremde habsburgische Polizeisystem an; österreichische Truppen mussten nach Italien in Marsch gesetzt werden. Nach 1820 wurde aber auch in den deutschen Erbländern und in Deutschland der Widerstand an den Universitäten lebendig. Die »Karlsbader Beschlüsse« hatten böses Blut gemacht – sollte doch jeglicher Widerstand gegen die vielen deutschen Regierungen unter Metternichs Stabführung ausgerottet werden. Tatsächlich machte der Staatskanzler »Schwärmerei« für den Mord am Dichter Kotzebue verantwortlich. Nur: Schwärmerei war genau das, was auch Johann beseelte. Beriefen sich nicht die diversen deutschen Freigeister auch immer wieder auf den Erzherzog Johann, den »ungekrönten Fürsten« der Steiermark?
Aber noch ein weiteres, eigenartiges Vorgehen der Wiener Regierung gegen Johann charakterisiert die Stimmung, die vorherrschte, als Johann um seine Heiratserlaubnis einkam. Denn das bekannte Bild des Erzherzogs, das Peter Krafft gemalt hatte und das Johann in steirischer Jägertracht zeigt, war damals als Kupferstich in großer Auflage in Umlauf gebracht worden. Es zeugt von der erstaunlich wachsenden Popularität des Erzherzogs, dass sich so viele Abnehmer fanden. Just dagegen aber schritt die Polizei ein, und Krafft erhielt eine scharfe Verwarnung sowie ein Verbot, den Erzherzog in Lederhosen weiter unter das Volk zu bringen.
War es also verwunderlich, dass Misstrauen und Neid, Angst und Intrige die Regie führten? Als Johann Bruder und Schwägerin besuchte, war ihm bald klar, was Kaiser Franz wirklich dachte: Der Kaiser hatte ihm die Heiratserlaubnis zwar schriftlich gegeben – wollte ihn aber auf Umwegen zum Verzicht zwingen.
Am 9. Mai ging Johann neuerlich zum Kaiser. Und dieser versuchte

tatsächlich, ihn zur freiwilligen Aufgabe aller Heiratspläne zu bewegen; er hielt ihm sogar einen Brief der Geheimpolizei aus Graz vor, in dem diese Anna als ungebildet wie die »gemeinste Bauerndirne« bezeichnete. Wie mies und schäbig! Johann verließ angewidert die Hofburg. Er kehrte nach Vordernberg zurück, musste allerdings Anna nun klarmachen, dass an eine rasche Heirat vorläufig doch noch nicht zu denken war. Oder hätte er alle Brücken hinter sich abbrechen sollen? Das passte wohl auch nicht in Johanns Familienbild und in seine nach wie vor vorhandene Kaisertreue. Er konnte nicht aus seiner Haut heraus – und die war eben jene Haut eines Erzherzogs. Rührend, wie er Anna neuerlich eine Haarlocke schickte – noch bevor ihm alle Haare auszugehen drohen. Er fühle sich alt, schrieb er an Anna – *moralisch wohl tief in den 50ern.* Denn *es gibt Erschütterungen, welche altern.*

Was sollte auch wirklich eine Locke? Vater Plochl war wütend geworden. Wie lange sollte dieses Spiel mit der Geduld einfacher Leute noch weitergehen? Würde Anna jemals wirklich die Frau des Erzherzogs werden? Deshalb – und weil er sich selbst wiederverheiraten wollte, beschloss er, Anna nach Graz zu schicken und ihr dort Arbeit zu suchen. Als Johann davon erfuhr, stand sein Entschluss fest. Anna sollte zu ihm nach Vordernberg kommen und seine »Hausfrau« werden. Natürlich würde damit – und das war Johann klar – dem Klatsch weiterer Anlass gegeben werden – etwa auch, dass alle Welt bis hin zum Kaiser annehmen würde, *als sei das Paar bereits getraut.*

Es muss wohl Anfang September gewesen sein, als Johann wieder vor dem Kaiser stand. Er nannte es einen Sturm, der nun in ihm losbrach; Johann hatte, allen Ernstes, die Geduld verloren! Zahlbruckner berichtete, dass er von einer Reihe Leute erfahren habe, es hätte einen so heftigen Auftritt gegeben, dass »alles erschreckt sei« – und dass der Erzherzog nun »seinem Unglück entgegengehe«.

Wie verlief die Aussprache wirklich? Johann bestätigte später, der Kaiser habe ihn zwar nicht die Heirat verbieten wollen, aber tausend andere Zweifel geäußert. Das wäre ihm offenbar zu viel – und er will gerufen haben: Seit dem Jahr 1800 – also seit Hohenlinden – habe er keine gute Stunde neben Franz gehabt, man habe ihn immer nur benützt, ausgenützt, ihm Sorgen, Kummer und Selbstverleugnung auferlegt; er aber habe alles ertragen und wäre vor allem immer loyal gewesen, habe sich auch nie den Befehlen des Kaisers widersetzt. Warum mache es ihm der Bruder nunmehr so schwer?

Mag nun sein, dass in Franz ein Funken menschlicher Regung spürbar wurde, mag sein, dass es stimmt, was Johann berichtete: Der Kaiser habe Tränen in den Augen gehabt und ihm bestätigt: »Du bist immer ein unglücklicher Mensch gewesen.«

Statt aber diese plötzliche Einsicht des Monarchen zu nützen, lenkte er wieder ein und versprach, bis auf weiteres Anna nicht zu heiraten, sogar *auf unbestimmte Zeit vom Heiraten nichts (zu) reden.* Wenigstens informierte er aber Franz, dass er Anna nun in sein Haus aufnehmen und dies vor Gott selbst verantworten würde – weil dies die Sache seines Gewissens sei und niemand etwas anginge. Im Übrigen aber gab Johann die Heiratserlaubnis nicht zurück (was Franz offenbar wünschte), und trennte sich vom Kaiser mit der Zusage, von seinem endgültigen Ziel nicht abzustehen. Er nahm sich vor, mit seinem Ehewunsch dem Kaiser so lange auf die Nerven zu gehen, bis er ans Ziel gelangt wäre.

Das Mädchen Anna traf am Nachmittag des 20. September 1823 in Vordernberg ein. Und Johann notierte ins Tagebuch: *Gott hat sie in mein Haus geleitet, hinter ihr schlägt die Tür zu, aus diesem Haus kommt sie nimmer.*

Immer wieder Störenfried: Metternich

»What a field to explore – that of inner life« schrieb Klemens Fürst Metternich seiner großen Liebe, der Botschaftersgattin Dorothy Lieven. Was aber war für Erzherzog Johann, diesem zum Bauern gewordenen kaiserlichen Prinzen »inner life«? Kaum ein Gegensatz als jener zwischen Johann und Metternich ist in den Jahren nach dem Wiener Kongress signifikanter: Metternich, dieser zum Kutscher Europas aufgestiegene Neo-Österreicher, macht durch eine beispiellose Politik sein System zur politischen Basis der Neuordnung Europas nach der großen Erschöpfung der langen Kriege. Johann hingegen ist der politisch isolierte, halbverbannte Außenseiter, der sich mühsam sein eigenes Wirkungsfeld aufbauen muss. Metternich ist der Inbegriff des Kavaliers auf der Höhe der Zeit: charmant, frivol im Sinne einer sublimierten Sinnlichkeit – ganz und gar noch ein Produkt des vorangegangenen Jahrhunderts. Johann hingegen ist ein »realistischer Romantiker«, der mit der Einfachheit nicht ein kokettes Spiel treibt, sondern sie zur Lebensphilosophie erhoben hat. Metternich trennt Ehe von Liebe, Pflicht von Vergnügen. Für ihn dürfe man »Glück nicht in der Ehe erwarten«; die Ehe sei zwar eine zu

Inbegriff des Kavaliers auf der Höhe der Zeit: Staatskanzler Clemens Lothar Wenzel Fürst Metternich (1773–1859). Gemälde von Thomas Lawrence

schützende Institution, aber: »Man verheiratet sich, um Kinder zu bekommen, nicht um dem Wunsch des Herzens zu genügen. Schließlich gewinnt das Herz gewöhnlich sein Recht wieder«, schreibt er. Johann hingegen kann nichts halb machen. Sein Charakter ist nicht darauf angelegt, den Verstand vom Herzen zu trennen. Das Politische, Persönliche, Erotische bildet eine untrennbare Einheit. Metternich kann sich verheiraten, ohne zu lieben; und er liebt grenzenlos, ohne verheiratet zu sein – Eleonore Kaunitz schenkt ihm sieben Kinder, und er ist daneben der Liebhaber von Fürstinnen, Damen der Gesellschaft wie leichten Mädchen. Johann hingegen kann nicht lieben, ohne verheiratet zu sein; und die Erzählungen über seine angeblichen Liebesabenteuer, die bis heute in der Steiermark nicht verstummt sind, sind keine realistischen Reflexionen von Stattgefundenen, sondern Ausgeburt der Fantasie einer klatschfreudigen Gesellschaft.

Als Johann im September 1823 das Mädchen Anna in sein Haus aufnahm, hatte er die feste Absicht, eine Beziehung erst dann mit ihr einzugehen, wenn sie vor Gott seine Ehefrau sein würde. Und er behauptete, dass er sie sechs Jahre lang nicht berührt hatte – obwohl sie miteinander unter einem Dach gewohnt haben. War das denkbar, ist das glaubhaft – kann es wahrscheinlich sein?

Für Johanns Zeitgenossen wäre eine Liaison des »Brandhofers« keineswegs besonders anstößig gewesen. Jedermann von Stand hatte weibliche Bedienstete im Haus, und man hatte zu den einen mehr, zu den anderen weniger Kontakt. Die Beziehungen des Herrn zum Stubenmädchen, zur »Mamsell«, sind uns als literarische Variation vielartig überliefert. Von der politischen Komödie des »Figaro« Beaumarchais' bis zu den Possen Nestroys spannt sich der weite Bogen amouröser Abenteuerlichkeit. Sollte da just ein so oft als leutselig beschriebener Erzherzog aus dem Haus Österreich eine singuläre Erscheinung sein?

Selbst Johanns Sekretär Zahlbruckner hat uns eine eher kryptische Anmerkung über jene Tage hinterlassen. Er notierte, dass durch die Übersiedlung Annas nach Vordernberg eine »Hochzeit des Gemütes und redlicher Worteserfüllung vor Gott« stattgefunden habe – und dass Gott »alles Redliche segnet«. Der Maler Schnorr von Carolsfeld wiederum malte 1825 ein Bild, das einen geteilten Vorhang zeigt; in der Mitte steht ein Engel – mit Stola –, während einander zwei Hände berühren; man sieht jedoch nicht, wem diese Hände gehören. Vier Jahre später malte Schnorr das gleiche Bild – und setzte darunter: »Der Vorhang ist gefallen.« Die beiden Hände waren jetzt jene von Anna und Johann. Ganz offenbar sollte also in dem ersten Bild das verdeckte und geheime Sakrament der Ehe symbolisiert werden. Bemerkenswert ist wohl auch der Umstand, dass die Amtskirche nichts gegen das »Ärgernis« eingewendet hat, das im Einzug Annas in Johanns Vordernberger Haus gesehen werden konnte. Hatte also doch ein Priester den Bund gesegnet – oder zumindest die Absicht der späteren »offenen« Verehelichung entgegengenommen? Allerdings muss man wohl auch fragen, warum Johann Jahre, sogar Jahrzehnte später eine Geheimehe nicht zugeben hätte sollen. Und auch Anna, die ihren »geliebten Herrn« um viele Jahre überlebte, hätte keinen Grund gehabt, eine Geheimehe in späteren Jahren abzustreiten.

Also ist wirklich wahrscheinlich, dass es Johann vor allem um die offene Austragung des Konfliktes ging. Er wollte zu seinem Wort stehen und dadurch den hartherzigen Kaiser und dessen Umgebung öffentlich zum Nachgeben zwingen. Alles spricht dafür, dass es ihm um die politische Demonstration ging. Der Wiener Hof sollte herausgefordert werden, indem ihm Johann eine formelle und gültige Eheschließung abtrotzte. Denn eine Mesalliance mit der »Bauerndirn« hätten der Kaiser, die Damen und Herren der Familie, Metternich und die Hofkreise schließlich gern gesehen – niemand hätte etwas dagegen einzuwenden gehabt. Und Kaiser Franz fragte Johann am 4. Dezember 1827 auch rundheraus, ob denn nicht »zwischen ihnen ein näheres Verhältnis« bestünde. Nein! Johann brauchte die Provokation! Es sollte mit dem bürgerlichen Mädchen eine Ehe sein, kein Verhältnis. Als er dem Kaiser erklärte, dass er auch kein Verhältnis mit Anna habe, wurde dieser »gerührt und verlegen«; nicht er sollte ein schlechtes Gewissen haben, sondern der Kaiser.

Im Haus in Vordernberg bezog Johann ebenerdig ein kleines Schlafzimmer neben seinem Arbeitsraum, Anna zog mit dem Gesinde neben die Gästezimmer in den ersten Stock. Dem Vater von Anna zeigte Johann diese Ordnung persönlich an, damit dieser für die Zukunft seines Kin-

des beruhigt sein konnte: Er, Johann, wollte eine *zarte, achtungsvolle Art* einhalten. Und so gefiel sich Johann zweifellos zeitweilig in der Rolle des Märtyrers für ein Prinzip. Er kokettierte mit der Qual, die er sich da selbst auferlegt hatte; und mit manchmal masochistischer Lust quälte er sich und Anna unter dem gemeinsamen Dach. Dann wieder überkamen ihn Zorn, Wut und – sehr wahrscheinlich wohl auch – Hass auf die Urheber dieser perversen Situation. Und derartige Ausbrüche wechselten mit Depression und Melancholie ab. Schon wenige Tage nach dem Einzug Annas überfiel Johann die erste trübe Stimmung: *Es wurmte mich und wird mich immer wurmen, dass jene, für die ich alles und so viel getan und aufgeopfert, mir nicht die Freude gegönnt, was ihnen so leicht gewesen wäre, als ehrlicher Mann alles zu vollbringen. Sie haben mir alles zugestanden, nur das Letzte nicht.* Er war ein Stockwerk von Anna getrennt: *Aber in jenen Stunden der Nacht, wo ich ganz allein bin, da bricht es los und da klage ich bitter Gott meinen Kummer, klage jene an, die Schuld daran sind.*
Wen meinte er damit? *Ich klage jene an, die meinem Herrn ins Ohr geredet und dadurch das Letzte gehindert, was im Grunde ihnen nichts nützt, mich aber tief kränkt.* Sie alle waren für ihn Schlangen, die gegen Anna und ihn züngelten – wie er in einem Wunschbillett, ganz und gar biedermeierlich, zeichnen ließ. *Die Schlangen sind Neid, Missgunst, Bosheit.*
Trotz der selbst auferlegten Distanz zu Anna wurde Johann aber bald mit ihr per Du. Der Ton der Briefe, wenn er Vordernberg oder den Brandhof verließ, wurde vertraulicher, direkter. Er gab Anna nun auch oft Weisungen, und manchmal missbilligte er ihr Verhalten auch mit deutlichen Worten. Immer war er aber zärtlich: *Du hast mir das Leben wieder Wert gemacht, das bereits allen Reiz verloren hatte.* Und: *Deine Liebe … lässt mich das mit Gewissheit erwarten, was ich als Mensch für mein übriges Leben wünschen kann.* Immer wieder betonte er das tadellose Benehmen des Mädchens, die größte Selbstverleugnung; er selbst attestierte sich peinliche, schmerzliche Geduld. Und dabei bemerkte er anlässlich eines Besuches beim Kaiser in Wien, dass Franz noch immer eine heimliche Hoffnung hatte, die Sache könne sich trennen.
Monate, Jahre vergingen. Johann tritt uns auf den bildlichen Darstellungen aus diesen Jahren als hagerer, vor der Zeit gealterter Mann ent-

gegen. Er hat nun wirklich fast alle Haare verloren, seine Gesichtszüge verraten asketische Strenge, die vom Verzicht und der Selbstquälerei gekennzeichnet sind. Die Vorstellung, dieser Mann wäre ein lustiger Lebemann gewesen, ist abwegig.
Was aber das steirische Mädchen Anna bewirkte, war Johanns *Einswerden* mit den einfachen Menschen aus dem Volk – erst durch Anna wurde Johann ganz und gar zum Steirer.

Endlich Hochzeit – aber geheim

1824 besuchten Anna und der Erzherzog das Ennstal und das Ausseer Land. Und am 6. September nahm Johann seine Anna nach Wien mit. 1825 besuchte man gemeinsam Graz und fuhr im September nach Pressburg. Anna wohnte bei diesen Touren stets bei Freunden – und getrennt vom Erzherzog; wobei ihm das Protokoll verbot, dass er sie irgendeinem Mitglied der kaiserlichen Familie vorstellen durfte. 1828 nahm er Anna zur Fronleichnamsprozession nach Wien mit, wo sie sich mit Vinzenz Huber – einem Hammerwerksbesitzer und Mitarbeiter Johanns aus Mürzzuschlag – im Spalier aufstellte. Es war die erste Begegnung – und Johann behauptete, gesehen zu haben, wie Franz das Mädchen musterte; so leicht hätte er ihn und Anna glücklich machen können (notierte er im »Brandhofer«), *wenn nicht so viele um ihn wären, welche die Zweifel statt zu bekämpfen noch vermehren.*
Die Schwierigkeiten und der Ärger hatten mittlerweile sowohl Johann als auch Anna mehrere Male auf das Krankenbett geworfen. Psychosomatische Kenntnisse hatte man damals noch nicht: Aber der Zusammenhang von Krankheiten und seelischen Konflikten ist wohl ausreichend signifikant. Im Jänner 1829 war noch immer unklar, wie es weitergehen sollte. »Ich sehe«, so schrieb Anna dem nach Wien gereisten Erzherzog, »wie hoch Du, wie niedrig ich bin; sehe auch ein, welch Ärger es Deiner erlauchten Familie sein muss, dass Du Dich gerade an ein so unbedeutendes Wesen hängst … Leider wird bei Euch so wenig um gegenseitige Liebe und Neigung gefragt … Mein Inneres sagt, der Kaiser kann nicht ja sagen.«
Aber – siehe da – in Wien mag sich doch die Einsicht durchgesetzt ha-

ben, dass man Johann nicht mehr zur Aufgabe Annas würde zwingen können. Für Johann jedenfalls schienen allein seine unbeugsame Charakterstärke und Hartnäckigkeit ausreichender Grund gewesen zu sein, dass Kaiser Franz am 6. Februar 1829 plötzlich seine Meinung änderte. Der Kaiser gebot nun plötzlich, »der Sache durch des Priesters Segen ein Ende zu machen«

Johann war sichtlich von der Plötzlichkeit überrascht. Dazu kamen Bedingungen des Monarchen: So verbot der Kaiser erstens eine große Hochzeit – offenbar um dem Bruder einen öffentlichen Triumph nicht zu gönnen – andererseits, um eine morganatische Hochzeit nicht noch zum landesweiten Spektakel aufzuwerten. Auch später sollte Johann Anna nirgendwo als seine Frau ausgeben; er müsse vielmehr die Eheschließung geheim halten.

Nun war Johann dennoch mit den skurillen Konditionen einverstanden – weil er offenbar fürchtete, dass andernfalls die aus dem Jahr 1823 stammende Heiratserlaubnis endgültig rückgängig gemacht worden wäre. Fürchtete er auch den Einfluss Metternichs? Sehr wahrscheinlich. Denn an Anna schrieb er noch am gleichen Tag einen Brief mit chemischer Tinte – mit Zitronensaft. Er ängstigte sich, dass die politische Polizei den Brief abfangen und Metternich den Kaiser zu einer Zurücknahme der Erlaubnis veranlassen könnte.

Um zwei Uhr nachts, es war der 18. Februar 1829, heiratete Johann seine geliebte Anna in der Kapelle des Brandhofes. Er hatte selbst die Kerzen entzündet und trug Landestracht. Der alte Dechant von Lorenzen nahm die Trauung vor, Johanns Vertraute Huber und Zahlbruckner fungierten als Trauzeugen. Johann hatte in einer persönlichen, in der persönlichsten Angelegenheit seines Lebens gesiegt.

Die Ereignisse am Brandhof 1829 gewinnen Kontur vor dem Hintergrund der innenpolitischen Entwicklung Österreichs. Zweifellos kann man behaupten, dass das »System Metternich« bereits 1826 in die erste schwere Krise geraten war. Und 1829, als der Kaiser seinem Bruder die endgültige Heiratserlaubnis erteilte, hatte er ohne Zweifel andere Sorgen als Liebschaften in der Familie.

Die Politik der Monarchie war in zunehmendem Maße unbeweglich geworden. War Kaiser Franz nie der Mann großer, rascher Entschlüsse gewesen, so verhärtete er nun zusehends: »Ich will keine Neuerungen.« Der Satz wurde zum Synonym der Vormärzperiode. Und die Angst des Kaisers vor revolutionären Umstürzen und einem wirtschaftlichen Fiasko glaubte er nur durch das Festhalten an Erprobtem abwenden zu können: »Man wende die Gesetze gerecht an. Unsere Gesetze sind gut und zureichend.« Das Ergebnis einer solchen Politik war die systematische Schwächung einer in Angst befangenen absoluten Herrschaft. Und vor diesem Hintergrund konnte sich auch die intrigante Szene des Wiener Hofes ganz entfalten, die Erzherzog Johann so sehr anwiderte. Hatte Metternich ursprünglich deshalb Einfluss auf den Kaiser gewonnen, weil er als einziger ein Garant für die Stabilität im Äußeren und Inneren darstellte, so spielte sich in den zwanziger Jahren systematisch ein Mann vor, der bald für das Regime ebenso prägend wurde wie der Staatskanzler selbst: Es war dies Franz Anton Graf Kolowrat, den der Kaiser 1826 zum Präsidenten der politischen Sektion des Staatsrates und zum Staats- und Konferenzminister ernannt hatte.

Just in jenen Tagen, als nun Johann von Franz die endgültige Heiratserlaubnis erhielt, übergab Kolowrat dem Kaiser ein Memorandum über die Lage der österreichischen Staatsfinanzen. Es war ein realer – und daher erschütternder – Bericht, denn die Staatsschuld hatte sich um 180 Millionen Gulden vermehrt, war man doch Verbindlichkeiten eingegangen, ohne die Zinsenlast zu bedenken. Dazu war es um die Steuereinkünfte miserabel bestellt, weil in den einzelnen Kronländern unterschiedliche Einhebungssysteme herrschten und weder Steuergleichheit, noch Steuergerechtigkeit verwirklicht waren. Dabei waren die Gründe für ein hartes Regime längst hinfällig – 1829 waren die Napoleonischen Kriege schon lang vorbei. Die Generation, die sich in der Zeit des Wiener Kongresses nach Ruhe und Beschaulichkeit gesehnt hatte, war älter geworden. Und die Jüngeren konnten sich immer weniger mit diesem »Kriegsrecht im Frieden« abfinden. Das Verlangen nach Mitbestimmung wurde nun auch vor allem von jenen geäußert, die an einem gewissen wirtschaftlichen Aufstieg teilhaben wollten.

Das Bürgertum gewann ein stabiles Gemeinschaftsgefühl, ein »Klassenbewusstsein« – nicht im Sinne der marxistischen Doktrin, wohl aber im Sinne eines Gleichklanges im Wollen. Man wurde selbstbewusster. Die Bildungsreformen hatten zur Folge, dass der Dritte Stand Wissen und Können geradezu monopolisierte. Man schickte die Kinder auf Höhere Schulen, die Universitäten verzeichneten ein rapides Wachstum. Die Landflucht war – zum Teil bedingt durch Kriegswirren, die Hungersnöte sowie die exorbitanten Preissteigerungen – eine Realität. Noch aber hatte die erste Industrialisierung nicht voll eingesetzt, die landlosen Bauernkinder wurden, wenn sie Glück hatten, kleine und mittlere Handwerker. Mangels freier Entfaltung der wirtschaftlichen Produktivkräfte und angesichts der vielfältigen politischen Beschränkungen wich die Vormärz-Gesellschaft in kulturelle Aktivitäten aus. Die Zensur bannte das gesprochene Wort – also suchte und fand man in Musik, Tanz und Gesang einen Ausgleich. Auf vielen zeitgenössischen bildlichen Darstellungen finden wir aber nicht nur die musikalischen Szenen der Städte – charakterisiert als intime Bürger-Salons –, sondern auch dem einfachen Volk wurde Musik zum Ventil, zum Surrogat anderer kultureller und sozialer Beschäftigungen. Diese Form der Bürgerlichkeit ist bis heute ein bestimmendes Motiv der (noch immer existierenden) österreichischen Biedermeiergesellschaft: Man kultiviert in den zu kleinen Räumen geschrumpften Bürger-Salons eine aufgeklärten Öffentlichkeit. Und man traf einander – um zu nörgeln. Was man sich dachte, teilte man nur dem guten Freund hinter vorgehaltener Hand mit, und das war nicht Fundamentalkritik, sondern Räsonement verpackt in einen romantischen und idealistischen (Deutsch)Nationalismus: Aufklärung unter dem Begriff »Liberalismus«. Das Volk sollte dabei in den Prozess einer naiv empfundenen Menschheitsbeglückung eingebunden werden.

Konnte es für all das eine bessere Symbolfigur geben – jemanden, der die Tugenden«der neuen Generation verkörperte als Erzherzog Johann? Gerade weil er politisch isoliert war und eine Hoffnung darstellte. So wurde er bald zum populären Idol der Liberalen zwischen Ostsee und Adria.

1836 schrieb er selbst bekennend: *Wenn Liberalismus darinnen besteht, das Stillstehen und das Zurücktrachten auf Altes, Verrostetes, nicht mehr Passendes nicht zu billigen,* so hätten die Liberalen Recht. Dennoch sei Liberalismus ein *Gemeinplatz, wo man gar vieles damit anfanget, ohne recht zu wissen, was man will.* Er selbst würde allerdings *diese Liberalen sehr gut brauchen,* so seine pragmatische Einstellung: *Denn ich frage gar nicht um dergleichen Begriffe, sondern um ihre Fähigkeiten, ihr Gemüt und Leistungen.*

Noch war eben vieles im Nebel, aber Johann spürte selbst das soziale Gefälle, in dem so viel Sprengstoff enthalten war. 1824 vermerkte er nach dem Besuch eines Ballfestes des Fürsten Metternich in einem Brief an Anna: *Wie kann man fröhlich sein, wenn so viele Tausende bedrängt sind? Während hier das Teuerste verfressen und versoffen wird, alles in Silber und Gold prangt, Hunderte von Kerzen verbrennen, um eine gezwängte Lustbarkeit zu beleuchten, während viele Kleider, die ein großes Geld zum Teil nach dem Ausland brachten, an einem Abend verdorben werden, weint mancher biedertreue Hausvater bei seiner Milchsuppe und seinem schwarzen Brot, oft nicht hinreichend für seine Kinder, sie satt zu machen, erschöpft von der Arbeit.* Erbittert tadelte er die Hartherzigkeit der Obrigkeit, die er für vieles verantwortlich machte. Er klagte die Exekutionspraktiken an, die Pfändungsmaßregeln: *Vor Gott, wie steht da die Waage, wo neiget sich die Waagschale? Ich darf nicht lange denken, denn es schaudert mich davor.* Ihn ekelte vor der Gleichgültigkeit seiner Zeit, weil er ein Herz habe und wisse, wie es den anderen geht.

So stand er denn in Wahrheit zwischen allen Lagern, und für den Wiener Hof blieb er ein unbequemer Außenseiter – aufsässig, die Bürgerlichen und die Bauern fördernd, ja selbst einer von diesen.

Johann scheute sich überdies nicht, sogar die kaiserliche Familie aufs Korn zu nehmen – ein Sozial-Rebell ganz und gar. Da wollte man zum Beispiel die Hofburg umbauen. Der Stadtgraben sollte zugeschüttet und der älteste Teil der kaiserlichen Residenz, der so genannte Schweizerhof, abgerissen werden. Johann wehrte sich vehement gegen die *übertriebenen Entwürfe* – teils aus historischer Pietät, teils aber auch aus rationalistischer Motivation. Denn: *Wäre es nicht besser, eine ordentliche Brücke über die Donau zu machen, da jetzt gar keine solche besteht (und) die Verbindungsbrücken mit der Leopoldstadt mit dem Einsturz drohen?* Oder man könnte, so Johann, mit dem Geld für den Hofburg-Ausbau auch Straßen pflastern, Erziehungshäuser gründen und die Donau regulieren. Man versteht, wie sehr die nach der langen Kriegsbedrängnis aufatmende große kaiserliche Familie einen Nachholbedarf an etwas Prunk und Vergnügen hatte – und wie Johann wohl ins Fettnäpfchen trat.

Unbeliebt machte er sich sicherlich auch mit seiner Kritik am Lebensstil seines Bruders Karl. Dieser hatte ebenfalls von Albert von Sachsen-Teschen, dem Onkel, etwas geerbt – und zwar ein Palais in der Wiener Seilerstätte. Dort war Johann am Weihnachtsabend Gast der Familie seines Bruders. Diese Weihnachtsfeier ist vor allem deshalb kulturhistorisch so bedeutsam, weil damals zum ersten Mal in Wien ein Christbaum brannte, ein *Grasbaum,* wie Johann vermerkte. Was ihn aber an diesem heidnischen Symbol störte, war einerseits der Umstand, dass keine Krippe mehr zu finden war – andererseits die Kinder seines Bruders *ein ganzes Zimmer voll Spielereien aller Art* hatten – Spielzeug, das *in wenigen Wochen zerschlagen, zertreten, verschleppt sein wird und welches gewiss einige tausend Gulden gekostet hat.* Und erst das umgebaute Palais: *Alles von einer Pracht, mit einem solchen Aufwand gemacht, da wurde es mir fremd, ich fand mich so einsam.*

Man kann sich die Reaktion Karls, dessen Frau Henriette und der weiteren Mitglieder der Familie in diesem Zusammenhang wohl vorstellen. Aber Johann blieb dabei: *Es stand vor mir das Elend meiner Kinder im Gebirge, wo manches kaum mehr einen guten Rock hat. Da zog es mir das Herz zusammen. Gott, hätte ich das Geld, was da stecket! Wie viel Tränen getrocknet, wie viele Missmutige wieder aufgerichtet.*

Nun sind diese Äußerungen punktuell auf den Anlass bezogen, machen aber dennoch Johanns Bezugssystem, eine Weltsicht erkennbar, die Johann immer mehr zu seiner persönlichen Maxime erhob. Nicht mehr die – abstrakte – Weltverbesserung hielt er nun für sinnvoll, sondern die konkrete Hilfe, Anleitung, das persönliche Beispiel. Eingeengt in das Geflecht des Vormärzabsolutismus, konnte er als Privatmann doch Dinge tun, die ihm in jeder öffentlichen Funktion wahrscheinlich verwehrt gewesen wären. Und wenn er seine Isolierung immer wieder beklagt und bedauert hat, dass der Hof seine Talente geradezu ächtete – so muss rückblickend Johanns Freiheit eines Privatmannes als Glück betrachtet werden, die ihn vom Abstrakten zum Konkreten finden ließ. Freilich: Seine Aktivitäten waren nach Johanns politischem Selbstverständnis durch eine Grundtatsache stets behindert: *Was unseren Staat betrifft*, forderte er lange Jahre vor den revolutionären Erregungen des Jahrhunderts, so wäre *die gleiche Verteilung der Lasten wünschenswert.*

Und je öfter er als Bauer und Bürger mit dem einfachen Volk in Kontakt kam, umso konkreter spürte er den angesammelten Unmut über die gesellschaftliche Ungleichheit: *Was ich seit Jahren in Wien predige, glaubt man noch nicht, bis es zu spät sein wird. Wer zieht dann den Karren aus dem Kot, wenn er fest darinnen stecken wird?*

Sein Zorn richtete sich vor allem gegen die von Wien ausgehende konservative Verwaltung – nebst dem heimischen Adel. Je konkreter seine Unternehmungen in der Steiermark wurden – Joanneum, Ackerbaugesellschaft, das Vordernberger Radwerk –, desto öfter stieß er mit den hohen Herren mit den alten Wappen zusammen. Schon 1817 schimpfte er ungehemmt vor sich hin: *Aber der Herrenstand unwissend, dumm, stolz, tückisch, tut nichts. Ich habe ihm Vorschläge gemacht, taube Ohren.* Er behauptete, dass einige Grundherren die ärgsten Bauernschinder seien – und er empfand dieses Verhalten nebst Herzlosigkeit als Unklugheit: *Ich habe einen Grimm gegen diese Klötze und Dummköpfe. Längst hätte ich diese Menschen aufgegeben.*«

»Tätig zu sein ist unsere Bestimmung«

Zunehmend war es die körperliche Arbeit, die Erzherzog Johann, der Brandhofer, zum Lebensthema machte. Er sah dies wohl als wesentliches Element seiner Bäuerlichkeit und Bürgerlichkeit an. Erst durch harte Anstrengung wollte er für sich selbst den Übertritt in die unteren sozialen Schichten vollziehen. Mag sein, dass uns hier auch eine gewisse Koketterie entgegentritt. Aber Johanns Lebensstil zwang ihn wohl dazu, seine Hände einzusetzen. Einige Beispiele: Da trieb er unweit des Brandhofes

seine Viehherde eigenhändig zusammen. Auf einem Wiesenabhang versuchte er – ohne Stock – die Tiere zu sammeln. Ein Stier erfasste ihn mit den Hörnern und schleuderte ihn in die Höhe; das Ergebnis war eine völlig ausgerenkte (und wahrscheinlich gebrochene) Schulter – verbunden mit einem Bänderriss. Der Wundarzt kam erst vier Stunden später zum Brandhof. Johann hatte sich in dieser Zeit selbst mit einem Sessel den Rücken geschient. Da beschrieb er in einem Brief an Anna, wie er bei den Bauarbeiten mitwirkte: *Darum gehe ich auf den Brandhof arbeiten, wie jeder andere, an dem Haus meines Gottes, dem schönsten Teil meines neuen Gebäudes. Da arbeite ich als Maurer wie jeder andere.*
Ein andermal beschrieb er die körperlichen Strapazen im Gebirge, als er mit wenigen Gefährten das tief verschneite Reitereck überquerte; der Maler Loder hat uns davon auch eine bildliche Darstellung hinterlassen. Johann half eigenhändig mit, dem Pferd einen Weg über den Pass zu bahnen und *das kleine Wägelchen nachschiebend und haltend, denn hier ist kein Fahrweg, sondern bloß ein Viehtriebsteig.* Auf vielen Wanderungen ertrug er außerordentliche Strapazen, so auch bei der Bergung von Verunglückten – wie am Großvenediger. Fast immer trug er Gepäck und Ausrüstung selbst. Einmal, in Gastein, konnte er zwölf Stunden lang keinen Bissen zu sich nehmen, wie ein Polizeispitzel erstaunt in seinem Bericht festhielt.
Als Johann 1822 in Pickern bei Marburg (in der Untersteiermark) ein desolates Weingut kaufte, legte er zuerst selbst Hand mit an, um dem besonders kargen Boden, den viele bereits als Weinanbaugebiet abgeschrieben hatten, Stöcke abzuringen; ein paar Jahre später half Johann bei der ersten Lese mit. Und schließlich gibt es eine Reihe von Hinweisen, dass Johann auch in seinem Radwerkbetrieb in Vordernberg persönlich mitgearbeitet hat. Seine intensiven Kenntnisse von der Eisenverhüttung stammten jedenfalls nicht aus Büchern, sondern aus der unmittelbaren Anschauung des Handarbeiters.
Diese Lebensart war nicht nach der Art adeliger Herrschaften, denen Johann zeitlebens den Vorwurf machte, sich zu wenig selbst um ihre Besitzungen zu kümmern. Als er die nassen Wiesen im Ennstal sah, bedauerte er, kein reicher Besitzer zu sein, er hätte längst *die Austrocknung dieser*

herrlichen Täler selbst ausgeführt. Und hätte er das Vermögen *wie mancher Große bei uns*, dann hätte er seine Einkünfte hergegeben, um die Leute zu versorgen. So aber habe er nur die Pein, zuzusehen: *Ist es nicht eine Schande, zu sehen, wie alle Gutsbesitzer abwirtschaften, und dies bloß aus Unwissenheit, Leichtsinn, Zerstreuungssucht, wie sie es unter ihrer Würde halten, sich mit dem Landbau abzugeben?*

Tätig zu sein ist unsere Bestimmung. Gerade diese Philosophie unterschied Johann daher von den sozialen Oberschichten – und machte ihn zur außergewöhnlichen Gestalt einer bewegten Zeit.

Nach der Natur
IOHANN
Erzherzog von
Oesterreich.
1817

Alles für die Steiermark!

Johanns besondere Beziehung zur Steiermark war in den Jahren nach 1809 immer stärker geworden. Es ist keine Frage, dass er in den zwanziger und dreißiger Jahren bereits mehr als nur ein Sympathiegefühl empfand. Seine Identifikation mit den Menschen und dem Geschick der Steiermark hatte ihn längst zum selbstverständlichen Bürger gemacht. Allerdings hatte er Tirol nicht vergessen. Das ihm durch die Kriegswirren zuerst entrissene, später verbotene Land hatte eine romantische Emotion in ihm hervorgerufen, die durch die realen Beziehungen zur Steiermark nur teilweise ersetzt werden konnte. Tirol blieb bis zum Tod des Erzherzogs sein geheimes Traumland, sein Wunsch-Reich, seine unerfüllte Hoffnung. Für Tirol hatte er nach der »Alpenbund«-Affäre auch büßen müssen – wodurch ein umso stärkeres Band geknüpft wurde. Auch hatte schließlich die in der Steiermark erlebte Folge täglicher kleiner Enttäuschungen, die natürliche Abnützung im Kleinkrieg des Lebens, die Wandlung vom Ideal in die Wirklichkeit das makellose Bild seines Tiroler Wunschbildes noch verstärkt. So ist es auch erklärbar, dass Johann, der ungekrönte Fürst der Steiermark, in Südtirol begraben liegt; auf seinen Wunsch hin kehrte er nach seinem Tod in jenes Land zurück, das ihm seit Kindertagen stets ein schöner Traum gewesen war. Und wie der Liebhaber seiner nie gewonnenen Geliebten ein Leben lang nachhängt –

»Ich will meine Leute gesund und gut unterbringen«: Erzherzog Johann, Porträtskizze von Ludwig Schnorr von Carolsfeld, 1827

während ihn mit seiner Ehefrau auch manche Enttäuschung verbindet – so stellt wohl auch Johanns Beziehung zu Tirol und zur Steiermark eine vergleichbare Parabel dar.

Von Jahr zu Jahr hat Johann aber seine Wirksamkeit in und für die Steiermark wirkungsvoll gestaltet. *Nichts über dich, Steiermark*, rief er 1810 emphatisch aus und bewies durch die folgenden 50 Jahre, dass nicht utopische Träumereien ihre Spuren in der Geschichte hinterlassen, sondern konkrete Handlungen und Unternehmungen. Hinter den steirischen Bemühungen Johanns stand eine staatspolitisch wichtige Einsicht: Der Föderalismus ist die lebensnahe Stütze des Gesamtstaates.

Österreichs Stärke besteht in der Verschiedenheit der Provinzen … welche man sorgfältig erhalten sollte, schrieb er 1817 an Johann Ritter von Kalchberg. *Österreich ging nach allem Unglück stets wieder stark hervor, weil jede Provinz für sich stand, ihr Bestehen als unabhängig von den übrigen betrachtete, aber treu zum gemeinsamen Zweck mitwirkte.* Für die Steiermark schwebte Johann daher ein weites Maß an Autonomie vor. So kämpfte er Zeit seines Lebens gegen die Wiener Zentralstellen einen permanenten Krieg und zwar sowohl gegen Hof und Ministerien wie gegen Steuer- und Polizeibehörden. Aber er erkannte auch bald, dass nicht allein verwaltungstechnische Kompetenzen für die Ausbildung eines gesunden Föderalismus entscheidend sind, sondern ein gewachsenes kulturelles Bewusstsein. In der Steiermark fand er nun ein solches vor, wenngleich durch den wirtschaftlichen Niedergang vieles verschüttet und verdeckt worden war. Graz besaß zum Beispiel seit 1773 keine eigene Universität mehr. Anlässlich der Auflösung der Jesuitenhochschule unter Maria Theresia war ein Lyzeum begründet worden, das freilich kein Ersatz für eine »Hohe Schule« sein konnte. In der Steiermark gab es aber auch

Farbteil 3, Seite 1: Eisenbahnzug der Südbahn. Aquarell von Leander Russ
Seite 2–3: Weinhof Erzherzog Johanns in Pickern. Gemälde von Thomas Ender
Seite 4: Schloss Stainz mit dem Rosenhügel. Gemälde von Thomas Ender

nische Lehranstalt, kein Museum im modernen Sinn, schon gar keine Institution für naturwissenschaftliche oder landeskundliche Forschungen. All das steckte zu Beginn des 19. Jahrhunderts noch in den Kinderschuhen. Die Aufklärung war zwar wie ein Sturmwind über die Gesellschaft hinweggebraust, hatte aber noch keine systematischen Folgerungen für eine zeitgemäße Pädagogik gezeitigt. Für Johann – Sohn des naturwissenschaftlich so ungemein interessierten Kaisers Leopold II. – schien daher die Notwendigkeit gegeben zu sein, wie einst sein Vater in der Toskana konkret und technisch-praktisch zu wirken.

Das Joanneum

Ausgehend vom Grundsatz, dass *stillestehen und zurückbleiben einerlei ist,* entschloss er sich 1811, seine in den vorangegangenen Jahren zusammengetragenen Sammlungen einem Institut in Graz zu übertragen. Die Schenkung der Objekte war die Basis, die steirischen Landstände kauften den so genannten Lesliehof in Graz: So wurde das Joanneum als Kombination von Lehranstalt und Museum zum weit blickenden Vorbild für Künftiges.

Es ging Johann um die praktische Ausbildung an Hand und mit Hilfe eines anschaulichen Materials; es ging ihm um die Überwindung einer nur theoretischen Wissensvermittlung, weil *jedes dem Selbstdenken und hiermit der Selbstständigkeit so nachteiliges Memorieren, jene schädliche Kluft zwischen dem Begriff und der Anschauung, der Theorie und der Praxis mehr und mehr ausgefüllt* werden müsse.

Und dann stand noch ein anderer Gedanke am Beginn des Joanneums – nämlich die Zusammenführung von heimatkundlichem Know-how: *Alles, was in Innerösterreich die Natur, der Zeitwechsel, menschlicher Fleiß, Beharrlichkeit* hervorbringt, solle als wissenswert und sammelwürdig betrachtet werden. Johann prägte damit einen eigenständigen Kulturbegriff, der neu war und weit über das rein Theoretisch-Humanistische hinausgriff – Volkskunde als eigenständige Disziplin. Verknüpft werden sollte das Joanneum mit »Lehrkanzeln«, die eine neue Dimension von Wissen und Können, Erleben und Lernen vermitteln konnten. Bald entstanden daher ein Botanischer Garten, eine Münz- und Antikenabteilung, eine kulturhistorische Abteilung und vor allem eine umfassende Bibliothek. Später bildete das Joanneum gewissermaßen eine Art Kern, von dem aus Universitäts- und Archivgründungen sowie Schriften ihren Ausgang nehmen sollten. Zuerst besoldete Johann die Professoren aus seinen bescheidenen Privatmitteln, suchte aber auch stets die Zusammenarbeit mit den Landesbehörden und der Bevölkerung. Bereits 1811 waren Rundschreiben an viele öffentliche Stellen ergangen, alte Dokumente, Schriften und Denkmäler über die Landesgeschichte bekannt zu geben; Historiker durchreisten im Auftrag und auf Kosten des Erzherzogs das Land, um zu archivieren, abzuschreiben und zu forschen. Später entstand aus diesen Ergebnissen das Joanneumsarchiv, das für das heutige Landesarchiv den Grundstock bildete. Ab 1821 erschien eine Zeitschrift, die so genannte »Steiermärkische Zeitschrift«, die für die Herausbildung des steirischen Landesbewusstseins wichtig war; ganz neu war die Sammlung von Mundartausdrücken.

Verständlich, dass eine Anstalt mit wissenschaftlichen Absichten Bereiche wie Natur- und Landschaftskunde, Bergwesen und Forstwirtschaft, Bevölkerungsstatistik und Technik umfasste. Mit Recht kann die Steiermark für sich in Anspruch nehmen, mit der Weiterführung der Ideen ihres Gründers eine geglückte Verbindung von Theorie und Praxis geschaffen zu haben.

Besser als anderswo bewältigte die Steiermark denn auch den Wandel von einem Agrar- zu einem Industrieland – und zwar unter Beibehaltung der bäuerlichen Lebenswelt.

Aus dem Joanneum heraus entstand 1827 unter Johanns Mithilfe die neue Grazer Universität. Die 1833 am Joanneum eingerichtete Lehrkanzel für Hüttenkunde wurde – nach ihrer Verlegung in die Obersteiermark – zur Bergakademie und schließlich zur Montanistischen Hochschule von Leoben ausgeweitet.

Hatte der Erzherzog der Technik eine neue Funktion zugemessen und die planmäßige Industrialisierung gefördert, so zeigte sich die gesamtgesellschaftliche Ambition auch in der von Johann begründeten Landwirtschaftsgesellschaft. »Treu dem guten Alten, aber darum nicht minder empfänglich für das gute Neue« – unter diesem Motto hatte sich Johann schon sehr früh mit Landwirtschaftsfragen auf seinem Gut Thernberg beschäftigt und auf Mustergütern in Ungarn neue agrarische Methoden kennen gelernt. Aber ihm wurde bald bewusst, dass Ertragssteigerungen allein zur Hebung des landwirtschaftlichen Standards zu wenig sind. So ist typisch für ihn, dass er zwar der Wiener Landwirtschaftsgesellschaft beitrat – der die größten Grundbesitzer der Monarchie, durchwegs Mitglieder des Hochadels und der Kirche, unter ihnen 17 Fürsten, angehörten – nicht jedoch die einfachen Landwirte. So plante er für seine steirische Landwirtschaftsgesellschaft etwas ganz anderes – man kann auch sagen: Demokratisches.

Und als im November 1817 Kaiser Franz die Stadt Graz besuchte, legte ihm Johann seine Pläne hervor: Eine steirische Landwirtschaftsgesellschaft sollte für alle bäuerlich Tätigen zugänglich sein, durch Filialen eine maximale Verbreitung erhalten und mittels der Einrichtung von Muster- und Pflanzgütern agrartechnische Fortschritte nützen.

Noch in diesem Jahr genehmigte der Kaiser die Gesellschaft prinzipiell; aber erst eineinhalb Jahre später kam es – nach diversen bürokratischen Hürden – zur Zulassung der Statuten. Vor allem das System der lokalen Ausgliederungen, auf die Johann so großen Wert legte, erweckte das Misstrauen der Wiener Stellen. So musste Johann, als die Gesellschaft endlich gegründet wurde, auch seine Eröffnungsrede dem Grafen Sedlnitzky, Präsident der obersten Polizei- und Zensurhofstelle in Wien, zur Genehmigung schicken. Aber nun konnte man jedenfalls endlich an die Arbeit gehen – und die Bauern traten auch, erst zögernd, dann zunehmend interessiert, der Gesellschaft bei.

In Professor Werner fand Johann einen idealen Sekretär, der durch seine Lehrkanzel für Landwirtschaft am Lyzeum auch das notwendige Fach- und Organisationswissen mitbrachte. 1822 konnte man darangehen, einen Versuchshof in Graz zu errichten. Auf Versuchsfeldern wurden systematisch neue Anbaumethoden erforscht, eine Baumschule wurde angelegt; Johann selbst übergab einige tausend Wildlinge und veredelte Stämme. Obstsorten aus allen Teilen der Monarchie – aber auch des Auslandes – wurden versuchsweise gezogen. Überdies ließ Johann verschie-

dene Rebsorten heranschaffen, darunter solche von der Krim, aus Griechenland und dem Rheintal. Mais- und Weizensorten wurden unter anderem aus den USA herbeigebracht, und man untersuchte sogar die Anbauchancen von Reis und Maulbeerbäumen. Vor allem pflanzte man versuchsweise zahlreiche Kartoffelsorten an. In der Oststeiermark wurden auch Hopfengärten angelegt. Vor allem aber konnte besonders in den hochgelegenen Regionen der Steiermark eine erhebliche Vermehrung des Viehbestandes erreicht werden. Seit 1828 konnten Prämien für Zuchtrinder nach den von der Landwirtschaftsgesellschaft ausgegebenen Richtlinien vergeben werden. Johann organisierte sogar den Export steirischer Kühe nach Oberitalien, wo sie sich in der Qualität gegen Schweizer Rinder behaupten konnten. Die damals modernsten Maschinen und Gerätschaften kamen im Grazer Versuchshof zum praktischen Einsatz. Alles das war schließlich auch die Basis dafür, dass in den dreißiger Jahren des 19. Jahrhunderts eine landwirtschaftliche Schule in der Steiermark eingerichtet werden konnte. Schließlich wurde unter Johanns Patronat auch die Brandschadenversicherung gegründet, denn Jahrhunderte lang waren Brände die unmittelbarste Gefährdung der bäuerlichen Existenz schlechthin. So erwies es sich als Vorteil, dass auch in Niederösterreich eine Brandschadenversicherung in Gründung begriffen war, mit der die steirische einen Gesellschaftsvertrag abschloss. Es ist typisch, dass die Vorarbeiten von einem Zimmer im Joanneum ihren Anfang nahmen, es aber bereits 1829 an die 6000 Versicherte und rund 13.000 versicherte Objekte gab. Und noch erstaunlicher ist, wie sehr demokratische Prinzipien in den Statuten Eingang gefunden hatten, denn die Direktionsmitglieder wurden von den Versicherten direkt gewählt; wer Gebäude unter 2000 Gulden Versicherungswert besaß, konnte Wahlmänner bestellen, die ihrerseits an der Direktionswahl mitwirkten.
Trotz der sichtbaren Erfolge der Landwirtschaftsgesellschaft und ihrer Töchter blieb das Misstrauen der Wiener Hofstellen wach, denn schließlich konnten die Mitglieder der Gesellschaften in den Versammlungen ihre Meinung ziemlich frei äußern – ein im Vormärz völlig unüblicher Vorgang. Begreiflich, dass auch Johann ständig observiert wurde und genaue Berichte über seine Tätigkeit angefertigt wurden. Möglicherweise

arbeitete sogar Johanns Adjutant, Andreas Freiherr Bley, für die Polizei. Jedenfalls vermerkte Johann über ihn, dass dieser die Wiener Zirkel mehr liebe und über jede offene Äußerung erschrecke.
Johann hätte allerdings wenig Glaubwürdigkeit bei seinen landwirtschaftlichen Ambitionen gehabt, wäre er nicht selbst mit eigenem Beispiel vorangegangen. Johann hatte bekanntlich 1818 den Brandhof gekauft. Dieses Bauerngut in der Obersteiermark lag über tausend Meter hoch am nördlichen Abhang des Seeberges. Es ging Johann nicht zuletzt darum, gerade in der ärmsten und kältesten Gegend eine Musterwirtschaft einzurichten. Und seine Absicht war vor allem, ein Vorbild zu geben. Es war beabsichtigt, dort *mit den gleichen, den Landleuten zu Gebote stehenden Mitteln und Kräften zu zeigen, wie man mit Fleiß, Beharrlichkeit und Überzeugung ... den ungünstigen klimatischen Einflüssen zum Trotz Produkte vermehren und veredeln könne.* Erst nach 1822 ging Johann auch an die Neugestaltung des Wohntraktes, wobei er seinen Kammermalern Aufträge zur Ausgestaltung übertrug.

Wein auf den Hügeln, Eisen im Berg

Neben dem Brandhof war es auch das Weingut Pickern bei Marburg, das Johann den Ruf eines praktischen und nicht nur theoretischen Landwirts einbrachte. In dem heruntergekommenen Weingarten ließ Johann nach 1822 Reben aus dem Ausland anpflanzen, um die anderen Bauern davon zu überzeugen, dass sich das südsteirische Bergland zum Anbau eines schmackhaften Weines außerordentlich eignen würde. Wenige Jahre später berichtete der Berliner Geograf Carl Ritter über des Erzherzogs Weingarten, als dieser seinen »Johannesberger Steyrer« zum besten gab – »wo er Geisenheimer Riesling-Reben aus dem Rheingau neben Tokayer Reben aus Ungarn angepflanzt und köstlichen Wein erzielt hatte.« Johann, der kaiserliche Prinz, einst Oberbefehlshaber der österreichischen Armeen, dann Stellvertreter seines kaiserlichen Bruders bei offiziellen Anlässen, war also endgültig zum Bauern geworden. Einerseits lag seine Absicht in der politischen Demonstration und damit in der Aufwertung der bäuerlichen Arbeit; andererseits sah Johann in der aufkommenden Mechanisierung seiner Zeit auch die dringende Notwendigkeit, vorbildhaft steuernd einzugreifen. So wurde Johann auch Bürger: ein Mann des Wirtschaftslebens, ein Vertreter bürgerlichen industriellen Fleißes und technischer Bildung. Hatte schon bei der Gründung des Joanneums die Absicht Pate gestanden, der Naturwissenschaft neue Wege zu eröffnen, hielt es Johann nun auch für nützlich, durch einen musterhaften Industriebetrieb neue Maßstäbe zu setzen.

Die Regierung in Wien hatte – noch weniger als zur Förderung der Landwirtschaft – zur erwachenden Industrie kein positives Verhältnis. Weder Kaiser Franz noch seine Umgebung begriffen die Notwendigkeit einer systematischen Hebung des wirtschaftlichen Niveaus einer wachsenden Bevölkerung. Johanns Reise nach England hatte diesem aber einerseits die Gewissheit gegeben, dass die Entwicklung zur modernen Industriegesellschaft nicht zu verhindern war, ihn andererseits aber auch davon überzeugt, dass Steuerung und Sozialmaßnahmen notwendig wären. Dem Schweizer Eisenerzerzeuger Johann Gottfried Fischer, mit dem der Erzherzog in Kontakt getreten war, sagte er in einem Gespräch, dass er den heimischen Adel für die industrielle Revolution als untauglich ansah; er hoffe vielmehr auf das neue Bürgertums – für das er wegbereitend tätig sein wolle. Fischer zufolge sagte Johann: *Unser hoher Adel tut und unternimmt nichts, und der niedere, dem die Mittel zu diesem fehlen, will durch Stolz und eine Lebensweise, denen seine Einkünfte nicht genügen, das Ansehen aufrechterhalten. Bei Ihnen in der Schweiz hat der Adel keine Vorrechte und darum ist er gezwungen, wenn er etwas vorstellen will, seine Geltung durch Vermögen, Kenntnisse in diesem oder jenem Fach oder Gewerbebetrieb zu begründen, was auch meistens der Fall ist.*

Nun kaufte Johann mit dem Geld seines Onkels von einem Anton Prandstetter in Vordernberg ein Radwerk. Dieser Ort in der Nähe des steirischen Erzberges bildete den Mittelpunkt der Eisenverarbeitung. Er tat es nicht deshalb, um hier reich zu werden, sondern um *das Recht zu erwirken, zu reden und zu raten – und die Gelegenheit, zu überzeugen.*

Der Eisenabbau in der Steiermark hatte eine jahrhundertealte Tradition. Tausende Menschen lebten auch seit dem Mittelalter in der Obersteiermark von der Eisengewinnung oder -verarbeitung, von den Hilfsgewerben und vom Metallhandel. Aber die Anlagen und Fördermethoden waren veraltet, und der Absatz stagnierte dementsprechend. Der Erzberg wurde in Stollen abgebaut, wobei in 14 Betrieben das Erz zumeist in Säcken mühsam abtransportiert wurde. In den vielen Gruben, die teilweise ungeschickt untereinander angelegt waren, mussten jeweils kostspielige und mühsame Stützmaßnahmen durchgeführt werden. Dafür wiederum benötigte man erhebliche Mengen von Bauholz. Immer wieder bestand Einsturzgefahr, weshalb sich auch die Behörden zeitweilig mit dem Gedanken trugen, den Abbau in Vordernberg überhaupt einzustellen. Welche Folgen hätte aber eine solche Maßnahme für die arbeitende Bevölkerung gehabt? Johanns Eingreifen war daher ein einmaliger Glücksfall.

Acht Wochen lang lernte Johann 1822 den Betrieb in Vordernberg im Detail kennen. Er besichtigte wiederholt den Erzberg und die Gruben und erlernte die Technik der Rad- und Hammerwerke. Seine erste Aktivität bestand darin, die anderen Radmeister zu bewegen, im Rahmen ihrer »Kommunität« Wälder aufzukaufen, um genügend Holz zu gewinnen. Zuerst in Seckau, später in Göß wurden Staatsbesitzungen aufgekauft und damit eine Versorgungsautonomie erzielt. Schwieriger war es hingegen für Johann, Konkurrenten vom Nutzen der gemeinschaftlichen Bewirtschaftung des Erzberges zu überzeugen. Mit Hilfe eines Gutachters in der Person des Professors am Polytechnischen Institut in Wien, Franz Riepl, gelang es Johann aber ebenso, die Radmeister von der Zweckmäßigkeit des Tagbaues zu überzeugen. *Es bleibt nichts übrig, als ihnen beständig auf dem Genick zu sitzen, zu ermahnen, zu raten und zu treiben.* Vorangehen musste dem allen aber die – mühsame – Gründung einer Radmeisterkommunität, einer Genossenschaft aller Betriebe. Johanns Überredungskunst zeitigte schließlich auch hier Erfolge.

Nunmehr wurde gemeinschaftlich der Erzberg stufenförmig abgebaut und erhielt dadurch auch das in der Gegenwart typische Aussehen einer Stufenpyramide. Jetzt war sowohl eine Vereinfachung als auch eine wesentliche Verbilligung im Abbau des Erzes gegeben. Man konnte auch eine Bahn errichten – die erste in der Steiermark – um das Erz abzutransportieren. Steirisches Erz wurde sowohl im In- als auch im Ausland wieder konkurrenzfähig, neue Verarbeitungsmethoden brachten auch eine erhebliche Vergrößerung der Produktion mit sich. Johann erwarb später auch noch ein Hammerwerk in der Weststeiermark und ein Walzwerk in Krems bei Voitsberg. 1837 wurde schließlich mit der Einführung des so genannten Puddlingverfahrens – der damals aus England übernommenen modernsten Eisenverarbeitungsmethode – in Donawitz der Kern des späteren Industriezentrums geschaffen. Betrug die Produktion am Erzberg 1815 lediglich 6000 Tonnen, hielt man 1829 bei 13.000. Aus den alten Floßöfen wurden Hochöfen, die bereits die beachtliche Höhe von über 12 Metern erreichten. Die Tageserzeugung stieg um das Fünffache und lag bei durchschnittlich 20 Tonnen. Johann erwirkte überdies, dass in der Person des 1809 geborenen Peter Tunner ein junger Fachmann auf mehrjährige Studienreisen ins Ausland geschickt wurde. Nach der Rückkehr Tunners entstand eine »Ständische Montanlehranstalt« in Vordernberg, die später nach Leoben verlegt wurde und in der die Verhüttung nach den jeweils modernsten Gesichtspunkten systematisch gelehrt wurde.

1832 und 1833 fanden auf Johanns Initiative hin auch Gewerbe- und Industrieausstellungen statt. 1837 wurde ein »Verein zur Förderung und Unterstützung der Industrie und des Gewerbes« begründet; man organisierte Vorträge, richtete Fachbibliotheken ein und verlieh Auszeichnungen für besondere Leistungen im gewerblich-industriellen Bereich.

Während anderswo in Europa aber längst der kalte Kapitalismus dominierte und ein rücksichtsloses System der Ausbeutung entstanden war, wurden in der Steiermark – dank Johanns Einsatz – soziale Momente beachtet.

Immer wieder trat Johann gegen den Übermut der Besitzenden, gegen Verschwendungssucht und Rücksichtslosigkeit auf – wir haben zahlreiche Zeugnisse schon erwähnt. Aber anders als viele seiner Zeitgenossen begriff er soziale Hilfe nicht als individuelle Wohltätigkeit, nicht als freundliche gelegentliche Beruhigung des eigenen schlechten Gewissens, sondern hielt volkswirtschaftliche, organisatorische, vertragliche und gesetzliche Maßnahmen für sinnvoll. Schon damals ging es ihm um die dauerhafte Sicherung von Arbeitsplätzen. Da wurden beispielsweise in Zell alte, verheiratete Landarbeiter und Holzknechte entlassen; in Wildalpen kam es zur Entlassung von 59 Arbeitern, wobei ihn besonders ärgerte, dass man den Männern schon durch einige Zeit nur den halben Lohn ausbezahlt hatte. In Innerberg entließ man 370 Arbeiter.

Johann klagte, dass man nicht wenigstens *Haberbrot* an die Leute abgegeben hatte. Und dieser Umstand empörte ihn deshalb besonders, weil die Innerberger Radwerke nicht in Privatbesitz standen, sondern staatliche Unternehmen waren. Fast überall musste er schon damals feststellen, dass der Staat als Unternehmer schlecht tauge und die Beamten weder die nötige wirtschaftliche Bildung noch das notwendige Sozialempfinden aufbrachten. Empört notierte er: *Ein Heer Beamte auf diesen Werken, die viel kosten, viel schreiben, was ganz überflüssig ist … ein Staat als Fabrikant!*

Auch hinsichtlich der staatlichen Salinen im Salzkammergut sparte Johann nicht mit Kritik: *Weg mit den überflüssigen, fremden Beamten. Wenige gute und heimische, weg mit den Buchhaltereien und mehr Gerechtigkeit und Richtigkeit.*

Gerechtigkeit: Noch lang vor der Einführung einer staatlichen Sozialversicherung in der österreichischen Monarchie begründete man jedenfalls 1838 in Vordernberg eine private so genannte »Bruderlade der Berg- und Hüttenarbeiter«, eine Fürsorgestelle, die die Kranken und Arbeitsunfähigen zu versorgen hatte. Ihre Verwaltung lag in einem paritätisch besetzten Ausschuss von Arbeitgebern und Arbeitnehmern und stellt dadurch eine interessante Vorgängerin der modernen Sozialversicherungsorganisation in Österreich dar. Man stellte überdies auch einen eigenen Arzt für die Bergarbeiter an und regelte das Lohnschema neu. Die durch Rationalisierungsmaßnahmen in Vordernberg freigesetzten Arbeiter wurden nicht abgebaut, sondern nur ausgetretene oder verstorbene Knappen nicht durch neue ersetzt. Dies alles erfolgte auf freiwilliger Grundlage – aber es spricht für Johanns persönliche Überzeugungskraft, dass er die »Sozialpartner« zu Zugeständnissen bewegen konnte. Später wurden Pensionen fixiert und Witwen- und Waisenrenten ausgesetzt; und Johann fasste zusammen: *Ich will meine Leute gesund und gut unterbringen, alle die schlechten Wohnungen aufheben und ein Krankenhaus einrichten.*

Dass Johann auch – immer nach wie vor als Privatmann – um die Gesundheitsfürsorge der ganzen Steiermark bemüht war, geht auch aus der Tatsache hervor, dass er im Cholerajahr 1831 um eine effektivere Seuchenbekämpfung bemüht war. Es entstand in der Steiermark auch eine Taubstummenanstalt, Pockenimpfungen wurden eingeführt und eine neue Friedhofsordnung verwirklicht. Alles gesundheitspolitische Maßnahmen allerersten Ranges, die nur dank Johanns Unterstützung möglich waren.

Als – wenige Jahre vor der 1848er Revolution – die deutschen Naturforscher und Ärzte ihre Versammlung in Graz abhielten, nannte ein Teilnehmer aus Deutschland Erzherzog Johann auch den »Schutzengel seines Volkes, seines Landes«.

Mag das Pathos übertrieben erscheinen, so war Johann gerade dank seiner Bäuerlichkeit und Bürgerlichkeit aber in der Tat zum wahren Regenten, zum guten Geist der Steiermark aufgerückt; immer und nach wie vor als Privatmann agierend, konnten sich die Landesbehörden dem Elan dieses Mitglieds der kaiserlichen Familie nicht entziehen. Auch der fortschrittliche Teil des Adels erkannte bald die Bedeutung der Reformen des Erzherzogs.

Es stellt sich bei alledem freilich generell die Frage, welche innere Kraft den ungestümen und vitalen Erzherzog am Höhepunkt seines Lebens zu einer so intensiven Aktivität trieb. War es pure Menschenfreundlichkeit? Die Liebe zur Heimat? Gar Wichtigtuerei? Johann war nach der »Alpenbund«-Affäre systematisch aus allen wichtigen öffentlichen Ämtern des Gesamtstaates verdrängt worden, und Metternich hatte dafür gesorgt, dass kein Familienmitglied einen übermäßigen Einfluss auf Kaiser Franz haben sollte, schon gar nicht Johann, dessen wachsende Popularität zurückgestutzt wurde, wo immer dies möglich schien. Auf rücksichtslose, menschlich abstoßende Art hatte man in Wien Interessen, Neigungen und Patriotismus missdeutet und unterbunden.

Die schmerzende Zurücksetzung wandelte sich im Lauf der Zeit aber bei Johann zu einer Art positiven Trotzhaltung. Er floh in die Einsamkeit der Berge, er wurde zum Bauern und Frühindustriellen und er nahm eine Bürgerliche zur Frau.

Johann steigerte sich immer stärker zum Schutzpatron, er schlüpfte in die Rolle eines Privat-Regenten, der die Liebe und Verehrung der Menschen im zweisprachigen Kronland zwischen Dachstein und Save zu genießen begann. Durch Rastlosigkeit in Graz die Ratlosigkeit in Wien bloßzustellen, das gefiel den Steirern ganz außerordentlich.
Der Kaiser war mittlerweile auch nur noch der Notar der reaktionären Entschlüsse Metternichs und Kolowrats. Johanns Bruder Karl hatte sich in die Badener Weilburg verkrochen und grollte dem Schicksal, die noch lebenden anderen Brüder waren zu hoheitlichen Marionetten erstarrt, die das Kaiser-Spiel in der Hofburg mitmachten. Der Thronfolger Ferdinand, der nur elf Jahre jünger war als Johann, zeigte deutliche Anzeichen körperlicher Schwäche und geistiger Beschränktheit.
Johann allein war es also, der auf der Höhe der Zeit stand – im Kontakt mit den freien und fortschrittlichen Kräften seiner Epoche, geistesverwandt mit Kaiser Joseph II. , dem großen Aufklärer und Reformer und Widerstandskämpfer gegen Dummheit, Faulheit und Hinterhältigkeit.

Reformen, Reformen, Reformen

Vom Schutzpatron zum Steirischen Prinzen: Wäre Erzherzog Johann in einem anderen Kronland der Monarchie aufgetreten, hätte er wohl ebenfalls Sympathie und Unterstützung gefunden – in der »Grünen Mark« jedoch wurde Johann zum lebenden Symbol für jene Eigenständigkeit und Eigenwilligkeit, die in der historischen Entwicklung des Landes wurzelt.

Denn die Steiermark war bis zum ausgehenden 12. Jahrhundert ein unabhängiges Gebilde gewesen, sodann für Babenberger und Habsburger ein eigenwilliger Nachbar. Personalunionen und Erbteilungen wurden jedenfalls von der Donau her diktiert; nicht immer fielen Entscheidungen zugunsten des Landes, aber man hatte sich trotz Türkenkriegen und Reformation mit dem Haus Habsburg irgendwie abgefunden.

Was den Steirern aber fehlte, war schließlich im beginnenden 19. Jahrhundert ein stimmiger Anwalt einer erweiterten Autonomie. Und so kam ihnen Erzherzog Johann wie gerufen – auch wenn er verspätet zum »Local Hero« aufstieg. Aber angesichts der Radikalität seiner Lebensweise und Denkungsart wurde Johann bald zum lebendigen Mythos, zum Herzog ohne Krone, zum Ehrensteirer ohne Titel. Er gab dem Land Selbst-

»Es wird eine Zeit kommen, wo man einsehen wird, was ich gewollt«: Ranftbecher mit Porträt Erzherzog Johanns von Anton Kothgasser

bewusstsein und ein Programm: *Mir ist nur dann wohl, wenn ich über den Semmering gesetzt meine Berge wieder sehe.* Und über die ferne Zentrale Wien: *Nichts als Lärm, eitles Treiben, Selbst- und Scheelsucht, niedrige Kniffe, da verlernt sich das Gute, da erstickt es in diesem Schlamme.*

Nur vor diesem Hintergrund ist verständlich, dass Erzherzog Johann zuerst Neugier, dann aber Zustimmung und schließlich begeisterte Mitarbeit fand. Johann war für viele der Rebell gegen Wien und Kämpfer für Eigenständigkeit – wollte er doch Bodenständigkeit bewahren und das Volkstümliche beschützen. Man glaubte ihm mit kindlicher Naivität eine Art steirische Weltanschauung und applaudierte, als er anlässlich einer Besteigung des Donati-Berges – ausrief: *Nur so ein Punkt kann zeigen, welch ein Land die Steiermark ist, wie stille Täler, hohe Alpen in der großen Natur mit sanften, bebauten, bewohnten Höhen und herrlichen Flächen abwechseln. Da wiederhole ich mir immer: Nichts über Dich, Steiermark!* Das war es, was vor ihm nie ein Habsburger ausgesprochen hatte.

Aber noch etwas war bedeutsam: Johanns Schicksal verkörperte auch ein wenig das Schicksal des ganzen Landes. War das Herzogtum nicht allzu lang von Wien zurückgesetzt, gekränkt, ja vergessen worden – wie Johann auch? Hatte man es nicht wirtschaftlich ausgehungert, kulturell abseits liegen gelassen? Wie man auch Johann in Wien als ärmlichen Außenseiter, als Aussteiger belächelte?

Das wollte er ändern. Hatte er seine persönlichen Niederlagen durch sein Übersteirertum überwunden, so wollte er durch die Hebung des Landesbewusstseins dem ganzen Land psychologisch auf die Beine helfen. Beginnend mit der Gründung des »Historischen Vereins«, dem Joanneum, mit den Zeitschriften, die er ins Leben rief, mit seinem Kampf für die bodenständige Kultur und für die Volkskunde entwickelte sich tatsächlich ein Gefühl des landesweiten Stolzes. Tracht wurde zu Gesinnung. Da tadelte er Anna 1824 scharf, als sie den Kutscher Hiesl modisch einkleiden wollte: *Als ich den grauen Rock in der Steiermark einführte, geschah es, um ein Beispiel der Einfachheit in der Sitte zu geben, so wie mein grauer Rock, so wurde mein Hauswesen, mein Reden und Handeln. Das Beispiel wirkte, der graue Rock, von manchen verlacht, von den Bessern erkannt, wurde ein Ehrenrock, und ich ziehe ihn nie mehr aus.*

Johann sprach, als die obersteirischen Knappen einmal ein Volksschauspiel aufführten, vom *Abglanz jener Ureinfalt*, die er im Volk fand und das er als gesunde Tradition bewahren wollte. Im Gebirge sah er *der Menschheit Kern, von da muss Rettung kommen.* Er wollte den Dialekt erhalten, ließ das Brauchtum des Landes aufzeichnen, machte geradezu ein wissenschaftliches System aus der Erkundung der Lebensformen der Bauern der Steiermark und wurde auf diese Weise auch zum entscheidenden Förderer der Biedermeierkultur in den österreichischen Alpenländern.
Es waren die so genannten Kammermaler, die Johann zu einem Kreis, einer »Schule« zusammenführte und denen er Aufträge vermittelte. Unterschiedlich in ihrer Formensprache und eigenwillig in ihrer Entwicklung, war es für die Künstler einzig die Person des Erzherzogs, die ihre vielfältigen Ambitionen zu verbinden wusste. Es begann damit, dass Johann naturkundliche und wissenschaftliche Aufarbeitung, also bildhafte Registration benötigte. So hatte er noch mitten in den Wirren von 1809 den Blumenmaler Johann Knapp beauftragt, möglichst viele Alpenblumen bildlich zu erfassen. Karl Ruß wiederum wurde 1810 herangezogen, um steirische Trachten zu malen. All das erbrachte reizvolle Aquarelle, die bis heute eine unerschöpfliche Quelle naturgeschichtlicher und sozialkundlicher Dokumentation sind. Vor allem aber war es Jakob Gauermann, der seit 1811 für den Erzherzog tätig war. Er – und Matthäus Loder – wurden zu malenden Zeugen der amourösen Beziehung des Erzherzogs zu Anna Plochl. Durch die Bilder dieser Kammermaler entstand freilich auch ein Gutteil jener Romantik, die schließlich – verkitscht und vermarktet – aus Erzherzog Johann den jodelnden, tanzenden und jagenden Liebhaber einer Postmeisterstochter machte.
Die beiden Maler hielten dabei in ihren Skizzen fest, was der Erzherzog auf seinen Wanderungen jeweils als bemerkenswert ansah: Landschaften, Siedlungen, Menschen, Situationen – kurz – frühe Fotografen mit unschätzbarer Bedeutung für die Kulturgeschichte der Alpen.
Einige dieser Bilder waren allerdings für die Polizeihofstelle in Wien eine Provokation, sodass man ihre Verbreitung verbot. Denn offenbar empfand man die Illustrationen als Propaganda für eine Person, die man in Wien als Gefahr ansah.

Tatsächlich fand auch Leopold Kupelwiesers Porträt des Erzherzogs weite Verbreitung. Johann tritt uns mit verschränkten Armen als in sich gefestigter Mann am Höhepunkt seines Lebens entgegen – geläutert in den Stürmen eines halben Jahrhunderts – mit hoher Stirn, die ihm das durchgeistigte Aussehen eines Intellektuellen verleiht, durch Habitus und Kleidung jedoch ganz und gar in der Rolle des einfachen Mannes.
Dennoch ist für Johanns zielgerichtetes Mäzenatentum bezeichnend, dass er die Malerei nicht als Bereich einer reinen Ästhetik ansehen wollte. Als die Fotografie aufkam, hielt er die Funktion malender Chronisten für überflüssig und begeisterte sich für das neue Medium.
Anders als zur bildenden Kunst hatte Johann wohl wenig persönliche Beziehung zur Musik. Wir haben keine Beweise dafür, dass er am so ungemein reichen Musikleben Wiens – in dem zu dieser Zeit Beethoven und Schubert wirkten – teilnahm. Immerhin musizierten damals auch Carl Maria von Weber, Gioacchino Rossini, später Franz Liszt und Konradin Kreutzer in den Salons der Residenzstadt. Wo hat Johann die ihm langweiligen Abende – wie er behauptete – verbracht? Hatte Johann wohl selbst wenig musische Ambition, so förderte er doch in der Steiermark das Musikleben aus der gleichen Grundmotivation wie das bildnerische. *Sehr alte Lieder hörte ich singen*, schrieb er schon früh, *ich verlangte ihre Abschrift. So etwas soll nicht verloren gehen.* Er freute sich am Spiel und Tanz der steirischen Spielleute, wollte aber damit primär nur wiederum Stolz auf das Eigenständige erzeugen. Auf einem der Bilder von Gauermann sehen wir steirische Spielleute mit Geigen und Hackbrett, ein Trio, das zum Tanz aufspielt. Und immer wieder schildert uns Johann auch im »Brandhofer«, wie die einfachen Musikanten das dörfliche Leben und die bäuerlichen Feste verschönten. Fast immer tanzte man auch am Abend, wenn Johann in den Dörfern zu Besuch war. Über die »Jochhammerer« sagte er, sie wären *die besten Spielleute der oberen Steiermark*, und über die auf Geigen und Hackbrettern gespielte Musik meinte er, dass *die Melodien gemütlich, sanft und nicht lärmend* wären. Als durch eine Initiative der »Gesellschaft der Musikfreunde in Wien« Volksmusik in den Ländern der Monarchie gesammelt wurde, nahm sich Johann der Angelegenheit in der Steiermark an und ließ teils selbst, teils über das Joanneum

Material zusammentragen. Später stiftete er auch Preise für Volkslieder. Auf Anregung des Historikers Julius Franz Borgis Schneller kam es schließlich zur Gründung des »Steirischen Musikvereins« in Graz. Johann erklärte sich bereit, als Protektor zu fungieren. Immerhin führte man in Graz auch bereits laufend Opern auf. Später hielt Johann einmal in seinem Tagebuch fest, dass er Mozarts »Zauberflöte« besucht habe: *Die Musik war herrlich, die Aufführung höchst mittelmäßig.*

Johanns Kontakte mit Literaten und Schriftstellern werden uns noch beschäftigen – waren diese doch in den politischen Prozess des Vormärz eingebunden.

Jedenfalls hatte Johann auch ein Gespür für literarische Talente. Zeit seines Lebens umgaben ihn populäre Poeten. Johann Ritter von Kalchberg etwa war ein beachteter Lyriker und historischer Literat, als ihn Johann zum Kurator des Joanneums machte; und wie mit Kalchberg war Johann auch eng mit dem Nahost- und Levante-Reisenden Anton Graf Prokesch befreundet. Ein literarischer Freund Johanns war wohl auch Ladislaus Pyrker, der von den Zeitgenossen stets mit Franz Grillparzer in einem Atemzug genannt wurde, weil auch er aus einer Unzahl von historischen Stoffen schöpfte. Pyrker war Zisterzienser, wurde Abt in Lilienfeld, später Patriarch von Venedig und beendete sein Leben als Erzbischof von Erlau in Ungarn. Wiederholt trafen Johann und Pyrker auf dem Brandhof, in Wien und Gastein zusammen. Der Erzbischof nahm auch die Weihe der Brandhof-Kapelle vor. Auch der Orientalist Hammer-Purgstall stand Johann nahe. Sein Roman »Die Gallerin auf der Riegersburg« erregte großes Aufsehen in der Steiermark. Johann Gabriel Seidl widmete sein Werk »Bifolion« dem Erzherzog – und verfiel der Zensur. Ein paar Jahre später überhöhte sich Johann in einer melancholischen Stunde für sie alle – die Künstler, Schriftsteller, Musikanten – zum zeitlosen Fürsprecher: *Es wird eine Zeit kommen, wo man einsehen wird, was ich gewollt, was ich getan, wie und wofür ich gelebt – und wo viele mich werden aus dem Boden herauszukratzen wünschen … der Same, den ich ausgestreut habe und noch ausstreue, wird einst Früchte tragen.*

Die letzten Jahre der Regierungszeit von Franz I. – Träger einer eigenen Kaiserkrone, der ehrwürdigen ungarischen Stephans- und der nicht minder bedeutenden böhmischen Wenzelskrone, der Eisernen Krone der Lombardei etc., etc. bieten ein trübes und äußerst unerfreuliches Bild. 1826 hatte der Kaiser eine schwere Krankheit überstanden. Die Streitereien zwischen Metternich und Kolowrat, deren jeweilige Lager einander wechselweise lähmten, vergifteten die öffentliche Atmosphäre. Intrigen und systematische Bespitzelung erreichten traurige Höhepunkte. Franz, der unter dem Einfluss seiner frommen Gemahlin Merkmale von Bigotterie zeigte, wurde noch unentschlossener und zog sich zeitweilig fast völlig vom Geschehen zurück.

Der starke Druck, den das System auf die geistig aktiven Untertanen ausübte (und der alles andere als die Bezeichnung »Heilige Allianz« verdient), war in jeder Beziehung lähmend. Tatkraft sollte bei den Untertanen nicht geweckt werden, »weil dadurch der Gehorsam leiden könnte«, wie ein zeitgenössischer Kritiker meinte. Ruhe also um jeden Preis!

Umso unerwarteter beschäftigte 1830 die Kunde von der Revolution in Frankreich den kaiserlichen Hof in Wien. Gegen das Regime des reaktionären Königs Karls X. traten liberale wie bonapartistische Teile des Bürgertums an; vor allem aber fanden sie Unterstützung bei der Arbeiterschaft, die soziale Reformen verlangte. Ein berühmtes Bild des Malers Eugène Delacroix zeigt Revolutionäre auf der Barrikade, die zu allem bereit waren – die einen mit Zylinder und Stiefel bekleidet, mit Gewehren bewaffnet, die anderen mit offenem Hemd und zerrissenen Hosen. Angeführt werden die Revolutionäre von der allegorischen »Freiheit« – die Trikolore in der Hand.

Karl X. floh Ende Juli nach England, der »Bürgerkönig« Louis-Philippe aus dem Hause Orleans eroberte sich den Thron: Die liberale Bourgeoisie hatte in Frankreich ihre Herrschaft angetreten.

Kaiser Franz in Wien zog aus den Pariser Ereignissen freilich keine unmittelbaren Konsequenzen. »Wenn ich die Freiheit der Presse zugestehen würde, die in Frankreich herrscht, wäre in sechs Monaten der ruhige Geist hier verkehrt. Man verlangt von mir neue Konstitutionen, ich schlage sie immer ab«, erklärte er. Franz Grillparzer hingegen schrieb angesichts der Pariser Ereignisse in sein Tagebuch: »Die Franzosen haben den König verjagt, der sie zu einer Art Österreicher zu machen versucht, was denn, bürgerlich und politisch genommen, offenbar das Schlimmste ist, was man irgend werden kann.«

Und Johann? Im Gegensatz zu Metternich war er 1830 der Auffassung, dass man die gemäßigten Kräfte in Frankreich stützen sollte, die nach dem Herzog gerufen hatten. *Wenn die napoleonische Partei keinen Ausweg sieht,* notierte er, *so wird sie sich mit den Republikanern verbünden, und dann kommt es zu blutigen Ausschreitungen.*

Mittlerweile aber richtete sich das Augenmerk in Wien primär auf den österreichischen Thronfolger – auf Kronprinz Ferdinand. Kaiser Franz, durch seine Frau und seine Ärzte von allen Anstrengungen ferngehalten, musste jetzt wohl oder übel die Frage seiner Nachfolge regeln. Dabei konnte er davon ausgehen, dass die Regierung für den erstgeborenen Sohn Ferdinand zahlreiche Probleme aufwerfen würde. Der Thronfolger litt von klein an unter Rachitis, und – wie sein Onkel Karl – an epileptischen Anfällen. Vor allem aber hatte seine Umgebung schon in der Kindheit Ferdinands Geistesschwäche – um nicht zu sagen – Debilität konstatiert. Ein verfehltes Erziehungssystem hatte überdies die wenigen erfreulichen Anlagen wahrscheinlich noch weiter irritiert. *Ganz unfähig zum Regieren,* hatte Johann schon 1817 geschrieben: *Schwach an Körper (und) im Geist, so dass es oft zum Verzweifeln ist.*

1831 heiratete Ferdinand die Tochter des Königs von Sardinien. Auch Johann mag wohl gehofft haben, dass die Ehe einen bessernden Einfluss auf den künftigen Monarchen ausüben würde. Um später festzustellen, dass dem nicht so war – vielmehr hatte Maria Anna geradezu verwandte psychische Probleme: *So sind Ansichten eingetreten, welche man nur bei Narren findet und eine gänzliche Unkenntnis der Welt... es beschränkt sich alles auf finstere Begriffe und sie wandelt in einem Irrgarten von Skrupeln, aus welchen sie sich zu retten nicht vermag.*

Aber was nützten diese Einsichten? Ferdinand blieb der im Sinne des Legitimitätsprinzips zur Thronfolge bestimmte Erste, was wohl auch be-

sonders schmerzlich Ferdinands Bruder, den talentierten Franz Karl und dessen ehrgeizige Frau Sophie (die Eltern des späteren Kaisers Franz Joseph) treffen musste.
So blieb alles in der Schwebe, und Kaiser Franz, entschlossen, die Geschäfte bis zum letzten Atemzug nicht abzugeben, dürfte auch keinerlei ernsthafte Überlegungen angestellt haben, seinem debilen Sohn entweder den jungen Franz Karl oder irgendeinen seiner eigenen Brüder an die Seite zu stellen. Wiewohl sich Johann natürlich erhoffte, im Fall des Todes von Franz endlich zu offiziellen politischen Aufgaben für die Gesamtmonarchie herangezogen zu werden. Er mag sich wohl sogar vorgestellt haben, eine führende Rolle unter dem neuen Monarchen spielen zu können.
Dennoch empfand es Johann als hoffnungsvolles Vorzeichen, dass er im Sommer 1830 seine Frau Anna dem stolzen kaiserlichen Bruder präsentieren konnte. Der Kaiser befand sich auf der Rückreise von Laibach nach Wien und besuchte Johann zuerst in Pickern, dann in Graz. Mit einer Einschränkung: Johann dürfe ihm seine Frau nur inoffiziell und im Geheimen vorstellen.
Anna verbeugte sich vor ihrem Schwager und küsste ihm die Hand, die er ihr gab. Es stellte sich heraus, dass Franz noch immer der Meinung war, dass sie und Johann für die Öffentlichkeit unverheiratet wären; Johann hatte ja – dem Wunsch entsprechend – die Trauung im Stillen vollziehen lassen.
Also kam es erst jetzt dazu, dass der Kaiser höchstgnädig seinem Bruder gestattete, seine Ehe auch publik zu machen – »damit jeder Schein von Unregelmäßigkeit verschwinde«. Ein dankbarer Johann konnte daher feststellen, dass *endlich das Verbergen einer gesetzmäßigen Sache und die vielen Unzukömmlichkeiten behoben wären.* Dass das Ganze ein Spiel mit tragischem Hintergrund – und eine Clownerie sondergleichen – gewesen war, wollte Johann jetzt für vergessen, verdrängt und verziehen erklären.
1834 hielt es Johann dann aber doch für vertretbar, für Anna auch eine den aristokratischen Standesregeln entsprechende Lösung anzustreben. Er wollte, dass Anna auch *in den höheren Zirkeln* verkehren könne. War das ein Verrat an seinen eigenen Prinzipien? Nun, jedermann kannte Johanns

Ansichten über den Geburtsadel, und daher darf man sein Bemühen als eine praktische Sache verstehen. Vielleicht mutmaßte er auch, dass seine mögliche Teilnahme an einer Regentschaft – im Falle der Thronbesteigung des debilen Ferdinands – einen solchen Schritt empfahl. Die Kaiserin, die vom kranken Kaiser mit der Lösung des Problems beauftragt wurde, war schließlich einverstanden, dass der Brandhof in ein so genanntes Freigut umgewandelt und Anna damit in den Freiherrnstand – also in die niederste Stufe der adeligen Rangskala – erhoben werden konnte. Johanns Frau sollte »von Brandhofen« heißen und ein Wappen führen dürfen. Und nachdem auch noch mit Metternich verhandelt wurde, dieser aber einverstanden war, konnte Anna nun auch »offiziell« der kaiserlichen Familie als »Freiin von Brandhofen« vorgestellt werden. So schlug am 28. Dezember 1834 Annas große Stunde – ein Sieg nach einem mehr als zehnjährigen Kampf: Um 12 Uhr mittags führte sie Johann durch die langen Gänge der Hofburg bis zum Arbeitszimmer des Kaisers. Dort befanden sich Franz und die Kaiserin. Anna beugte ehrerbietig vor dem hohen Paar das Knie – doch Karoline-Augusta erhob sie und küsste die Postmeisterstochter aus Bad Aussee auf die Wange. Was mag das einfache Kind aus der Steiermark wohl empfunden haben? Es kam zu einem lockeren Gespräch. Das kaiserliche Paar erkundigte sich bei Anna nach Lebensweise, Vorlieben und Gewohnheiten; und Johann hatte nun kein anderes Ziel mehr als jenes, dass man seine Frau *lieb gewinne.*

Zwei Monate nach diesem Besuch Johanns und Annas erkrankte Kaiser Franz an einer Lungenentzündung. Das hielt aber Fürst Metternich und andere Mitglieder der besten Gesellschaft Wiens nicht ab, einen Ball zu besuchen. Es war Faschingszeit.

Ende Februar verschlimmerte sich der Zustand des Kaisers.

Seinem ältesten Sohn Ferdinand wurden daraufhin zwei Schreiben übergeben, die das politische Testament von Franz enthielten. Der regierende Monarch legte darin seinem Sohn ans Herz, die von ihm vorgezeichnete Politik fortzusetzen und »nichts an den Grundlagen des Staatsgebäudes zu verrücken«. Sodann bestimmte Franz, dass sein Bruder Ludwig und Fürst Metternich den künftigen Kaiser beraten sollten. Ludwig war – jedermann wusste es zu diesem Zeitpunkt längst in Wien – der unbedeutendste und einfältigste unter den Söhnen Kaiser Leopolds II. Die politisch talentiertesten – Johann und Karl – wurden nicht einmal erwähnt. Damit war klar, dass das eigentliche Regiment unter dem künftigen Kaiser auch weiterhin Metternich innehaben würde, *der böse Geist neben dem guten Herrn*, wie Johann in einer Wahrheitsanwandlung die Konstellation beschönigte.

Nun vertraten die Gegner des Staatskanzlers damals (und bis heute) die These, dass Metternich dem kranken Kaiser in einer schwachen Stunde das eigenartige, alles bestimmende Testament unterlegt hätte. Die Verteidiger Metternichs hingegen meinen, dass diese Vorgangsweise staatspolitisch richtig und menschlich korrekt gewesen wäre. Die Wahrheit ist wohl, dass Ferdinand, den die Geschichte später gnädig den »Gütigen« nennen sollte, zur Selbstständigkeit nicht fähig war; andererseits aber die Monarchie zu viele Probleme zu lösen hatte, um sie durch ehrgeizige Veränderungen zu gefährden.

Johann war, als sein Bruder im Sterben lag, in der Steiermark und konnte in keiner Weise in das unmittelbare Geschehen eingreifen. Am 1. März erhielt er die Nachricht von der Verschlimmerung des Zustands; er ließ sofort anspannen und fuhr bei Sturm und Schnee nach Wien. Als er in der Hofburg eintraf, war Franz bereits tot. Höflich notierte er im »Brandhofer«, was er empfand: *Dieser Verlust schlug eine tiefe Wunde in das Herz.* Metternich hingegen sorgte sich, dass Kundgebungen stattfinden könnten – und ließ noch am Abend des Todestages vorsorglich Verhaftungen vornehmen. Der Dichter Franz Grillparzer will gesehen haben, wie die Wiener mit »heiteren Gesichtern« den Tod des Kaisers Franz aufnahmen; die Österreicher liebten, so bemerkte er sarkastisch, ihren Kaiser »wie Desdemona den Othello«.

Und tatsächlich begannen – kaum dass Kaiser Franz in der Kapuzinergruft beigesetzt war – die Intrigen in der Hofburg üppig zu blühen. Auch Johann erfuhr nun von den beiden Testamenten, die die Familie, den Hof und den Staat vor ein Fait Accompli stellten. Als erste fand die ehrgeizige Sophie, die Schwägerin des neuen Kaisers, ihre Contenance wieder. Sie hielt Ferdinand für ungeeignet und versuchte, ihren Mann in eine Art Regentschaft bugsieren zu können. Erzherzog Karl, der alt gewordene Löwe von Aspern, hoffte, jetzt wenigstens wieder auf die Armee einen Einfluss gewinnen zu können. Später forderte er dann ultimativ den Oberbefehl, um schließlich lediglich zu erreichen, bei den Staatskonferenzen »dabei zu sitzen«. Johann tadelte das rasche Vorgehen Karls scharf, weil man besser langsam hätte vorgehen sollen, *statt die Sache übers Knie zu brechen und der Regierung vorschreiben zu wollen.*

»Der gute Herr«: Kaiser Ferdinand I., Gemälde von Friedrich von Amerling

Und da war aber auch Graf Kolowrat, Metternichs langjähriger Gegenspieler. Auch er war im Testament von Franz nicht erwähnt worden und musste fürchten, jetzt völlig kaltgestellt zu werden. Nun war Kolowrat in den letzten Lebensjahren des alten Kaisers in gewissem Sinn eine Außenstelle für Johann in Wien gewesen. Der Erzherzog hielt den Grafen stets für geeignet, Metternich in Schach zu halten; und wiederholt hatte Kolowrat auch für Johann interveniert.

Verständlich, dass Johann sofort Kolowrats Vorgehen unterstützte. Geschickt hatte es der Minister bereits seit Jahren verstanden, Ressentiments zu schüren und das Schreckgespenst einer Metternichschen Alleinherrschaft überall in grellen Farben darzustellen. Johann unterstützte diese Thesen des böhmischen Kavaliers und brachte seinerseits seine eigenen Ressentiments zum Ausdruck: *Metternich weicht jeder klaren Antwort aus, er ist der Mann der Umstände, der immer laviert.* Seine Schwächen seien unübersehbar und Metternich wäre auch nicht mehr

der Jüngste: *Zwar ist noch Witz da, aber die Ausdauer für ernste Geschäfte und das untrügliche Gedächtnis sind im Sinken.*
Kolowrat gegen Metternich, der Staatskanzler gegen den Erzherzog Karl, Sophie und Franz Karl gegen den neuen, geistig behinderten Kaiser. Das Chaos begann zum System zu werden. Und Johann? Der wollte und konnte nicht so recht einsehen, dass er weder die Voraussetzungen für den Kleinkrieg am Hof noch die Klugheit zur Intrige in der Familie besaß. Johann floh – wohin auch sonst? – zuerst in die Kritik: *So viel ist gewiss, dass alle gegeneinander sind, dass in ihren Reden, die bis zu Schmähungen gehen, überall etwas Wahres zugrunde liegt, dass um dieses herauszufinden (aber) Unbefangenheit ohne vorgefasste Meinung in Sache und Personen erforderlich ist.* Nichts würde erledigt werden, Metternich sehe nur zu. Sogar Kolowrat wird kritisiert: Er mache nichts und komme nur in sein Büro, um zu *plauschen* und dann nach Hause zu eilen, wo er mit *Duzbrüderln* rauche, sich unterhalte und ins Theater gehe. Ludwig, sein Bruder – *der gute, liebe Ludwig* – wolle nicht durchgreifen.
Dann aber kommt Johann von einer Momentaufnahme zu einer umfassenden Diagnose über Österreich – und sie klingt geradezu grillparzerisch: *Bei uns ist alles so langsam, so dass wir stets den Moment versäumen, überall zu spät kommen, überall beseitigt werden. Wir setzen bloß auf Gespenster und versäumen das Wichtigste.* Und in Vorahnung einer Grundstimmung, die sich nun bis 1848 verdichten sollte: *Indes tauchen doch allenthalben Zeichen empor, die denken machen sollten.*
Als durch die Einführung einer neuen Ordnung in die Staatskonferenz feststand, dass Erzherzog Ludwig, Metternich und Kolowrat gleichberechtigt sein würden, genügte dies Kolowrat. Es war ihm gelungen, Metternich weitgehend auf die Außenpolitik zu beschränken, die inneren und Finanzangelegenheiten aber in seiner Hand zu behalten, sogar noch auszubauen. Namhafte Historiker und Biografen Metternichs machen Erzherzog Johann angesichts seines Ehrgeizes nach Einschaltung in die Politik für die unglückliche Konstruktion einer sich selbst lähmenden Staatskonferenz verantwortlich. Sie verweisen darauf, dass Johanns Intervention schuld daran gewesen sei, Metternich ausreichenden Spielraum zum Wirksamwerden des Intellekts und des Talents zu lassen. Aber

man übersieht wohl, dass Metternich selbst maßgeblichen Einfluss auf das politische Testament Kaiser Franz' hatte, und dass die zentralen, wesentlichen Fehler doch wohl in der Krönung eines Schwachsinnigen bestanden.

Nun bildet fraglos die Regierungszeit Ferdinands I. die unerfreulichste Phase der Geschichte Österreichs im 19. Jahrhundert.

Soziale Spannungen und die bereits spürbar werdenden Folgen der ersten Industrialisierungswelle belasteten die Monarchie. Dazu gesellten sich Bürokratismus, die Standesdünkel einer herrschenden Kamarilla – und vor allem die latente, in nichts nachlassende Knebelung der Intelligenz und des Bürgertums durch ein rigoroses Polizeisystem sowie eine dümmliche Zensurgesetzgebung. All das lähmte die wachen Kräfte des Volkes und ließ schwarze Legenden entstehen, die üppige Verbreitung und Widerhall fanden – vor allem in und über das Ausland.

Nun ist interessant, dass sich Johann nur am Rande zu Fragen der Zensurpolitik äußerte. Sie waren allerdings für ihn natürlich auch nicht so unmittelbar brennend. Dennoch war er wütend, als etwa die Wiener Zensurstelle 1839 dem Joanneum verbot, literarische und wissenschaftliche Zeitschriften aus dem Ausland zu bestellen. *Wäre es nicht besser, alle die elenden Mode-Journale, Theaterzeitungen etc., dieses schale, elende Zeug, was die Einbildungskraft reizet und gar keinen Gehalt hat, zu verbieten, als das, was auf ernstem Studium steht? Glaubt man, dass man durch jene Mittel die Gewährleistung der Ruhe hat? Oder ist ein weiches, hysterisches Volk nicht weit mehr gefährlich, da alles Edle, Kräftige zuletzt – schwindet?*

Er kenne die widerlichen Grundsätze, die die Zensurbehörde leiten würden, schrieb er an den Dichter und Joanneums-Kurator Johann von Kalchberg, aber man solle dennoch nicht gegen diese verstoßen. Er war überzeugt, dass man ständig hinter ihm her war, ihn bespitzelte und seine Briefe abfing. So füllen denn auch die vertraulichen Berichte der Polizei über den Erzherzog einige Faszikel des Verwaltungsarchivs in Wien. Auch die Tätigkeit des Joanneums und die Veranstaltungen der Landwirtschaftsgesellschaft wurden weiterhin eifrig observiert. Metternich sah keinen Grund, Johann zu vertrauen, und Johanns Eintreten für Kolowrat in den Jahren 1835 und 1836 machten den Kanzler umso misstrauischer –

wenngleich sich sein arroganter Zungenschlag in eine gewisse förmliche Weichheit wandelte. Mag sein, dass Johann dem eitlen Fürsten auch zunehmend einen gewissen Respekt abforderte, konnte dieser doch die Leistungen Johanns in der Steiermark nicht mehr ignorieren, musste er doch Johann als innenpolitischen Faktor berücksichtigen. Was er schließlich am vehementesten zu verhindern versuchte, war Johanns Einfluss auf die Außenpolitik der Monarchie. Er hielt Johann für einen diplomatischen Dilettanten – was weitgehend wohl auch zutraf. Aber war das gerecht? Johanns Einschätzungen lesen sich heute wie weitsichtige, kluge Prophezeiungen, Jahrzehnte vorwegnehmend.

Johanns Interesse an der Außenpolitik war immer ungebrochen. Er hatte zwar zuerst nur mittelbar mit außenpolitischen Fragen – während der Freiheitskriege und in seiner führenden Funktion im Hofkriegsrat – zu tun; und dann im »Alpenbund« ein außenpolitisches Abenteuer unternommen. Seit damals stand er rational wie emotionell im Gegensatz zum Außenpolitiker Metternich – und dementsprechend urteilte er auch über den »Kutscher Europas«. Er verurteilte die leichtfertige Art, in der man am Ballhausplatz über die Völker verfügte; in gewissem Maß trat er schon sehr früh für eine Art von Selbstbestimmung ein, wenn er es als frivol empfand, wie man am Wiener Kongress eine *Länderstückelei* betrieb und wie die Monarchen einen *jämmerlichen Handel mit Ländern und Menschen* betrieben.

Mit dieser Haltung musste Johann zum Verteidiger von nationaler Emanzipation werden und er verstand sich bald als Anwalt aller jener Völker, die ihr Geschick in die eigene Hand nehmen wollten. Dadurch aber rückte er in die Nähe der diversen Aufrührer, die für Freiheit, Selbstbestimmung und Selbstregierung eintraten: In Griechenland, in Frankreich, in Polen – und auch in deutschen Landen und bei den Völkerschaften der österreichischen Krone. Damit stand Johann bald im vehementen Gegensatz zur offiziellen österreichischen Außenpolitik.

Die Erhaltung des Gleichgewichts unter den Großmächten würde, so meinte Metternich, die maximale Friedenssicherung garantieren. Entscheidend sei stets ausschließlich das Wollen der Regierungen. Johann hingegen hielt die Stärkung von Recht, Edelmut und Gewissen bei den

Völkern für notwendig, denn der Erzherzog meinte, dass durch die Verletzung von Bürgerrechten, durch das Niederhalten von gesellschaftlichen Gruppen – ja ganzer Nationen – eine Friedensordnung auf Dauer nicht gesichert werden könnte – und schließlich eine falsche Innenpolitik nicht mit einer richtigen Außenpolitik zu vereinbaren wäre.

1848
Marczius
15

Das neue Europa wird sichtbar

Blenden wir zurück: Europa war am Ende der Ära Napoleon ein zerrissenes und umgeformtes Gebilde. Der selbsternannte Kaiser der Franzosen war mit seinen Soldatenstiefeln quer über den Kontinent getrampelt – er hatte annektiert, okkupiert, da einen Teil losgerissen, dort einen Pseudokönig von Frankreichs Gnaden eingesetzt. Die Friedensschlüsse mit Österreich – in Campoformio, Luneville, Pressburg und Schönbrunn – hatten auch aus dem habsburgischen Kaiserstaat einen Torso gemacht. Wie ein Spuk hatte nach Waterloo Napoleons Herrschaft ein nicht mehr umkehrbares Ende gewonnen; jetzt waren die alten Monarchen wieder aus ihren Schlupfwinkeln und Verbannungsorten zurückgekehrt und hatten auf dem Wiener Kongress die Wiederherstellung der alten Ordnung beschlossen – freilich mit Modifikationen.

1814, als alles noch in Gärung war, schrieb Johann prophetisch in sein Tagebuch: *Solche Fürsten sind eine Geißel und ein Gräuel, ist es denn ein Wunder, wenn die Völker daran denken, sich von ihnen loszumachen?* Als Österreich daher am Kongress große Teile Oberitaliens, vor allem die Lombardei, zugesprochen erhielten, nahm Johann dagegen Stellung: *Nie wäre ich über den Po und die Chiese gegangen.* Und Johann lehnte auch die freiheitsfeindliche Politik Russlands ab; der despotische Zarismus war ihm zutiefst zuwider – und erst recht jede Allianz.

Alexander Petöfi, Lyriker und Führer der nationalen Pester Jugend, deklamiert sein großes Freiheitsgedicht »Auf, Magyare!«: Zeitgesnössiche Zeichnung

Die erste Bewährungsprobe der Gleichgewichtsordnung Metternichs war schon 1821 eingetreten. Die Griechen, dieses vergessene Völkchen am unteren Ende des Balkans, hatten Jahrhunderte lang unter der Herrschaft der Türken gelitten, aber angesichts ihres kulturellen und religiösen Bewusstseins doch ihre nationale Identität bewahren können. Nun erhoben sie sich und versuchten, die türkische Fremdherrschaft in einer revolutionären Aufstandsbewegung abzuschütteln. Metternich empfand keine besondere Sympathie für die Türken, aber der Aufstand der Griechen bedeutete für ihn eine erhebliche Störung des Gleichgewichts und konnte Beispielswirkung haben. Ganz anders Johann: *Möge der Herr diese armen Teufel von der Tyrannei dieser rohen Türken befreien*, schrieb er voll von Griechen-Euphorie. Er verfolgte genau die Kampfhandlungen und war glücklich, als sich die Niederlage der Türken abzeichnete. *Gottlob, die Griechen halten sich*, schrieb er 1824 in sein Tagebuch. Und als es darum ging, für das befreite Griechenland eine neue Ordnung festzulegen, trat er dafür ein, dem Herzog von Reichstadt – dem in Wien ungeliebten Sohn Napoleons mit Marie-Louise – eine Aufgabe als Regent zu übertragen. Als schließlich jedoch der Kandidat Russlands, Otto von Bayern, die Krone Griechenlands erhielt, war Johann mit Recht – wie sich später zeigen sollte – skeptisch.
1830 stürzte die Bourbonenherrschaft in Frankreich zusammen. Louis-Philippe versprach Frankreich und den freien Geistern Europas eine liberale Politik, ein »Bürgerkönigtum«. Metternich trat dafür ein, den Brand auszutreten – und das durch ein bewaffnetes Vorgehen der Großmächte gegen Paris; Johann hingegen sprach sich, wo und wann immer er konnte, dagegen aus. Man müsse die Völker *durch eine zweckmäßige Regierung zufrieden stellen*, schrieb er, eine Intervention hielt er geradezu für Wahnsinn. Bald kam es zu Aufständen in Brüssel und in einigen Städten Flanderns. Die belgische Bevölkerung revoltierte gegen das künstliche Gebilde des Königreichs der »Vereinigten Niederlande.« Während Metternich eilfertig den Standpunkt vertrat, das Ganze sei im Zusammenhang mit den Vorfällen von Paris zu sehen, hielt Erzherzog Johann die Berücksichtigung der »Wünsche der Nation« für notwendig, weil man die Verschiedenheit der Völker beachten hätte müssen.
Vor allem aber loderte 1830 auch der Aufruhr in Polen auf. Johann war

Abfahrt des Dampfers »Franz I.« vom Prater in Wien nach Semlin, kolorierte Kreidelithografie von Franz Wolf

immer dafür eingetreten, Russland vom Westen fernzuhalten. Als sich nun die Polen erhoben, wertete dies Johann als *das größte Glück für Europa.* Aber Metternich dachte auch jetzt nicht daran, das fragile Gebilde seines Systems durch derartige nationale und revolutionäre Umtriebe stören zu lassen: Er ließ die Russen wissen, dass sich Österreich nicht einmischen würde, wenn sie gegen die aufsässigen Bürger polnischer Sprache mit Feuer und Schwert vorgehen würden – was auch in brutalster und blutigster Weise geschah. Johann war verzweifelt: *Ich möchte bittere Tränen weinen, dass die Mächte nicht die große Sünde sühnten und dies (polnische) Reich unabhängig herstellten.*

Reisen nach Preußen, Russland, Türkei und Griechenland

Nun hielt Johann mit seinen außenpolitischen Kontroversen nicht hinter dem Berg. Er vertrat geradezu systematisch eine zu Metternich im Gegensatz stehende Linie. Da kam dem Staatskanzler eine geniale Idee:

Er verfiel darauf, Johann für Repräsentationsaufgaben heranzuziehen und ihm auf diese Weise eine Schein-Funktion in der Außenpolitik zuzumessen. Offenbar unterschätzte er aber die Talente Johanns, dem bald im Ausland die Sympathien in ähnlicher Weise zuflogen wie im Inland. Und 1848 sollte sich schließlich zeigen, wie wichtig die Kontakte Johanns auf außenpolitischem Parkett gewesen waren – vor allem im Hinblick auf die deutsche Szene.

1835 war Johann als offizieller österreichischer Vertreter zu den Manövern der preußischen Armee nach Liegnitz entsandt worden. Kurze Zeit später reiste er zu den russischen Manövern in das Gebiet von Kalisch. Die politisch aber interessanteste Reise führte den Erzherzog in die Türkei und nach Griechenland.

Es ist bemerkenswert, dass der Plan, Johann zum Zaren, zum Sultan und zum neuen griechischen König zu schicken, jegliche Unterstützung durch Metternich fand, wahrscheinlich sogar von ihm inspiriert war. Und sicher spielte dabei die Überlegung eine Rolle, dass Johann auch für eine gewisse Zeit vom Wiener Hof entfernt bleiben würde.

Am 30. August 1837 betrat Johann russischen Boden und bemerkte – im polnischen Gebiet – noch die Spuren des sechs Jahre zurückliegenden Aufstands. Er beklagte die *eiserne Rute*, die allgemeine Despotie, der er ansichtig wurde und die Armut des Volkes.

Und so wie einst die Zarin Katharina für Johanns Onkel Joseph II. ein unangemessen pompöses Schauspiel russischer Machtentfaltung demonstrierten, geschah es nun für Johann: Manöver wechselten mit Theateraufführungen, Bankette mit Rundfahrten. Johann wurde auch zum Chef eines Sappeur-Bataillons der russischen Armee ernannt.

Nach einem Monat Aufenthalt in Russland betrat Johann am 1. Okto-

Farbteil 4, Seite 1: Die Eröffnung des österreichischen Reichstages in der Winterreitschule in Wien durch Erzherzog Johann (1848, erster von links). Kolorierte Lithografie von Albrecht
Seite 2–3: Verteilung von Waffen an die Studenten der Wiener Universität aus den Beständen des Bürgerlichen Zeughauses. Kolorierte Kreidelithografie von Ferdinand Hofbauer
Seite 4: Barrikaden in den Wiener Straßen, zeitgenössische Darstellung

ber sodann in Jalta das Deck des österreichischen Schiffes »Maria Anna«, um sich nach Konstantinopel einzuschiffen. Er nahm einen guten persönlichen Eindruck vom Zaren und dessen Frau mit, die sich beide persönlich von Johann verabschiedeten. Aber er war hellhörig genug, hinter den russischen Vertrauensbeweisen auch die ständigen Gelüste herauszuhören, die zaristische Macht auf Kosten der Nachbarn zu vergrößern. *Wir müssen stets auf unserer Hut sein*, schrieb er an Metternich; zugleich aber auch: *Jeder Krieg mit Russland wäre eine Torheit.*

Der Kontrast, der Johann in der Türkei empfing, muss überaus krass gewesen sein. Nach einer sehr stürmischen Überfahrt, bei der Johanns Schiff im Schwarzen Meer havariert wurde, stand er dem Sultan gegenüber. Mahmut II. war ein unsicherer, schwieriger Mensch, dem Johann auch sofort die innere Unsicherheit anmerkte.

Einen besseren Eindruck gewann Johann von dessen Schwiegersohn, Halil Pascha, mit dem er vor allem militärpolitische Probleme diskutierte. In den politischen Gesprächen ermunterte Johann die Türken zu einer fortschrittlicheren Politik. Er machte das despotische System der Einschüchterung der eigenen Bevölkerung für die innere und äußere Schwäche des Osmanischen Reiches verantwortlich – und er drängte dezent darauf, dass sich die Türken von fremden Einflüssen frei halten sollten. Johann machte dem Sultan und dessen Schwiegersohn das Offert, möglichst viele junge Türken nach Wien zu schicken, um ihnen eine militärische Ausbildung zu ermöglichen; und er ermunterte seine Gastgeber, die Modernisierung ihrer Armee voranzutreiben und vor allem das Artilleriewesen zu verbessern.

Am 20. Oktober 1837 passierte Johanns Schiff die Dardanellen und steuerte Griechenland an. In Athen traf der Erzherzog nicht nur auf den griechischen Wittelsbacherkönig Otto I., sondern auch auf eine große bayerische Kolonie – und seinen Freund Prokesch von Osten, Österreichs Botschafter. Die bayerischen Beamten hielt er allerdings für Doktrinäre, weil sie keinen Zugang zum griechischen Volk fanden, das sie vielmehr verachteten und von oben herab behandelten. Dem König empfahl Johann daher eine volksverbundene Politik, er schlug ihm Reisen durch das ganze Land und eine bessere Kirchenpolitik vor.

Hatte Johanns Mittelmeerreise mit ihrem exotischen Reiz Johanns Fantasie von der zentraleuropäischen Szene etwas abgelenkt, so sah er, wieder zu Hause, Gewitterwolken aufsteigen. Tatsächlich krachte das System der »Heiligen Allianz« in allen Fugen. Das Zeitalter des Kolonialismus war längst angebrochen, die Interessen der Großmächte in Übersee führten zu erhöhten Spannungen. Frankreich glaubte sich im Nahen Osten verkürzt, in Deutschland erwachten nationalistische Tendenzen. Metternichs Therapie war stets gleich bleibend: Durch Diplomatie behutsam und konsequent Unruheherde ausschalten und Konflikte abwiegeln. Vielfach war aber weder das Bedürfnis nach dem Gleichgewicht vorhanden, noch existierte die Bereitschaft, das Unverrückbare als etwas Wertvolles anzusehen. Neue Kräfte machten sich frei, und immer mehr Stimmen wurden laut, die für Änderungen eintraten – und sei es um den Preis des Blutvergießens.

Nun hielt Johann in erster Linie ein Zusammengehen Österreichs und Preußens für notwendig. Würde es, wie es 1840 den Anschein hatte, zu einem Konflikt mit Frankreich kommen, dann sollten die beiden deutschen Mächte *treu ausharren, nicht in zweiter Linie stehen, sondern in erster Linie, wenn es gelten soll, den Krieg gegen des Feindes Hauptstadt zu führen.* Und Johann, mittlerweile auch zum Feldmarschall ernannt, ging sogar daran, einen Plan für die Mobilisierung der österreichischen Truppen auszuarbeiten. Es war wohl eher eine Schreibtischwichtigtuerei, weil die realen Umstände von Johann falsch eingeschätzt wurden. 120.000 Mann wollte er in Deutschland aufmarschieren lassen, 50.000 Mann in Italien.

Glücklicherweise entspannte sich aber der Konflikt mit Frankreich wieder, was Metternich als einen Sieg seiner Nichteinmischungsstrategie bezeichnete, während Johann nur von einer Politik des Hinausschiebens sprach.

Nun sah Metternich über Johanns Rolle – je älter er wurde – offensichtlich immer öfter hinweg. Er suchte sogar Kontakt mit Johann und war es auch, der 1842 den Vorschlag machte, den Erzherzog neuerlich als offiziellen Vertreter Österreichs zu groß angelegten Manövern Preußens in die preußische Rheinprovinz zu entsenden. Die Manöver bildeten nämlich nur den äußeren Rahmen für eine Zusammenkunft der Vertre-

Denkschrift
über die gegenwärtigen Zustände der
Censur
in
Oesterreich.

Denkschrift über die Zensur in Österreich

ter der großen Mächte. Johann war begeistert: *Auf deutschem Boden, wo Österreich einen Fürsprecher braucht, wo ein edler König herrscht, wo mir Sprache, Denkart und Geschichte geläufig sind, fühl ich mich recht am Platz.* Und dankbar schrieb er nun über Metternich: *Der Mann erkennt also, wo mein Platz ist.*

So gestaltete der Erzherzog seine Reise an den Rhein – vor allem aber die Rückreise – zu einer Demonstration gesamtdeutscher Einigkeit und gewann angesichts der Woge nationalen Überschwangs viele Herzen der nach Einheit rufenden deutschen bürgerlichen Intelligenz. Unter dem Namen eines »Grafen von Meran« wurde Johann – wie einst Joseph II. als »Graf von Falkenstein« – zugleich aber auch zum Symbol des »anderen« Österreichs. Die Parallelität war klug beabsichtigt: Johann auf den Spuren Josephs als ein Gegen-Metternich, von dem man überall wusste, dass er freiwillig zum steirischen Bürger geworden war und ein einfaches bürgerliches Mädchen zur Frau genommen hatte.

Am 2. Oktober 1842 traf Johann in Köln ein. Die folgenden Tage waren ausgefüllt mit Manöverbesuchen, Paraden, Soireen und Gesprächen in kleinem und größerem Kreis. Dabei stellte sich bald eine geheime, unausgesprochene Achse zwischen dem Preußenkönig und Johann her. Und als Friedrich Wilhelm ein Fest gab, formulierte Johann einen Trinkspruch, der seinen Weg durch ganz Deutschland nahm und zur geheimen Parole für das Jahr 1848 werden sollte: *So lange Preußen und Österreich, so lange das übrige Deutschland, soweit die deutsche Zunge klingt, einig sind, werden wir unerschütterlich dastehen wie die Felsen unserer Berge.* Eigenartig, wie wenige Worte langatmige Programme ersetzen können. Wie ein Satz einen historischen Funken zünden kann und wie sehr sich – auch ohne moderne Medien – Bewusstsein über Nacht bilden kann. Für die Deutschen war klar: Nicht mehr die alten Kräfte um Metternich bestimmen das deutsche Schicksal, sondern der neue, unruhige König aus Preußen und der grüne Erzherzog aus Österreich. Und überall und in allen Zirkeln und Salons, in den Kneipen und Hörsälen redete man nur noch von der deutschen Einheit, die ein heroisches Zeitalter einläuten würde.
Besser informiert, eingebunden in Verhandlungen und mit mancherlei Wissen über die Außenpolitik Österreichs ausgestattet, näherte sich dennoch Johanns Standpunkt jenem von Metternich. Ab etwa 1840 finden sich Bemerkungen Johanns, die erkennen lassen, dass er den nüchternen Analysen des Staatskanzlers die Zustimmung nicht versagen konnte: *Metternich hat richtige Ansichten, indessen konnte ich ihm zeigen, dass auch ich über den Gegenstand nachgedacht habe.* Und ein andermal: *Ich bin dem Fürsten mehr Freund als man glaubt, aber ich krieche nicht.*
Die Begründung: Beide – Johann und Metternich – stehen dem Phänomen ratlos gegenüber, dass sich die Konfliktherde in ganz Europa geradezu epidemisch vermehren. Da kommt es in der Schweiz zum Kampf der konservativen gegen die liberalen Kantone. Der »Kutscher Europas« wie der Schweiz-Kenner Johann unterstützen das »Gute und Alte«. Als 1846 in Krakau ein Aufstand losbricht, treten beide für eine militärische Lösung und die Annexion der alten Königstadt durch Österreich ein. In England sehen Metternich und Johann zunehmend einen »bösen Geist«

walten, Irland bildet ein »böses Geschwür«. Frankreich ist in einen haltlosen Zustand geraten, den der alternde Bürgerkönig schwer bewältigen kann; in Italien gärt es, und Johann sorgt sich um die österreichische Herrschaft. In Spanien herrscht eine *schlechte Weiberregierung*, und in Russland regiere nur dank eines *eisernen Szepters.*

Alles, so meint Johann, ziele auf eine eruptive und unvermeidlich explosive Entladung ab. *Bald wird weder Zeit noch Kraft, noch Vorsicht, noch Einwirken mehr ausreichen, um jenes Gewitter zu entfernen, welches alles zur Entscheidung bringen muss*, schreibt er ins Tagebuch. Und heftig, über Metternichs Stoizismus beunruhigt, notiert er: *Täusche ich mich oder sehen die anderen die Dinge nicht ein? Die Ruhe dieser Herren, der Gleichmut hat so etwas Narkotisches, dass man in Gefahr läuft, auch in eine ähnliche Verfassung zu kommen.*

Er tut dies aber nicht, vielmehr warnt er, bemüht sich um Änderungen, bittet, beschwört. Und immer wieder liest er der Hofburg-Kamarilla die Leviten: *Seit Kaiser Josephs Tod*, klagt Johann, *scheint es, dass man nicht nur nichts, sondern sogar manches schlechter gemacht hat.* Bürokratie, Schlampereien, Rücksichtslosigkeit bereiten ihm schlaflose Nächte, und er befürchtet sogar den Untergang der Dynastie: *Klein fing Habsburg und Lothringen an, es dürfte noch kleiner endigen.* Stand die Revolution unmittelbar bevor?

Die Grafen von Meran

Nun waren Johanns Gedanken in diesen Jahren vor 1848 nicht ausschließlich auf den »Lobbyismus« für seine Geschäfte und Gründungen im politischen und wirtschaftlichen Bereich konzentriert. Immer wieder zog er sich nämlich in seinen Brandhof zurück, und wir finden ihn, bürgerlich im Habitus, in diesen Jahren auch als Famlienmenschen – und seit 1839 als stolzen Vater. Zehn Jahre lang war die Ehe zwischen Anna und Johann kinderlos geblieben. Wir wissen nicht, welche Gründe dafür maßgebend gewesen sein mögen; sicherlich haben sich die beiden wohl mehreren Ärzten anvertraut. Die wiederholten Aufenthalte in Kurbädern, vor allem in Gastein, weisen auch auf die Anwendung traditioneller Bemühungen hin, die Kinderlosigkeit zu beenden. Johann selbst meinte, dass sein Alter (er war 1829, als er heiratete, immerhin schon im fünften Lebensjahrzehnt) für die Kinderlosigkeit ausschlaggebend war. Und Anna war mittlerweile auch aus den Jugendjahren heraus. Es war im Sommer 1838, als in Gastein das Unwohlsein Annas darauf hindeutete, dass sie schwanger war. Johann brachte sie nach Vordernberg zurück und reiste anschließend nach Mailand, wo Kaiser Ferdinand mit der Eisernen Krone der Lombardei gekrönt wurde. Am Comersee, nicht weit von Mailand, wo er Eisenwerke besuchte, erhielt

»Mein Sohn steht dem Haus Österreich näher als alle anderen«: Erzherzog Johann mit seiner Familie

Johann die Gewissheit in einem Brief: Anna würde ein Kind zur Welt bringen! Man kann sich die Freude des Erzherzogs vorstellen. Hatte er sich doch schon den Kopf darüber zerbrochen, wer einmal sein Erbe übernehmen würde.

Es war am 10. März 1839, als Johann bei Kaiser Ferdinand speiste und ihn die Mitteilung erreichte, dass bei Anna die Wehen eingesetzt hätten. Er eilte an das Wochenbett und fand sie in Schmerzen vor. Er blieb stundenlang bei ihr, auch die ganze Nacht vom 10. auf den 11. März. In den Morgenstunden war es endlich soweit. Johann ging ins Nebenzimmer, bis er den Ruf der Hebamme hörte: »Ein großes Kind, ein Knabe!« Man stelle sich die Szene vor: der 57jährige Mann, der so viel erlebt hatte und schon damit rechnete, kinderlos zu bleiben, hielt nun einen Erben, einen Stammhalter im Arm! Mit feuchten Augen – so schilderte er selbst – sei er zu einem Bild des Erlösers gegangen und habe dafür gebetet, dass der Knabe ein Vertreter der Wahrheit werden möge.

Anna war durch die Geburt außerordentlich geschwächt; es war eine schwere Geburt gewesen, nicht ohne Risiko. Sie versuchte, den Kleinen selbst zu stillen, jedoch ohne Erfolg. Johann ließ eine Amme kommen und veranlasste, dass das Kind so rasch wie möglich getauft wurde. Schon am Tag nach der Geburt wurde das Sakrament in der Wohnung Johanns gespendet – in Abwesenheit der Mutter. Johann bat den Pfarrer von St. Michael, der Pfarre nächst der Wiener Hofburg, die Taufe vorzunehmen. Und er bat seinen Bruder Ludwig, als Taufpate zu fungieren. Den Kaiser schloss er wohl gleich aus; und er lud auch keine weiteren Mitglieder seiner hohen Familie zu der Zeremonie ein.

Schnorr von Carolsfeld hielt die Taufszene fest: In seiner blauen Biedermeierwohnung, die er sich zwischen Michaelerplatz und Reitschulgasse eingerichtet hatte, war ein kleiner Altar aufgestellt worden. Die Hebamme, eine Frau Gruber, trug das Kind auf einem weißen Kissen; und neben ihr nahm der Taufpate, Erzherzog Ludwig, Aufstellung. Die engsten Mitarbeiter Johanns bildeten einen Halbkreis, unter ihnen Johanns Sekretär Zahlbruckner und der Gewerke Huber – beide waren seinerzeit bei der Eheschließung Annas mit Johann Trauzeugen am Brandhof gewesen. Johann selbst kniete auf einem rot ausgeschlagenen Betschemel

nieder, während der Priester das Taufgelöbnis sprach und das Kind auf den Namen Franz taufte.
Johann war nie ein Mensch übermäßiger religiöser Schwärmerei gewesen, sein Glaube war ursprünglich wohl vom Grunderlebnis der Aufklärung bestimmt worden. Wie die meisten Gebildeten seiner Zeit hatte er kirchenpolitisch den Josephinismus als bestimmende Kraft angesehen. Bald rückte Johann allerdings von den teilweise agnostischen Grundpositionen der überspitzten Aufklärer ab und hielt auch nicht allzu viel von den staatskirchlichen Reformen, wie sie sein Onkel Joseph in die politische Landschaft Österreichs eingefügt hatte. Später, als er die Natur als einen seelischen Gesundbrunnen entdeckte, mögen gewisse romantische Vorstellungen in sein Gottesbild eingeflossen sein: *Nur Gott ist in den Bergen über dem Menschen,* schwärmte er einmal, als er die Schönheit der hohen Alpengipfel beschrieb. Am Erzberg ließ er 1823 ein Kreuz aufstellen, weil das der Platz sei, *wo das Zeichen der Erlösung, der unendlichen Liebe am geeignetsten stehen* könne. Immer wieder finden sich in den Selbstzeugnissen Stellen, in denen Johann Gott gedankt haben will für die vielfältigsten Gnadenerweise; auch will er wiederholt Gott seine Sorgen und Kümmernisse gesagt haben.
Je älter Johann wurde, umso intensiver beschäftigte er sich mit religiösen Fragen, nicht im Sinn eines religiösen Pathos, wohl aber mit der bekennenden Sicherheit eines gefestigten Glaubens. Das hinderte ihn nicht, zu den Vertretern der Kirche ein durchaus differenziertes Verhältnis zu haben. Er stand den Reformorden der Jesuiten und Redemptoristen zeit seines Lebens sehr reserviert gegenüber. Die Mitglieder der Gesellschaft Jesu wollte er zwar in der Mission einsetzen, fürchtete aber deren politische Ambitionen, hierbei wohl sehr dem Klischee des Josephinismus folgend: *Gott bewahre uns vor solchen Körperschaften.* Auch gegen die Liguorianer (die später in der Revolution von 1848 zum Feindbild der Aufständischen wurden), hatte er Vorbehalte. Er hielt sie vor allem für ungebildet. Über die Politik des Vatikans hatte er sich schon mehrmals früher negativ geäußert. Die Kurie unter Gregor XVI. hielt er für starr, herrschsüchtig und konservativ, weshalb er auch fürchtete, dass sie über kurz oder lang ihre Bedeutung verlieren würde. Zu Bischöfen und Prie-

stern hatte er viel Kontakt. Und besonders oft war – nach seinem eigenen Bekunden – der dem Brandhof nahe gelegene Wallfahrtsort Mariazell ein Ort der Einkehr für ihn. *Nie betrete ich dieses Gotteshaus ohne Rührung*, schrieb er. Bemerkenswert ist allerdings, dass Johann zum Bischof von Seckau, Roman Sebastian Zängerle, wenig, ja praktisch keine Beziehungen aufnahm.
Auch nicht im Zusammenhang mit der Frage nach der familienrechtlichen Stellung des kleinen Franz – immerhin einem Nachfahren von Kaisern und Königen.

Titelprobleme?

Und da erhielt Johann erstaunlicherweise vom lebenserfahrenen Metternich entscheidende Unterstützung: Ein Umstand, der sicherlich das Verhältnis der beiden älter gewordenen Streithähne verbessern half. Schon als der kleine Franz geboren wurde, hatte der Staatskanzler in äußerst launigen Worten alles Gute gewünscht: »Ich als alter Praktiker weiß, was man während der Aktion (gemeint war die Geburt) zu leiden hat«. Tatsächlich war Metternich dreimal verheiratet gewesen und Vater von zwölf legitimen Kindern (die Zahl der illegitimen ist unbekannt). Johann sprach daraufhin mit Metternich darüber, wie sein von allen Ansprüchen des Erbhauses ausgeschlossenes Kind doch eine gewisse gesellschaftliche Stellung einnehmen könnte. Worauf dieser den Vorschlag machte, dem Kind eine Herrschaft in Deutschland zu übertragen. Den Titel eines »Grafen von Brandhof« hielt Metternich nämlich für unzweckmäßig; auch die Idee, einen »Graf von Habsburg« aus dem kleinen Franz zu zaubern, wurde bald verworfen.
Offenbar stellten sich in den Gesprächen auch gewisse Parallelen zum Herzog von Reichstadt – Napoleons Sohn mit Marie Louise – her. Aber die Entscheidung zog und zog sich hin, und trotz des offensichtlichen guten Willens brachte Metternich die Sache erst 1845 zu einem Ende. So schlug er schließlich vor, Franz den Titel eines »Grafen von Meran« zu geben (weil der Vater »viel im Gebirge« wäre). Das Kind sollte eine Dotation des Staates erhalten und Metternich meinte sogar, dass man es

später zum Herzog erheben könnte – womit Johann einverstanden war. Freilich: Hatten Titelprobleme für ihn, den Bauern und Bürger im Lodenanzug, wirklich einen solchen Stellenwert? Die Frage steht im Raum. Es hat den Anschein, als ob es Johann weniger um eine feudale Prestigeangelegenheit ging, als vielmehr um die Festigung seines eigenen Status – auch des Ernstgenommen-Werdens. Hatte man ihn schon zu einer Verzichterklärung gezwungen und war seine Frau jahrelang zur Unperson gestempelt worden, so sollten die durchlauchtigsten Schranzen jetzt wenigstens seinen Sohn zur Kenntnis nehmen. Eine Tagebucheintragung verrät auch diese Absicht: *Von einem Rang ist keine Rede, aber mein Sohn steht dem Haus Österreich näher als alle anderen und kann ihnen nicht nachstehen.*
Wie auch immer: Johann hatte erreicht, dass man seine Ehe nun nicht mehr länger als eine Mesalliance ansah und seinen Sohn nicht zur Unperson erklären konnte. 1842 bezog die Familie dann auch noch ein Palais in der steirischen Hauptstadt – das »Palais Meran« – nachdem Johann etwas früher die Herrschaft Stainz im Süden von Graz erworben hatte. 1844 konnte Johann angesichts seines wachsenden Vermögens aus den Eisenwerken in Vordernberg auch daran gehen, sich einen Jugendtraum zu erfüllen: Er kaufte das Schloss Schenna bei Meran in Südtirol und war nun wieder, wann immer er wollte, mitten unter seinen geliebten Tirolern. Tiefe Rührung hatte schon 1838 sein Besuch beim Enkel des legendären Andreas Hofer hervorgerufen. Freilich: Er war bereits so vielfältig an die Steiermark gebunden, dass er den Großteil des Jahres zwischen Brandhof, Graz und Stainz verbrachte. 1845 bereiste er mit Anna die Stätten, wo er einst in den Befreiungskriegen gekämpft hatte. Er kam nach Innsbruck, nach Lienz, durchquerte Südtirol und Oberitalien. Und auch in Venedig und Triest wurden ihm festliche Empfänge zuteil.
Erstmals konnten Johann und seine Frau nun aber auch ein Verkehrsmittel benutzen, für dessen Einsatz der Erzherzog jahrelang gekämpft hatte: die Eisenbahn. Es war im Jahr 1825 gewesen, als Johann bereits darauf hingewiesen hatte, dass auch Österreich die Entwicklungen des Eisenbahnwesens in den anderen Ländern prüfen und verfolgen sollte. Stevensons erste Lokomotive fuhr aber erst 1829 zwischen Liverpool und

Manchester. Johann schwebte eine zentrale Nord-Süd-Verbindung für die österreichische Monarchie vor, die von den böhmischen und mährischen Industriegebieten nach Wien und über Wiener Neustadt zum wichtigsten Hafen der Monarchie führen sollte – nach Triest. Und tatsächlich wurde 1836 der Bau der so genannt Nordbahn in Angriff genommen. Was den Weg von Wien nach Süden betraf, so führte dieser seit alters her über den Semmering. Aber es schien den Eisenbahnplanern undenkbar, die Bahn über den Gebirgsrücken zu trassieren. Man entschloss sich daher dazu, über das flache Westungarn auszuweichen. Damit aber wäre die Steiermark abgeschnitten geblieben, und die industriellen und gewerblichen Produkte des Landes wären vom Eisenbahntransport ausgeschlossen gewesen: Ein schwerer Schaden für die aufstrebenden Steirer.

Johann hatte die außerordentliche Gefahr als einer der ersten erkannt und in Wien die Bewilligung erwirkt, von Ingenieuren der kaiserlichen Pioniertruppen – er war ja nach wie vor Generalgeniedirektor – eine Vermessung des Semmerings *in Hinsicht auf Gefälle und Wendungen* untersuchen zu lassen. Ein Hauptmann Lobinger legte 1838 eine Reihe von Plänen vor, die den Einsatz von Pferdefuhrwerken beziehungsweise den geradezu utopisch anmutenden Einbau eines Schrägaufzuges am Semmering vorsahen. Ein Oberst Stregen hingegen war aufgrund von Vermessungen optimistisch, eine Trasse ausfindig machen zu können, die den Pass auch für Dampflokomotiven befahrbar machen würde. Johann selbst stellte mittlerweile statistische Angaben und Daten über das Verkehrs- und Warenaufkommen der Steiermark zusammen. Die Folge: Die Wiener Stellen ließen die Planungsvariante Westungarn fallen und forcierten den Südbahnbau von Wien bis Gloggnitz – also bis zum Fuß des Semmerings. Im Mai 1842 war diese Strecke fertig gestellt, parallel dazu wurde in der Steiermark gebaut. Und so konnte der Erzherzog am 21. Oktober 1844 persönlich die Eisenbahnlinie von Graz nach Mürzzuschlag eröffnen. Jetzt war die Steiermark eisenbahnmäßig erschlossen, die Obersteiermark und Graz rückten näher zusammen. Schließlich ging auch im Süden der Bahnbau weiter: Marburg, Cilli, schließlich Laibach wurden mit Graz verbunden, und blieb damit die Adria vom österreichischen Hinterland nicht länger getrennt.

Die erstaunlichen Erfolge der Steiermark dank Johanns Wirken machten die Stadt Graz nun aber auch zum Schauplatz eines bedeutenden wissenschaftlichen Treffens: der Versammlung deutscher Naturforscher und Ärzte im Herbst 1843. Diese Tagung brachte den »Bürger-Prinzen« in engen Kontakt mit einem wichtigen Teil der deutschen Intelligenz, mit den wichtigsten Naturwissenschaftlern Mitteleuropas. Erstmals konnten die auch aus dem hohen Norden angereisten Geistesgrößen dem legendären Erzherzog Aug' in Aug' gegenüberstehen. Und das Gerücht hatte sie nicht getäuscht. Die Versammlung gestaltete sich bald zu einer Huldigungsfeier für Johann und trug viel dazu bei, Johann zum Idol des bürgerlichen Deutschlands zu machen. Es waren Teilnehmer an der Tagung in Graz, Ärzte und Professoren, die wenige Jahre später in der Paulskirche die Hand zur Wahl Johanns zum Reichsverweser hoben. Der Geograf Ritter aus Berlin berichtete über den Auftritt Johanns vor den Wissenschaftlern: »Er vereint kaiserliche Würde mit der größten Popularität, seine Rede ist ohne Beredsamkeit hinreißend, ohne allen Schmuck doch schön wie die der Antike.« Schwärmerisch lobte er Echtheit, Einfachheit, Wahrheit und Tiefe Johanns. Und wie ein geheimer Aufruf musste wohl auch das Wort des hannoveranischen Chirurgen Holscher wirken: »Kaiserliche Hoheit, Seien Sie, bleiben Sie unser Führer in dem unendlichen Reiche der Geister!« Johann war – unversehens – zum Idol geworden. Die Intellektuellen – Honoratioren, Professoren, Schriftsteller – sollten ihn nun auch weit über die Grenzen Österreichs hinaus bekannt machen.

Berichte über sein Spiel mit der Einfachheit wurden weitergegeben, Legenden über seine Liebe zu einer Bürgerlichen sowie Johanns Kampf gegen die »(Un)Heilige Allianz« machten die Runde. Und bald fand man in Johann sogar einen Anti-Metternich und stilisierte ihn zum Ersatz-Kaiser eines »anderen« Deutschlands.

Nun beschäftigt sich seit langer Zeit die moderne Sozialpsychologie mit der Frage, wie gesellschaftliche Prozesse verlaufen, an deren Ende revolutionäre Aktionen stehen. Und in der Tat würde das Konfliktpotenzial

des Vormärz eine umfassende »Theorie der Revolution« begünstigen. Zweifellos ist allgemein gültig, dass irgendwann ein Umschlag aus stummer Duldung obrigkeitlicher Anordnungen erfolgt und eine auflehnende Haltung bei einer breiten Schicht erkennbar wird. Dieser Prozess wird natürlich gesteuert von Agitatoren und Provokateuren, die Idole und Symbole benützen und als »Avantgarde der Revolution« versuchen, die Phantasiewelt der breiten Masse anzuregen.
Verlieren umgekehrt Vorbilder ihre Kraft, Symbole ihren Sinn und Monarchen ihre Glaubwürdigkeit, beginnt die Suche nach den Ersatz-Vätern (wie die Psychologen sagen), nach personalisierten Idealen. Wer würde wohl an die Stelle des bisherigen Landesvaters passen und sogar ein besserer Landesvater sein?
Genau diese Fragen trafen voll und ganz auf die Endphase des österreichischen Vormärz zu. Eine im Geheimen wirkende unzufriedene Avantgarde von Intellektuellen, Studenten und (auch) Arbeitern artikulierte den Wunsch nach Freiheit (von Zwängen) sowie nach Verbesserungen der politischen und wirtschaftlichen Zustände. Bis man schließlich eine Bezugsfigur fand, in die man noch zusätzliche Fähigkeiten hineininterpretierte, auch wenn solche nicht vorhanden waren.
Freilich: Es wäre falsch, Johanns Wirkung auf die »Avantgarde« so zu deuten, als wäre den Österreichern und den Deutschen bewusst gewesen, dass der Erzherzog ein »Führer« einer Revolution sein würde. Es wäre auch falsch, überhaupt anzunehmen, dass das Bewusstsein vorhanden war, am Vorabend einer wirklichen Revolution zu stehen – auch wenn Johann selbst dieses Gefühl hatte, wonach alles auf eine »Explosion« zusteuere. Der Erzherzog wurde dennoch unversehens zur personifizierten Hoffnung des Dritten Standes, weil er unter den Gebildeten den Zeitgeist repräsentierte und als einziges Mitglied des habsburgischen Herrscherhauses auch wirklich auf der Höhe der Zeit stand – als einziger in der Lage, das Steuerrad zu ergreifen und dem Staatsschiff noch eine neue Richtung zu geben.
Dabei war selbst unter den heißesten Revolutionären – und nachdem in Wien schon längst Schüsse gefallen waren – nie der Wunsch nach einem totalen Umsturz laut geworden – und auch lange nicht die Forderung

nach einer Vertreibung des Hauses Habsburg. Immer wieder ging es lediglich um die Gewährung konstitutioneller Rechte und die Mitgestaltungsmöglichkeiten für ein gebildetes Bürgertum im Rahmen einer Verfassung, die die Bürgerrechte garantierte.
Für die Österreicher sollten die Habsburger weiterhin auf dem Thron sitzen und für einen friedfertigen Ausgleich der Nationalitäten sorgen; ansonsten aber für ordentliche Rahmenbedingungen sorgen. Und für die Deutschen? Die waren einverstanden, dass die große Erinnerung an das »Heilige Römische Reich Deutscher Nation« bestehen bleiben sollte, die mit dem Begriff »Habsburg« eng verknüpft war. Auch war selbstverständlich, dass es eine Schicksalsgemeinschaft von der Maas bis an die Memel und von der Etsch bis an den Belt gab – wie es 1841 der Burschenschafter Hoffmann von Fallersleben im »Lied der Deutschen« gedichtet hatte.

Ein »Liberaler« im Reich der Wissenschaft

Längst schon hatte man auch in Wien erkennen müssen, dass Wissenschaft und Forschung, Technik und Wirtschaft wesentliche Triebfedern einer neuen Wirklichkeit geworden waren. Jahrelang hatte man daher auch schon über die Gründung einer österreichischen Akademie der Wissenschaften diskutiert. Aber man war nicht mehr in der Lage gewesen, die lokalen Widerstände gegen eine neue »zentralistische« Einrichtung zu zerstreuen und persönliche Eifersüchteleien verschiedener Wissenschaftler zu unterdrücken. Dabei hatte sich Metternich selbst eigentlich zeit seines Lebens mit der Idee einer »gelehrten Gesellschaft« beschäftigt, war aber durch die Fülle seiner diplomatischen und politischen Aufgaben immer wieder an ihrer Realisierung gehindert worden. Jedenfalls erinnerte er sich just zu jenem Zeitpunkt wieder des Projektes, als die Erregung der Geister spürbar um sich griff. Könnte, so mag er überlegt haben, durch eine Bindung der führenden Intelligenz an eine Institution Einfluss und Steuerung möglich werden? Jedenfalls hielt Metternich »die Bezeichnung von festen Punkten, um welche sich die Geister zu sammeln vermögen«, für überaus nützlich. Eine Denkschrift

Barrikade vor der Hofburg 1848 (Michaelerplatz): »Wie war es denkbar, dass die alten Zustände wiederkehren sollten?«

Wiener Gelehrter vom Jänner 1846 unterlief er dadurch, dass er dem Kaiser bereits vorher in einem Vortrag das Projekt auseinandergesetzt hatte. Immerhin war es ein Akt von gewisser Kühnheit, gerade angesichts des Schwirrens der Ideen und der Gärung unter der Intelligenz eine Akademie ins Leben zu rufen, die keiner Hofstelle untergeordnet sein konnte. Vielmehr sollte ein Kurator – so schlug Metternich vor – die Akademie direkt mit der Krone verbinden, und deren Mitglieder sollten selbst ihre Organe dem Kaiser zur Ernennung vorschlagen.

Johann verhielt sich, als ihn Metternich um seine Meinung fragte, vorerst reserviert. Er sah nicht ganz die Notwendigkeit einer zentralen, in Wien beheimateten Einrichtung ein; und dem Ehrgeiz Metternichs, aus der Akademie eine Art »Maria-Theresien-Orden« für Wissenschaftler wachsen zu lassen, stand er skeptisch gegenüber. War es wirklich denkbar, zum höchsten Ziel eines österreichischen Wissenschaftlers die Aufnahme in die Akademie zu erklären? Johann war wohl zu praktisch eingestellt, als dass dieser *Areopag des Wissens* – wie er schrieb – nach seinem Geschmack gewesen wäre.

Dennoch: Niemand konnte mehr an Johann vorbeigehen. Und so ernannte ihn der Kaiser am 2. Juli 1846 zum Kurator der Akademie der Wissenschaften. Parallel dazu erkämpfte er sich eine wichtige Konzession: Die Mitglieder der Akademie sollten die Freiheit der Erörterung in Rede und Schrift erhalten – was der entscheidenden Durchlöcherung der Zensur gleichkam; auch wenn Franz Grillparzer vom »liberalen Pflaster« sprach, das man »dem Brandschaden des Staates« auflegen wolle.

Zu diesem Zeitpunkt ist schon halb Europa in Gärung. In Italien bricht der Sturm zuerst im Süden los, aber die Unruhe greift bald auf den habsburgischen Norden über. Just zu dem Zeitpunkt, da sich unter Johanns Vorsitz in Wien die Wissenschaftler in der neuen Akademie versammeln, fordern Radikale im deutschen Offenburg die grundlegende Änderung der Verhältnisse. In der Schweiz unterliegt der (konservative) Sonderbund. Am 1. Jänner 1848 setzen Ausschreitungen in Mailand ein. Und Johann notiert in seinem Tagebuch, was er für die Gründe der allgemeinen Unruhe hält: Man hat die Völker als rettendes Prinzip gegen die Übermacht aufgerufen, man hat sie denken, wünschen, begehren und ihre

Kraft kennen gelehrt. *Wie war es möglich zu denken, dass die alten Zustände wiederkehren sollten?*
Ja, genau das ist es! Genau deshalb steigen auch am 23. Februar 1848 in Paris Revolutionäre auf die Barrikaden; am 29. Februar veröffentlichen Karl Marx und Friedrich Engels das »Kommunistische Manifest«. Und am 3. März spricht Ludwig Kossuth vor dem ungarischen Reichstag. In München demonstrieren die Studenten, und in Frankfurt wird ein Deutsches Vorparlament einberufen.
Am 13. März schließlich feuert das Militär in der Wiener Herrengasse auf Bürger und Studenten. Erzherzog Johann ist in der Hofburg, und als die Deputierten mit den Forderungen der Revolutionäre zu Metternich kommen, hat er Sympathisanten auf beiden Seiten. Der französische Botschafter berichtet später an die Gräfin Lieven, was wahrscheinlich die historische Wahrheit ist. Johann blickte nach längeren Beratungen auf die Uhr und fragte Metternich: *Wissen Sie, dass die Volksführer Ihre Demission verlangen?*
Nun – vertreibt man mit einer solchen Äußerung Tyrannen? Wohl kaum. Aber Legenden verklärten später diesen Vorgang, durch den Metternich den Ernst der Stunde begriff. Um neun Uhr abends trat Metternich zurück und verließ noch in der gleichen Nacht Wien.
Jetzt aber bricht der Sturm auch in vielen anderen Städten der österreichischen Monarchie los: Die Revolution erweist sich als verzehrendes Feuer. Mitten drinnen: Der Erzherzog, der schlichtet, verhandelt, zu aufgebrachten Massen redet – und das in Wien, in Graz, in Innsbruck.
Am 26. Juni kommt er als persönlicher Vertreter für den geflohenen Kaiser Ferdinand wieder nach Wien – wo ihn die Nachricht erreicht, die erste gewählte Volksvertretung Deutschlands – zusammengetreten in der Frankfurter Paulskirche – habe ihn am 29. Juni 1848 zum »Reichsverweser« gewählt (nach dem althochdeutschen »fuerwesan«), und das bedeutete Staatsoberhaupt.
So steht Johann, Erzherzog von Österreich mit 66 Lebensjahren am Höhepunkt seines Lebens.

1848:
Das neue Deutschland

Der schmächtige Mann in der weißen Uniform, der am 11. Juli 1848 in die altehrwürdige Krönungsstadt seiner Vorfahren einfuhr, wirkt auf den historischen Stichen und Drucken nicht wie ein Sieger; auch nicht wie ein Staatsoberhaupt und schon gar nicht wie ein erfolgreicher Revolutionär. Johann Joseph, Erzherzog von Österreich, Reichsverweser, nahm die Huldigung, den Jubel der Frankfurter in jener offensichtlichen Schlichtheit hin, die Ausdruck seines Lebensstils geworden war. Mehr Bürger als Herrscher, Demokrat, nicht Autokrat, vom jahrzehntelangen Verzicht und Protest geprägt.

In einem offenen Wagen ging es die Zeil hinauf. Berittene Mitglieder der Bürgerwehr flankieren den offenen Wagen, rundum Menschenköpfe, wo immer ein Platz zwischen den schmalen Häuserzeilen frei war, und Fahnen, riesig, halbe Fassaden bedeckend, vom Wind gebläht. Sie waren schwarz-rot-gold – die Farben der deutschen Revolution. Farben, die zuerst die Studenten Deutschlands am Wartburgfest gezeigt hatten, Ausdruck der Erinnerung an die großen Tage eines erwachenden Deutschlands gegen den französischen Imperator – und Farben, die die deutschen Fürsten und der Staatskanzler Metternich der deutschen Jugend verweigert hatten.

Das Einzugskomitee geleitete Johann in Frankfurts Russischen Hof. Hier

Erzherzog Johanns Einzug als Deutscher Reichsverweser in Frankfurt am Main 1848. Lithografie nach einer Zeichnung von L. v. Elliot

war sein Hauptquartier vorbereitet worden. Heinrich Wilhelm August von Gagern, der Präsident der deutschen Nationalversammlung, erwartete ihn dort; neben ihm die Mitglieder jener Institutionen, die ihr Recht aus dem revolutionären Willen Deutschlands – und aus einer demokratischen Entscheidung – bezogen: Die gewählten Männer des Paulskirchenparlaments. Gagern war jener Mann, der ihn, Johann, zum Reichsverweser vorgeschlagen und für sich selbst auf diese Funktion verzichtet hatte. Gagern war auf den ersten Blick das, was die Zeit »schön« nannte; noch nicht 50-jährig, wirkte er wie ein jüngerer Bruder Johanns. Sicherheit und Klarheit lag in seinem Blick. Hier stand offensichtlich ein Mann, der zu seiner Entscheidung stand – ein Mann, mit dem er, der Habsburger aus dem Süden, nun kooperieren würde und der der Sohn eines Vaters war, mit dem Johann in den Schicksalstagen des Befreiungskampfes gegen Napoleon zusammengearbeitet hatte. Hans von Gagern war nämlich 1813 Mitverschworener Johanns im »Alpenbund« gewesen.

Am Abend des Ankunftstages nahm Erzherzog Johann noch einen Fackelzug der Zünfte, der Bürgerwehr und der Linientruppen ab. Und mit der Naivität eines erwachsenen Kindes bekannte Johann, wie erstaunt er sei, dass *mein großes Vaterland, das große Deutschland, in meinen einfachen Tagen an mich alten Mann gedacht hatte.* Um sich ganz und gar mit der neuen Rolle zu identifizieren: *Da habt Ihr mich, ich gehöre zu Euch.*

Am 12. Juli wurde der neue Reichsverweser in der Paulskirche vereidigt. Stehend, in Zivil, eine schwarz-rot-goldene Rosette als Bekenntnis zur neuen deutschen Wirklichkeit am Revers, sprach Erzherzog Johann die Eidformel. Es war – auf den Tag genau – 42 Jahre her, dass sein Bruder Franz die Krone des Heiligen Römischen Reiches zurückgelegt hatte; 42 Jahre lang gab es nun das Kaisertum Österreich.

Vom »Heiligen Reich« freilich, von dem die jungen Denker und Schwärmer noch immer – oder wieder – träumten, war nur ein Torso übrig geblieben: der so genannte Deutsche Bund. Gesandte trafen sich seit 1815 im Auftrag der deutschen Territorialregierungen im Frankfurter Bundestag, um den Wunsch nach Ruhe und Ordnung der reaktionären Allianz Metternichs zu exekutieren. Schmählich war die Rolle dieses kollegialen Zwitters – und ruhmlos ging der Bundestag in jenem Augenblick

auseinander, in dem nun Erzherzog Johann die neue Zentralgewalt in Deutschland darstellte.
In Deutschland? Gab es denn das im Sommer 1848 überhaupt? War das jenes Gebilde, in dem man deutsch sprach? Oder galt der Grundsatz, dass Deutschland mit dem alten »Heiligen Römischen Reich deutscher Nation« identisch war? Wie war das denn zum Beispiel mit den Bewohnern des kurfürstlichen Königreichs Böhmen, das so lang die entscheidende Hausmacht der Habsburger gebildet hatte? Im Land der Wenzelskrone sprach im Juli 1848 jedenfalls keine Mehrheit deutsch. Die Männer der Paulskirche hatten daher auch die unterschiedlichsten Auffassungen zur Frage, wessen Vertreter sie eigentlich waren.
Und Erzherzog Johann? Er war ein Fürst aus einem mitteleuropäischen Zentralreich, in dem Slawen und Magyaren, Romanen und Rumänen lebten – und in dem die deutsch sprechenden Bewohner jedenfalls längst eine Minderheit bildeten. Johann hätte sich bewusst sein müssen, dass gerade er am schlechtesten in der Lage war, die zentralen Probleme des staatlichen Gebildes zu lösen. Österreichs Bestand als Vielvölkermonarchie – und Deutschlands Umgestaltung zum neuen Nationalstaat – wie sollte das unter einem Habsburger auf Dauer zusammenpassen?
Frankfurts Paulskirchenparlament war auch keine revolutionäre »Assemblée Nationale« – das war mittlerweile klar geworden. Johann war kein Robespierre, der Präsident der Nationalversammlung kein Graf Mirabeau. Da war weit und breit auch kein Danton, nur kleine Demagogen. Und das lag nicht allein am »deutschen Wesen«. Dieses Paulskirchenparlament war nämlich ein zur Vereinbarung bestelltes, sich selbst begrenzendes Parlament – kein Revolutionstribunal. Auch das Wahlrecht, nach dem die Abgeordneten bestellt wurden, war völlig unterschiedlich. Die Wählerlisten waren teils veraltet, teils überhaupt nicht vorhanden. In einigen Teilen Deutschlands hatte man direkt, in einigen indirekt gewählt. Ganze Völkerschaften blieben fern – zum Beispiel hatten die Slawen aus Böhmen und Mähren die Entsendung von Abgeordneten nach Frankfurt vehement abgelehnt – und dies unter dem Einfluss des Historikers František Palacky, der damals die Gesinnung der Tschechen wiedergab: Man müsste Österreich erfinden, gäbe es die Donaumonar-

chie nicht schon. Im Übrigen würden sich die Tschechen als Österreicher und nicht als Deutsche empfinden. Das war auch bei anderen Nationalitäten der Fall: Im Tiroler Trentino sprach man italienisch, in der Südsteiermark slowenisch, im venezianischen Friaul friulanisch usw.

Später nannte man die Paulskirchenversammlung ein »Professorenparlament«. Tatsächlich überwogen bei weitem die Vertreter eines Bildungsbürgertums – 57 humanistisch ausgerichtete, hochgebildete, aber auch autoritätsgläubige Lehrer , 40 Journalisten, 157 Richter, Staatsanwälte und Anwälte, 140 Unternehmer, darunter viele Großgrundbesitzer. Und: kein einziger Handwerker, kein Bauer, kein Arbeiter. Sie waren aber allesamt die Söhne und Enkel der Aufklärung, die da nach Frankfurt gekommen waren, kulturell im Biedermeier zur Weltkultur gereift, wirtschaftlich anpassungsfähig, politisch aber zurückgeblieben. Zwei Generationen lang waren diese gebildeten deutschen Bourgeois auf die Salons beschränkt, auf die Hörsäle, Buden und Studierstuben der Universitäten, auf Keller und Dachböden, in denen Geheimzirkel und Burschenschaften zusammentrafen.

Jetzt, 1848, war das freilich alles vorbei. Wie ein Frühlingssturm hatte die Revolution des März die alten Mächte hinweggefegt. Die Fürsten zitterten, gaben nach, widerriefen wieder, versprachen Verfassungen, nahmen Zusagen zurück.

Wie kam es zu alledem?

Der preußische König Friedrich Wilhelm IV. war am 19. März 1848, nach Tagen des Blutvergießens in den Straßen Berlins, ein Gefangener der Revolution geworden. An der Hand seiner halb ohnmächtigen Gemahlin musste er mit entblößtem Haupt die Reihen der Gefallenen im Schlosshof abschreiten und am 21. März mit schwarz-rot-goldener Binde durch die Stadt reiten.

Kaiser Ferdinand von Österreich – war er »gütig«, wie sein Beiname lautete, oder unfähig? Erzherzog Johann hatten stets Zweifel über seinen Neffen geplagt. In Österreichs italienischen Provinzen hatte der Aufruhr schon zu Jahresbeginn 1848 begonnen. Am 13. März, im niederösterreichischen Landhaus, sprang der Funke dann auf die gärende Hauptstadt über. Metternich war zur Ausreise, zur Flucht bei Nacht und Nebel gezwungen worden. Und Schwarz-Rot-Gold wurde auch in Wien zum bestimmenden Couleur.

- In München resignierten Lola Montez und ihr König Ludwig I. über Nacht.
- In Leipzig siegte der Abenteurer Robert Blum.
- In Hessen-Darmstadt musste der Großherzog seinen Sohn als Mitregent akzeptieren und Heinrich von Gagern die Regierungsgeschäfte übertragen.
- Und Baden war tatsächlich der revolutionäre Mittelpunkt Deutschlands schlechthin.

Als Johann aus dem Russischen Hof, seinem Logis, am 15. Juli 1848 hinaustrat, war ihm klar, dass es für ihn kein Zurück gab. Seine Aufgabe musste die des Steuermannes sein. Er durfte nicht selbst zum Getriebenen werden, vielmehr musste er deutlich machen, was notwendig war. Klug sein und seine Anständigkeit bewahren, die er sich als Lebensmaxime gesetzt hatte. Kein revolutionäres, ein im guten Sinn konservatives Reich war sein Ziel. Er wollte versöhnen, zusammenführen – nicht trennen, aufregen.

Und das schrieb er auch als Gruß und Programm in jene »Proklamation des Reichsverwesers«, die die Autorität des neuen Staatsoberhauptes unterstreichen und seine Vorstellungen bekanntmachen sollten:

An das deutsche Volk!

Unter dem Zuruf des Vertrauens, unter den Grüßen voll Herzlichkeit, die mich überall empfingen und die mich rührten, übernahm ich die Leitung der provisorischen Zentralgewalt für unser Vaterland.

Deutsche! Nach Jahren des Druckes wird Euch die Freiheit voll und unverkürzt. Ihr verdient sie, denn Ihr habt sie mithin und beharrlich erstrebt. Sie wird Euch nimmer entzogen, denn Ihr werdet wissen, sie zu wahren.

Deutsche! Unser Vaterland hat ernste Prüfungen zu bestehen. Sie werden überwunden werden. Eure Straßen, Eure Ströme werden sich wieder beleben, Euer Fleiß wird Arbeit finden, Euer Wohlstand wird sich heben, wenn Ihr ver-

trauet Euren Vertretern, wenn Ihr mir vertraut, den Ihr gewählt, um mit Euch Deutschland einig, frei und mächtig zu machen.
Aber vergesst nicht, dass die Freiheit nur unter dem Schirme der Ordnung und Gesetzlichkeit wurzelt. Wirkt mit mir dahin, dass diese zurückkehren, wo sie gestört wurden. Dem verbrecherischen Treiben und der Zügellosigkeit werde ich mit dem vollen Gewicht der Gesetze entgegentreten. Der deutsche Bürger muss geschützt sein gegen jede strafbare Tat. Sollte aber die deutsche Ehre, das deutsche Recht gefährdet werden, dann wird das tapfere deutsche Heer für das Vaterland zu kämpfen und zu siegen wissen.

Wahrhaftig, ein neues Kapitel der deutschen Geschichte hatte begonnen. Aber was konnte der Reichsverweser Johann auch realisieren? Wo waren seine Mitstreiter?
Aufs Erste schienen für den Erzherzog die Dinge einfach zu liegen. Im Punkt 7 des »Gesetzes über die Einführung einer provisorischen Centralgewalt für Deutschland« hieß es, dass der Reichsverweser »unverantwortlich« sei. Der Reichsverweser sollte überdies seine Gewalt durch von ihm ernannte Minister ausüben, die jedoch der Nationalversammlung verantwortlich sein sollten.
Die Reichsverweserschaft war also keine nur-repräsentative Funktion. Vielmehr war der Reichsverweser ein Mittelding aus Ministerpräsident und Staatspräsident. Ihn völlig unverantwortlich zu stellen, seine von ihm ausgewählten Minister aber dem parlamentarischen Wechselspiel auszusetzen, bedeutete ein mittleres Chaos.
Dabei hatte man der vollziehenden Gewalt – wie die Konstruktion bezeichnet wurde – alle Angelegenheiten der allgemeinen Sicherheit und Wohlfahrt übertragen; die »bewaffnete Macht« Deutschlands sollte ihr unterstehen und die völker- und handelsrechtlichen Vertretungen Deutschlands im Ausland sollten von ihr wahrgenommen werden.
Der Mangel an praktischer demokratischer Gewaltenteilung, aber auch der Mangel an Fantasie über die möglicherweise eintretenden Verwirrungen führten also gleich zu Beginn zu paradoxen Diskussionen. Johann entzog sich ihnen vorerst auf eine angesichts der Umstände relativ elegante Art und Weise: durch Abreise.

Denn immerhin hatte er auch noch eine andere Funktion – er war als Stellvertreter des österreichischen Kaisers beauftragt, einen österreichischen Reichstag in Wien zu eröffnen und damit den Forderungen der revolutionären Hauptstadt Rechnung zu tragen.

Reichsverweser oder kaiserliches »Alter Ego«?

Frankfurt und Wien – Deutsche und Österreicher? Nur sieben Tage hatte Johanns erster Frankfurter Auftritt gedauert. Am 18. Juli traf er in Wien ein, neuerlich festlich begrüßt und im Überschwang revolutionärer Gefühle gefeiert. Es schwang einiges mit an Pathos und Stolz der Wiener, dass man einen Österreicher draußen im kühlen Deutschland zum ersten Mann gewählt hatte.

Und mit Johann zog nunmehr auch seine Frau in Wien ein: Anna Freiin von Brandhofen, geborene Plochl, das einfache Mädchen, Tochter des Postmeisters von Aussee im Herzogtum Steiermark. Erster Auftritt: Schönbrunn, das barocke Elysium der habsburgischen Geschichte. Eine riesige Menschenmenge hatte im Park Aufstellung genommen. Nationalgarden, die studentischen Legionäre, Volk, Arbeiter – sie alle begrüßten den schlanken, aber alt gewordenen Mann als ihren Kaiser, den nun ganz offensichtlich die Vorsehung zum Symbol der Einheit von Volk und Monarch auserkoren hatte.

Im Empfangssaal des Schlosses hatte eine Deputation Aufstellung genommen. Ein Herr Wessely war ausersehen, historisch gemeinte Worte auszusprechen. Und er richtete sie nicht an den Vertreter des österreichischen Kaisers, den Erzherzog, den Reichsverweser – er richtete sie an Anna Plochl, an das zur »Hohen Frau« emporgestiegene Wunderkind aus dem einfachen Volk:

»Die Zeit ist gekommen, wo das ungekünstelte Wort des freien Bürgers fessellos ertönen darf und widerhallt im Herzen seiner Brüder, ist's ehrlich nur und bieder gemeint. Darum sage ich einfach: Seien Sie uns willkommen als vielgeliebte Schwester! Sie stammen aus dem Volk, Sie sind die Tochter eines Bürgers, Sie waren bestimmt, mit Ihren bürgerlichen Tugenden einen Fürsten zu beglücken, freilich einen Fürsten, dessen einziges Streben die Bürgerkrone ist. Die Vorsehung hat Johann von Österreich zum deutschen Reichsverweser berufen. Wir lieben ihn, wir ehren ihn, nicht bloß mit der Lippe, nein, im Innersten der Seele. Er ist der erste in der Zahl der Männer.«

Wir wissen nicht, welche Gefühle die Worte bei Johann und Anna ausgelöst haben. Aber man kann ermessen, welche Erregung die Stunde wohl bewirkt haben mag: Im Schloss seiner hohen Ahnen stand Johann mit seiner bürgerlichen Frau an der Seite. War das Realität oder nur der Traum, den er nun schon jahrzehntelang träumte, er, der Außenseiter, der Flüchtling vor Hof und Krone, der grüne Rebell aus den Bergen? Vergessen war wohl in diesem Augenblick der jahrelange Kampf um einen Zipfel der Macht, vergessen das Zusehen-Müssen, wie ein schwacher Bruder und ein infantil-naiver Neffe einer Hofkamarilla ausgeliefert waren. Jetzt applaudierten alle Anwesenden in Schönbrunn. Und das Feuer der Begeisterung pflanzte sich durch die offenen Fenster fort, zur Bürgerwehr, zu den Studenten und zum Volk. Wien hatte seinen geheimen Kaiser bei sich, und er – Johann – sollte jetzt auch durch die Eröffnung des österreichischen Reichstages ein weiterer Schritt zur Festigung der revolutionären Errungenschaften erfolgen. Freilich: Der Schein trog. In den letzten Wochen seit Erzherzog Johanns erstem Einzug in Wien hatte in ganz Europa eine deutliche Wendung der Dinge stattgefunden. Der Wind blies den Revolutionären über Nacht kräftig ins Gesicht:

- Zuerst war die Revolution in Prag blutig auseinandergetrieben worden. Fürst Windischgrätz hatte wenig Gnade walten lassen und den Slawenkongress, der kurz vorher eine Selbstständigkeit der böhmischen Länder verlangt hatte, gewaltsam gesprengt.
- Ende Juni hatte General Cavaignac die Pariser Revolution niedergekämpft; von Paris war seinerzeit alles ausgegangen – und Paris entpuppte sich nun als schwächstes Glied in der Kette der revolutionären Metropolen.
- Die Ereignisse in Ungarn hatten sich überstürzt. Am 2. Juli hatte der ungarische Reichstag die Gründung einer eigenen ungarischen Armee (Honved) unter ungarischem Kommando und die Ausgabe von nationalem Geld beschlossen.

Huldigungsblatt nach der Wahl Johanns 1848: »Da habt Ihr mich, ich gehöre Euch«

Und in Italien? Karl Albert von Sardinien hatte sich zum König ausrufen lassen und nützte in der Lombardei den revolutionären Sprengstoff, der mit nationalistischem Hass auf die Österreicher gemischt war. Aber Radetzky war bereits aus der Umklammerung ausgebrochen, hatte bei Vicenza gesiegt und bereitete sich auf eine entscheidende Schlacht vor.
Immer mehr entpuppte sich in der Umgebung Kaiser Ferdinands dessen Schwägerin, die Erzherzogin Sophie, als aktivste Gegnerin Johanns. Die Wittelsbacherin drängte ihren Mann Franz Karl zu einer härteren Gangart. Dieser Bruder des Kaisers hatte daher, kaum dass die Wahl zum Reichsverweser auf Johann gefallen war, dem Erzherzog einen scharfen Brief geschrieben. Wörtlich heißt es darin, dass »weder der Kaiser noch ich Ihnen (zur Annahme der Wahl) raten können«. Dem »besten Onkel« wurde klargemacht, dass der österreichische Hof die Übernahme der Zentralgewalt in Deutschland weder als Ehre noch als politischen Erfolg ansähe; man wollte vielmehr Johann unbedingt in Wien halten, weil weder Kaiser Ferdinand noch Franz Karl, noch dessen Sohn Franz Joseph die heißen revolutionären Kartoffeln aus dem Feuer holen wollten. Johann hingegen bat seinerseits, dass man ihn von der Funktion als Vertreter des österreichischen Kaisers jetzt entbinden – und ein anderes Mitglied des Herrscherhauses nach Wien senden möge. Nur: In Innsbruck dachte niemand daran, das zu tun und sich dem »Wiener Pöbel« zu stellen.
In der Hauptstadt Wien sprach man mittlerweile von einem Thronwechsel. In den revolutionären Vereinen und Zirkeln wurde eine Regentschaft Johanns diskutiert. Die Ovationen und Spekulationen rund um den Erzherzog heizten die Intrigen, in Innsbruck von der Erzherzogin Sophie gesteuert, freilich nur noch stärker an.
Im Zeichen dieser Polarisierung sollte nun auch der österreichische Reichstag zusammentreten. Bei Durchsicht der Ergebnisse und der Beteiligung an den vorangegangenen Wahlen hätte dem Erzherzog auffallen müssen, dass die äußerst unterschiedlichen Tendenzen eine repräsentative Vertretung der Bevölkerung in dieser ersten gewählten Legislative Österreichs kaum zuließen.
So hatte man die Frist zur Eintragung in die Wählerlisten verlängern müssen; dann war die Bestellung der Wahlmänner an einem Beteiligungsdebakel

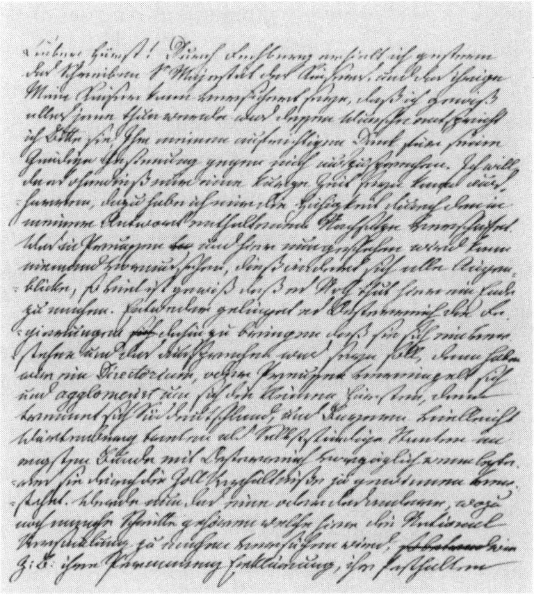

»Es heißt Sein oder Nicht-Sein«:
Brief Erzherzog Johanns an Schwarzenberg vom 11. April 1849

nur knapp vorbeigegangen. Und schließlich zeigte sich an den gewählten Kandidaten, dass die demokratischen und liberalen Elemente weit unter der allgemeinen Erwartung geblieben waren. Von den 15 Kandidaten des Wiener Sicherheitsausschusses waren beispielsweise lediglich vier auch gewählt worden.

Es war offensichtlich, dass große Teile der österreichischen Bevölkerung vom Radikalismus genug hatten; das Bürgertum sehnte sich nach Ordnung zurück, teilweise sogar nach der alten. Was erreicht war, schien vielen bereits als ausreichend; und die Anarchie, die von der Straße drohte, war größer als die Gefahr, die von der Reaktion ausging.

So trat in einer Atmosphäre der Spannung am 22. Juli der Reichstag zusammen. Man hatte zu diesem Anlass die kaiserliche Winterreitschule adaptiert, in der einst rauschende barocke Feste stattgefunden hatten, später famose Bälle, die die Crème des Wiener Kongresses und des Wiener Biedermeier zusammenführten.

Ähnlich wie in Frankfurt dominierte im Reichstag das Zivil. Unter dem Beifall der Abgeordneten betraten zuerst die Minister des neuen Kabinetts und dann Erzherzog Johann den Saal. Johanns Eröffnungsrede schilderte die Ereignisse der letzten Wochen und beschwor die *Befestigung der erworbenen Freiheit.* Vertreter des Sicherheitsausschusses und der Nationalgarde hatten rund um den adaptierten Thron Platz genommen, die Galerie war dicht besetzt. Realität aber war vor allem, dass von 383 gewählten Abgeordneten lediglich 186 anwesend waren; das war weniger als die Hälfte!

Denn hier in Wien war nicht wie in Frankfurt der Wille zur nationalen Einheit und zur Schaffung einer neuen Ordnung vorhanden. Zwar gab es in Frankfurt politische und soziale Gegensätze – aber die Interessen waren auf ein neues Deutschland zielgerichtet.

In Österreichs Residenzstadt war alles anders. Hier standen sich handfeste Interessen entgegen, denn da gab es Vertreter von Ländern, die zur alten Ordnung standen; dann solche, die aus dem habsburgischen Staatsverband ausscheren wollten. Die einen hielten den Reichstag als Kollektivorgan für den neuen Souverän, andere bezweifelten dessen Legitimität. Jeder stritt gegen jeden, die konservativen Kronländer gegen die liberalen, die habsburg-loyalen gegen die um Autonomie kämpfenden.

Was nützte also der kindliche Optimismus des Gedenkblattes zur Reichstagseröffnung – ein Eichenhain mit Blick auf Wien, die Symbole Glaube, Liebe und Hoffnung am Himmel, Erzherzog Johann im Vordergrund – und darunter die Zeilen:

»Der Deutschen Muth wird nimmer wanken,
Johann ist unser Schild und Hort!
Er zwängt den Geist in keine Schranken.
Der deutsche Fürst liebt Treu und Wort!
Hoch lebe der hochherzige Bürgerfürst – Prinz Johann der Deutsche!«

Schon dieses harmlose Loblied macht freilich klar, wie verworren die Positionen waren: Wohin gehörten die Deutschen der Monarchie? Wie konnten ihre Vertreter sowohl in der Paulskirche in Frankfurt wie in der

Reitschule in Wien sitzen; und wie konnte die Zentralgewalt Deutschlands zugleich das sichtbare Symbol der österreichischen Dynastie sein? War das Dilemma zu lösen? Johann selbst fühlte sich zwar eins mit der Auffassung vieler Deutsch-Österreicher, dass sie sowohl eine Art Mission in Deutschland als auch eine solche unter den Völkern Ost- und Südosteuropas zu erfüllen hätten. Wie aber sollte dieser Knoten richtig geknüpft werden?

Johann wurde sich nun zunehmend klar, dass er möglicherweise eine bereits in der Pattstellung befindliche Figur war. Was konnte er in Wien noch bewirken? Zunehmend gelangte er zur Überzeugung, dass sein Platz in Deutschland war; denn dort hatte er eine konkrete Funktion, dort hielt er auch die Revolution für zielorientiert – und die Vertreter der Paulskirche für demokratisch reifer.

Aber da gab es noch etwas, was Johann als dringliche Aufgabe ansah. Denn Kaiser Ferdinand hatte seinen Onkel Johann bereits im Juni nicht nur zu seinem »Alter Ego« bestellt und nach Wien beordert, sondern auch mit einer speziellen Vermittlungsfunktion zwischen Südslawen und Magyaren betraut. Aber Johanns Versuche, Vertreter der beiden Nationalitäten an den Tisch zu bringen, scheiterten. Der Konflikt war nicht »nebenbei« zu lösen; und im Übrigen, so die Auffassung des Erzherzogs, Sache des Kaisers in Innsbruck. Mit der Aufkündigung der Vermittlung wollte er Ferdinand aber vor allem dazu zwingen, nach Wien heimzukehren.

Nur: War dem labilen Monarchen und seinen so genannten Ratgebern überhaupt zu helfen? Oder setzte man in Innsbruck bereits auf Radetzky, der in Italien aufgeräumt hatte, und auf Windischgrätz, der Prag genommen hatte? Nach Johanns Geschmack war diese schwarz-gelbe Politik nicht mehr. Man dürfe sich nicht vor der Aufgabe drücken: *Wer Fürst ist, muss in unserer Zeit Mut zeigen,* schrieb er. *Verlässt ihn aber dieser Mut, so ist er verloren. Es heißt Sein oder Nichtsein – Fürst an der Spitze des Volkes oder abtreten!*

Am 29. Juli 1848 verließ Johann die Reichs-Haupt- und Residenzstadt Wien, die im revolutionären Fieber daniederlag. Das Projekt Österreichischer Reichstag war wohl gescheitert.

»Dangerous nonsense called German nationality«

Am 3. August 1848 traf Erzherzog Johann wieder in Frankfurt ein. Die auswärtigen Mächte, die die Ereignisse in und um die Frankfurter Paulskirche – je nach ihrer Interessenlage – mit Genugtuung oder Feindseligkeit verfolgt hatten, reagierten kühl auf den Versuch der neuen deutschen Regierung, diplomatisch anerkannt zu werden. In Paris, in London und Petersburg saßen nach wie vor österreichische und preußische Botschafter. Sie hatten zwar seit Ausbruch der Revolution kaum Instruktionen erhalten – aber nun, da diplomatische Repräsentanten der Paulskirche und des Reichsverwesers den Alleinvertretungsanspruch Gesamtdeutschlands in Anspruch nahmen, wurden sie rasch aktiv. Und so entschied sich die Frage, ob entweder die deutschen Fürsten oder der Reichsverweser die wahren, realen Vertreter Deutschlands wären, in Wahrheit in diesen Wochen in Paris, London und Petersburg. Tatsache war: Man dachte nirgendwo ernsthaft daran, die Frankfurter Reichsregierung diplomatisch anzuerkennen, bevor sich nicht die innerdeutschen Verhältnisse geklärt hatten. Und überdies: Wer sollte auch wirklich ein besonderes Interesse an einem einheitlich und straff geführten

Orgie der Gewalttätigkeit Tötung des Kriegsministers Graf Latour 1848 in Wien. Aquarell von Johann Christian Schoeller

Deutschland haben? War es nicht seit gut hundert Jahren stets die Politik von London, Paris und Petersburg gewesen, Preußen und Österreich gegeneinander auszuspielen und die kleinen deutschen Staaten als Gewichte in einem labilen Spiel am Brett zu belassen? Dabei hatte England anfänglich große Sympathie für die liberale deutsche Revolution. Königin Viktoria und Prinzgemahl Albert waren von liberalen deutschen Adeligen beeinflusst und standen den Reformen in Deutschland mit Interesse gegenüber. Eine große Rolle spielte auch die Tatsache, dass Fürst Karl von Leiningen von Erzherzog Johann mit der Bildung eines Ministeriums beauftragt wurde. Leiningens Mutter hatte nämlich in zweiter Ehe den Herzog von Kent, den Vater Königin Viktorias, geheiratet – und war dadurch mit dem englischen Königshaus sowohl verwandt als auch in ständigem Kontakt.

Anders freilich sah die englische Regierung, allen voran der Außenminister Lord Palmerston, das Problem der deutschen Einigung. Angesichts der Ereignisse um Schleswig (die uns noch beschäftigen werden) fühlte er sich keinesfalls genötigt, das beliebte alte englische Spiel von den Gleichgewichten am Kontinent aufzugeben; und überdies stand Palmerston bereits unter dem Druck der Unterhausopposition. Die Tories hatten mit dem 44-jährigen Disraeli einen geschickten Jongleur der öffentlichen Meinung an ihre Spitze gestellt, der die deutsche Einheit als Gefahr des Friedens in Europa hinstellte, als Produkt »träumerischer Professoren und toller Studenten«. Es wäre, so meinte Disraeli schon am 19. April 1848 in einer großen Unterhausrede, ein gefährliches Dogma, alle Deutschsprechenden in einem Einheitsstaat zu sammeln – ein »dreamy and dangerous nonsense called German nationality«.

»Nonsense«: Auch für Russland hatte die Entwicklung der deutschen Revolution nichts Erfreuliches an sich. Seit dem Wiener Kongress ängstlich besorgt, alle Regungen eines eigenen revolutionären Geistes – besonders in der russischen Intelligenz – abzublocken, hatte das Zarenreich an der Existenz eines reaktionären Preußen und Österreich großes Interesse; überdies übte Russland über Friedrich Wilhelm IV. eine Art politischer Patronage aus.

So sprach Russlands Reichskanzler Nesselrode von der Gefahr für ganz

Europa, wenn eine Macht, die »durch bestehende Verträge nicht vorgesehen ist«, bedeutet: einer Macht, hinter der sich »eine Nation von 45 Millionen Menschen verbirgt, die alle einem zentralen Willen gehorchen«. Dabei stand zum Zeitpunkt dieses Ausspruchs bereits fest, dass die Revolution in einem anderen europäischen Staat fehlgeschlagen war: in Frankreich. Am 23. Februar 1848 war von Paris aus das Feuer entflammt worden, und man hatte die Republik ausgerufen. Die politischen Gefangenen wurden entlassen und tauchten in der Folge immer wieder an den revolutionären Krisenschauplätzen Europas auf. Alphonse de Lamartine, der Dichter und Inspirator der Revolution gegen den Bürgerkönig, sang zwar eine »Marseillaise des Friedens« und wollte das Volk zum Verzicht auf den Terror der Revolution erziehen, konnte aber die Rechte und die Linke nicht mit dem rhetorischen Arsenal eines Pazifisten beruhigen.

Als in Paris Ende Juni 1848 der Revolution ein Ende gesetzt wurde, fiel auch Frankreich als möglicher Verbündeter der deutschen Revolution aus. Was aber ist eine Regierung wert, die nicht einmal anerkannt wird?

Konnte aber die Frankfurter Zentralregierung nicht wenigstens eine bewaffnete Macht vorweisen? Tatsächlich hatte man mit einem eigenen Gesetz die Leitung der gesamten militärischen Gewalt innerhalb der deutschen Staaten dem Reichsverweser unterstellt. So war es für Johann eine Frage der Ernsthaftigkeit seiner politischen Funktion, ob er den Durchgriff auf die auf deutschem Boden stehenden Armeen erhalten würde. Der Reichskriegsminister in der Regierung hatte bereits im Juli 1848 einen Schritt unternommen, diese Verfügungsgewalt durchzusetzen. Tatsächlich fügten sich auch die Klein- und Mittelstaaten Deutschlands – nur Preußen und Österreich dachten nicht daran, der Aufforderung Frankfurts zu entsprechen. Der »Reichsterrorismus« hätte Preußens Friedrich Wilhelm und Österreichs Ferdinand allzu leicht vom Thron stürzen können – waren doch nur die Bajonette ihrer Heere die Stütze ihrer Regime.

Es war vor allem der König in Berlin, der nun gegenüber Johann mit einem üblen Doppelspiel begann. Zuerst hatte er Johann versichert, dass dieser alle »Verhältnisse, die Eurer Kaiserlichen Hoheit Wirksamkeit und das Heil Deutschlands und unserer Länder berühren, auf meine und meiner Regierung offene und kräftige Unterstützung und Mitwirkung zählen« – um dann gegen Frankfurt eifrig zu intrigieren. Wie man wirklich dachte, sprach der junge Bismarck aus: »Preußen sind wir, und Preußen wollen wir bleiben. Wir wollen das preußische Königtum nicht verschwommen sehen in der faulen Gärung süddeutscher Gemütlichkeit.« So zeigte sich bald auch in der Frage des Oberbefehls, dass mit Berlin überhaupt nicht zu reden war. In Frankfurt hatte man zwar einen Oberbefehlshaber und einen Kriegsminister, aber in Berlin und Wien die einsatzfähigen Armeen.

In Wien dachte man nicht anders als in Berlin – abgesehen von der umgekehrten Aversion. Und man machte sich erst gar nicht die Mühe, Johann über die österreichische Auffassung zur Militärfrage zu informieren.

Blut in den Straßen

Mittlerweile zeigte sich aber auch Erosion in der Paulskirche selbst. In Frankfurt wurde ein so genannter Demokratenkongress einberufen, dem die Linke eine außerparlamentarische Funktion zumaß. Eine Gegen-Paulskirche sollte den »wahren« Volkswillen zum Ausdruck bringen und den »Verrat« der Abgeordneten der Mitte und der Rechten korrigieren. Der Journalist Fröbel übernahm den Vorsitz der Demokratenversammlung, die »Rheinische Zeitung« – in der Karl Marx und Friedrich Engels den Ton angegeben hatten – wurde das Sprachrohr. Das Ziel der Linken war permanente Revolution im Stil des Pariser Konvents, demokratische Vereine nach dem Muster der Jakobinerklubs, ein Zentralkomitee als Wohlfahrtsausschuss – und alles zusammen eine deutsche Republik »ohne Obrigkeit, ohne Privateigentum, ohne Erbrecht«.

Man stellt sich als die »besseren Deutschen« vor und appelliert an nationalistische Emotionen; Gemäßigte werden in einer riesigen Volksversammlung auf der Frankfurter Pfingstweide als »Verräter an der deutschen Sache« und Gegner der deutschen Ehre und Freiheit denunziert. Den Erzherzog greift man in diesen Reden dennoch nicht direkt an; es zeigt sich, dass der Reichsverweser ein so hohes Prestige besitzt, dass man es nicht wagt, ihn vor dem Volk schlecht zu machen.

Die von Johann bestellte Regierung des Wiener März-Revolutionärs Anton von Schmerling – der jetzt Reichs-Ministerpräsident war – tritt zusammen. Man will der Herausforderung der Linken begegnen, und Schmerling informiert das Staatsoberhaupt: »Entweder hängen uns die Aufständischen oder wir hängen sie.«

Auch der Erzherzog muss sich nun entscheiden. Soll er in Zukunft unter dem Diktat der Straße stehen oder will er sich auf die noch funktionierenden Organe verlassen?

Erzherzog Johann gibt Schmerling freie Hand. Am 18. September um drei Uhr morgens treffen Truppen aus Mainz im nahen Frankfurt ein; ein österreichisches und ein preußisches Bataillon. Damit ist die Idee vom deutschen Nationalstaat unter einer demokratischen Führung natürlich vorbei: Denn die Rettung der Paulskirche und der Zentralgewalt durch Truppen der monarchischen Gliedstaaten bedeutet de facto die Selbstaufgabe, wenngleich das noch niemand in voller Tragweite begreift.

Am Morgen des 18. September sind die Zugänge zur Paulskirche von österreichischen Infanteristen und preußischen Grenadieren verstellt. Die Abgeordneten können sich nur mühsam einen Zugang verschaffen. Dann, nach der Zusammenkunft, greift die Linke Schmerling massiv an. Man fordert Neuwahlen, was aber die Mehrheit auf der Rechten und in der Mitte ablehnt. Die Abstimmung bringt den vor der Paulskirche wartenden Pöbel und auch das Volk in den Straßen in Rage. Preußische Soldaten werden zuerst angegriffen, die österreichischen sind zum Großteil Tschechen und verstehen nicht Deutsch, um auf die Anpöbelungen zu reagieren. Aber dann gibt am Nordportal der preußische Offizier das Kommando zum Angriff. Mit gefälltem Bajonett gehen die Preußen vor. Soldaten retten die Volksvertreter vor dem eigenen Volk.

So ist bereits im September 1848 die Entscheidung gefallen.

Aber die zahlreich vorhandenen bewaffneten Aufständischen in den Straßen Frankfurts zielen jetzt gar nicht auf die anrückenden Preußen und Österreicher. Die linke Revolution will vielmehr die Macht in der Paulskirche erringen. Der Badische Revolutionsführer Gustav Struve spricht das Wort von der »geschwätzigen« Versammlung aus – wie das vom »ohnmächtigen« Reichsverweser. Dort, wo erst vor wenigen Wochen Erzherzog Johann bejubelt wurde, singen jetzt die Aufständischen die Lieder Ferdinand Freiligraths: »Die Republik, die Republik! Noch stehn wir müßig unten … vom Wall doch ruft's: bleibt nicht zurück, macht durch den Riss, die Republik! Beim Aufblitz unsrer Lunten!«

Am Nachmittag des 18. September gibt es schon zahlreiche Tote, Hunderte Verletzte. Was wird geschehen, wenn Schmerling Artillerie heranführt? Jetzt wird auch den linken Paulskirchen-Vertretern unheimlich, was sie angerichtet haben. Die Abgeordneten Raveaux, Simon, Giskra und Schilling gehen zum Reichsverweser. Die Herren distanzieren sich vom schießenden Pöbel in der Innenstadt, fordern aber, dass Johann dem Militär den Befehl zum Rückzug erteilen soll. Was das bedeuten würde, ist klar. Die Straße hätte die Oberhand, die linken Delegierten wären die Dirigenten der Nationalversammlung.

Jetzt erkennt Johann klar, dass diese Revolution nicht die seinige ist. Ja, im März, als das liberale Bürgertum, der politisch diskriminierte Dritte Stand, den längst fälligen Nachvollzug der Geschichte forderte – da hatte er sich in Österreich zum Anwalt, zum Sprecher gemacht. Aber jetzt? Johann erfährt zudem, dass ein Pöbelhaufen die beiden Paulskirchen-Abgeordneten Lichnowsky und Auerswald massakriert haben soll. Das Gerücht bestätigt sich später als traurige Wahrheit. So weist Johann die linke Delegation brüsk ab. Ganz gegen seine Art findet er kalte, schneidende Worte.

Und plötzlich sind auch Soldaten aus Darmstadt da, mit Geschützen, die sie rasch gegen die Barrikaden in der Innenstadt in Stellung bringen. Schon die erste Salve reißt ein Riesenloch in die Steinhaufen. Es sind nun insgesamt 10.000 Mann, über die Schmerling in den Abendstunden verfügt. Aber Viertel auf Viertel Frankfurts wird durchkämmt, die Straßenkämpfer aus der Stadt gedrängt. Jenseits des Mains gehen die Kämpfe noch in der Nacht weiter. Schmerling lässt Gefangene nach Mainz bringen.

So sieht man jetzt auch im kaiserlichen Lager in Österreich in Schmerling einen Verbündeten. Und man ist froh, neben dem – aus der Sicht des Hofes – unverlässlichen Erzherzog Johann einen Mann der Stärke in Frankfurt zu wissen. Denn in der Tat machte der 18. September 1848 ein Paradoxon manifest: Unter der Führung zweier Österreicher wurde das bürgerliche Deutschland vor der linken Republik bewahrt. Wäre es anders gekommen, hätte Europas Geschichte einen anderen Verlauf genommen. Im Nachhinein hat Johann über diese Phase seiner Reichsverweserschaft eine eher naive Stellungnahme bezogen. In einer Original-Niederschrift hat er gemeint, dass im September die Ordnung gesiegt hatte, aber zugleich *für Österreich, für Preußen entschieden wurde* – und gegen Frankfurt. Er wollte aber nur eine Politik *ohne Kränkung irgendeines Rechtes* betreiben, auch Anwalt des Volkes sein, *welches die Erfüllung der Hoffnungen und Versprechungen erwartete.* Später berichtete Erzherzog Johann von diversen Versuchen, ihm eine Krone anzubieten, ohne dass er präzisierte, wer hinter diesen Vorschlägen wirklich gesteckt haben soll. Jedenfalls habe er aber *nichts begehrt und nichts angenommen*; vielmehr alles zurückgewiesen, alle *Anträge für mich und meinen Sohn – ich wollte keinem Unrecht tun.* Später meinte er verbittert: *Ich (war) nicht viel mehr als ein Strohmann ohne Macht und Wirksamkeit.*

Im Laufe des Herbstes 1848 muss Johann dann zur Auffassung gekommen sein, dass die anstehenden Probleme unlösbar waren. Dazu kam in zunehmendem Maß die soziale Fragestellung in ganz Deutschland. Dabei wusste er noch nichts von der Theorie, dass sich in den Ereignissen des Jahres 1848 erst die bürgerliche Revolution- und noch nicht eine proletarische – spiegelte. Nur für Karl Marx war durch die Beobachtung der Frankfurter Ereignisse dieser Zusammenhang klar geworden. Die bourgeoise Gesellschaft, deren Exponenten in der Paulskirche zusammensaßen, stritt sich auch in der Tat nicht um die Neuverteilung der Produktivkräfte, sondern zunehmend um die Frage, ob sich die Umverteilung der Macht in Deutschland zugunsten des Nordens oder des Südens auswirken solle. Später schrieb Erzherzog Johann, dass er sich abgefunden habe mit *seinem eigenen gebundenen Wirkungskreis* – angesichts von *Eitelkeit, Ehrgeiz und Eigensinn*, der ihm zunehmend in der Paulskirche begegnete; samt *der Parteien und ihren verschiedenen Stammes-Nationalitäten.*

Fragt sich nur, wann er auch durchschaute, dass er von den Preußenfreunden nur benützt wurde; andererseits aus seiner österreichischen Haut nicht ausfahren konnte.

Im Oktober überschlugen sich in Wien die Ereignisse. Und er begriff, dass sein eigenes Land, seine eigene Dynastie auf den deutschen Reichsverweser keine Rücksicht mehr nahm; wodurch er seine wohl wirklich schwerste Niederlage erlitt. Denn man nahm nicht mehr nur sein Scheitern in Kauf, sondern provozierte es bewusst.

Es begann damit, dass der in Ungarn zum königlichen Kommissar eingesetzte österreichische General Lamberg auf einer Donaubrücke in Budapest aus dem Wagen gezerrt und brutal ermordet wurde. Mit Hilfe des zum Retter der Monarchie aufgestiegenen kroatischen Banuš Jellačić wurde vom kaiserlichen Hof eine scharfe Vergeltungsaktion organisiert. Kaiser Ferdinand und sein Anhang waren mittlerweile nach Wien zurückgekehrt. Es bestand ja auch kein Zweifel mehr: Ungarn unter Ludwig Kossuth war zum Abfall von Österreich entschlossen. Dagegen wollte die noch immer im Amt befindliche kaiserliche Regierung aber Truppen einsetzen. Doch das Ausrücken der Soldaten gegen die Magyaren wurde vom Wiener Mob und den Revolutionären in Wien verhindert. Man zog vor das Kriegsministerium am Hof und holte den – für die Truppenverlegungen verantwortlichen – Kriegsminister Latour aus dem Gebäude. In einer unbeschreiblichen Orgie der Gewalttätigkeit brachte die Menge den 68-jährigen General um, verstümmelte die Leiche auf das Grässlichste und hängte sie an einen Laternenpfahl.

Neuerlich verließ Kaiser Ferdinand die Stadt ; mit ihm der ganze Hof. In Olmütz bot ein barockes Riesenschloss genug Platz.

In der Paulskirche setzte eine heftige Österreichdebatte ein, bei der sich vor allem die linken österreichischen Abgeordneten hervortaten. Der Abgeordnete Berger forderte in einem Antrag eine Unterstützung der »heldenhaften Demokraten Wiens wegen ihrer unsterblichen Verdienste bei der Bekämpfung der Reaktion der verräterischen Minister und der freiheitsmörderischen Kamarilla«. Und man beschloss, zwei Abordnungen zu bestellen. Die eine, mit Unterstützung Johanns, sollte nach Olmütz reisen und als Vermittlung zwischen dem Kaiser und den Revolutionären die »guten Dienste« anbieten. Die andere, die nur die Frankfurter Linke hinter sich hatte, sollte direkt in das aufgewühlte Wien fahren.

In Olmütz erlitten die Abgeordneten Welcker und Mosle, trotz ihrer Befürwortung durch Erzherzog Johann und Schmerling, eine frontale Abfuhr. Man erklärte ihnen deutlich, dass sie den Hof schleunigst wieder verlassen sollten und verbot ihnen auch jeden Kontakt mit dem Reichstag in Wien. Fürst Windischgrätz, zu allem entschlossen und von Kaiser Ferdinand dazu auch bereits bevollmächtigt, hielt den beiden vor: »Haben Sie ein besseres Recht, sich einzumischen, als der Kaiser von Österreich?« Und als sich die beiden auf Erzherzog Johanns Auftrag beriefen: »Österreich bedarf der Paulskirche nicht. Es wird den Kampf um sein Bestehen allein ausfechten.«

Unterdessen waren die linken Abgeordneten Fröbel und Blum in Wien zum Mittelpunkt des revolutionären Interesses geworden. Statt zu vermitteln, hetzten sie die Menge noch mehr auf. Blum, der heiße Demagoge, goss mit dem ganzen Pathos seiner norddeutschen Rhetorik Öl ins Feuer: »Die Fanatiker der Ruhe, sie wollen das Gesetz der Kanonen, die Ordnung der Bajonette, die Ruhe des Kirchhofs … darum keine halbe Revolution! Fortschreiten, wenn auch blutiges, auf der eingeschlagenen Bahn! Vor allem keine Schonung gegen die Anhänger des alten Systems – gegen diese wird ein Vernichtungskampf geführt ohne alles Erbarmen. Wenn aber Wien trotz unserer mutvollen Bestrebungen doch unterliegen sollte, dann wird sich der Geist der Vergeltung über den Trümmern der Stadt erheben, und vor seinem racheschnaubenden Flügelschlage werden die schuldbewussten Fürsten Deutschlands vergehen!«

War das die Stimme des guten Erzherzogs Johann? Sollte das die Sprache der deutschen Zentralregierung sein? Die gemäßigteren Wiener Bürger, die sich zum Großteil bereits von der Revolution abgewandt hatten und die Rückkehr der Ruhe erhofften, konnten sich kein wahres Bild von der Lage machen.

Die Entscheidung fiel erst in den letzten Oktobertagen. Die kaiserlichen Truppen hatten Wien von allen Seiten eingekreist. Blum und Fröbel konnten mit Reden nichts mehr ausrichten und kämpften gleichfalls mit, obwohl sich Blum mit dem Oberkommandierenden der Nationalgarde Wiens, Wenzel Messenhauser, bereits überworfen und jeder jedem Verrat an der Revolution vorgeworfen hatte. Aber am 30. Oktober war der

Kampf zu Ende. Schwarz-Gelb hatte über Schwarz-Rot-Gold den Sieg davongetragen. Jellačić' Kroaten hausten unbeschreiblich in der Vorstadt; und die Gefängnisse füllten sich mit den Verhafteten, die seit der Einschließung Wiens die brennende Stadt nicht mehr hatten verlassen können.

Am 4. November 1848 verhaftete man Blum und Fröbel im Wiener Gasthof »Zur Stadt London«. Die beiden wiesen sich als Abgeordnete der deutschen Nationalversammlung aus, wurden aber umgehend vor Gericht gestellt. Ihre Immunität wurde ignoriert. Blum wurde am 9. November hingerichtet, Fröbel zum Tod verurteilt, aber begnadigt.

Erzherzog Johann erfuhr erst einige Tage später, was sich in Wien abgespielt hatte. Er war über die Hinrichtung Blums erschüttert und wurde sich bewusst, dass man damit ihn getroffen hatte. Man nahm auf seine Stellung in Frankfurt also keine Rücksicht mehr. Zutiefst betroffen und bestürzt, schrieb er an seinen als Diplomat in Griechenland eingesetzten Freund, den Grafen Prokesch von Osten, einen ergreifenden Brief: *Sie haben Frieden und Ruhe, sehen auf das schöne Meer und atmen eine milde Luft. Ich bin mitten in der größten Aufregung und muss alle nur möglichen Mittel anwenden, um das Ärgste zu verhindern*; jeder Tag bringe neue Verlegenheiten, neue Kränkungen. Er, Johann, könne nichts tun – denn welche Kräfte stünden der Zentralgewalt zur Verfügung? *Meine Aufgabe ist zu halten und zu bewachen; ob es mir gelingen wird, das weiß Gott allein.* Tiefe Enttäuschung spricht aus den Sätzen des Reichsverwesers – Resignation über die tiefe Niederlage, die sich für ihn in diesem halben Jahr nun abzuzeichnen schien: *Ich habe hier Ruhe, Gesundheit zum Opfer gebracht, mein geringes Vermögen, ohnedies durch die Ereignisse geschmälert, nicht gebessert, da ich von diesem hier lebe.* Er dachte nun an den Rücktritt – aber *ich wünsche einen Österreicher.* Er selber würde, weil er auch nie an Ehrgeiz gelitten habe, *in mein Vaterland zurückkehren und dort zurückgezogen leben.*

Für die österreichische Sache stand es in Frankfurt mittlerweile mehr als schlecht – alles lief zugunsten der Preußen. Die Kleindeutschen forderten, dass »kein Teil des Deutschen Reiches mit nichtdeutschen Ländern zu einem Staat vereinigt sein« dürfe. Das lief auf einen faktischen Aus-

schluss Österreichs hinaus. Mit 340 gegen 76 Stimmen beschloss die Paulskirche, die Donaumonarchie müsse sich teilen oder zum Rückzug aus dem Deutschen Bund gezwungen werden.
Eine Welle der Empörung war die Folge. Denn nunmehr verwahrten sich auch zahlreiche Slawen, Magyaren und Romanen der habsburgischen Monarchie gegen die Engstirnigkeit der Kleindeutschen, die den Weg für ein Preußen-Deutschland öffnen wollten. Auch Schmerling zeigte jetzt deutlich Farbe: »Ich gehöre einem großen Staat an, ich bin ein Österreicher und ich bin stolz, es zu sein. Und weil Österreich eine Geschichte für sich hat, die die Brust des Mannes und des Knaben beseelt, wenn er in der Geschichte des österreichischen Staates liest – deshalb rühmt man sich seiner Abstammung.« Der populäre Feldmarschall Radetzky schließlich sprach aus, was wohl die meisten Österreicher dachten – auch jene, die dem reaktionären Regime in Wien nicht gewogen waren: »Österreich wird sich eher von Deutschland als von Österreich trennen. Die Zeit wird lehren, ob ich in meinen Ansichten irre.«
So wurde in den kalten Herbsttagen des Jahres 1848 die schmerzhafte Teilung zwischen den Reichsdeutschen und den Deutschsprachigen des Habsburgerreiches bewirkt. Österreich wurde damals zur Gemeinschaft sui generis, und alles, was in der Folge noch in Frankfurt geschah, war bereits das Nachhutgefecht einer weltgeschichtlichen Weichenstellung.

Grande Finale und eine Nachgeschichte

Wer angenommen hatte, der deutsche Reichsverweser Erzherzog Johann aus Österreich würde zurücktreten, der irrte. Seine diesbezüglichen Drohungen teilte er nur seinen Freunden mit.
Aber da demissionierte am 2. Dezember 1848 jemand ganz anderer: Österreichs Kaiser Ferdinand, 55 Jahre alt, vom Volk jetzt zu »Gütinand dem Fertigen« herabgestuft. Sein Nachfolger: Der erst 18-jährige Neffe Franz Joseph.
Wie würde sich der junge Kaiser verhalten – von dem man annahm, dass er ganz dem Einfluss seiner Mutter Sophie ausgeliefert sein werde? Immerhin hatte der junge Mann bei der Armee bereits Proben persönlicher Standhaftigkeit abgelegt. Und Erzherzog Johann? Er kannte den Großneffen kaum mehr.
Nun war der Reichsverweser offensichtlich von den Ereignissen völlig überfahren worden. Aber statt einer herzhaften Aktion und der Ausnutzung des ihm noch verbliebenen guten Rufs bei den einfachen Leuten – statt einer persönlichen Demarche bei Franz Joseph in Wien – tat er nichts, getreu der Maxime, die am trefflichsten wohl Franz Grillparzer

»Jedem sollte man das Seine ungestört lassen«: Erzherzog Johann mit seinem Sohn, Gemälde von Johann von Fischbach

im »Bruderzwist in Habsburg« über das Hohe Haus formuliert hatte: »Da hält man sich denn ruhig und erwartet, bis frei der Weg, den Gott dem Rechten ebnet.«

Aber ebnete Gott einen Weg?

Frankfurt irrlichterte. Lorenz vom Stein beschrieb eine Soiree beim Reichsverweser, die ihm aber so sehr ins Irrationale verzerrt erschien, »wie im Passagierzimmer der Post oder im Wartezimmer eines Bahnhofs«. Und über den Erzherzog: »Die Persönlichkeit des Reichsverwesers ist vielleicht zu unbedeutend und die im Salon anwesende Gattin vermag sie nicht zu heben.« Eine frivole Anspielung, die aber im Kern richtig war: Der Ruf Johanns als Bürgerfürst war wohl durch nichts so sehr beeinflusst worden wie durch seine Ehe mit dem einfachen Landmädchen aus Bad Aussee. Und Johanns Image hatte sich bedauerlicherweise nicht durch seine Politik geformt, sondern durch seine Trinksprüche, seine Reden und seine Romanze. Der zynische Spott machte nun selbst vor seinem Privatleben nicht Halt – weil dieses auch so sehr im öffentlichen Interesse stand. Dass Johann aber nach wie vor einen guten Ruf im Volk hatte, macht ein Flugblatt deutlich, das als Plakat affichiert wurde (und heute im Bundesarchiv von Frankfurt liegt). Darin macht ein anonymer Schreiber den Vorschlag, den Erzherzog-Reichsverweser doch einfach zum Kaiser der Deutschen auf Lebenszeit zu machen – und damit das ganze Hin und Her zu beenden. Und wörtlich die vox populi: »Dadurch wird der populärste Fürst Deutschlands auf den Thron berufen, was eine bedeutende Garantie mehr bietet für künftige Ordnung und ruhige staatliche Entwicklung.«

Das war natürlich Utopie; sein wirkliches Los bestand darin, zwischen allen Fronten zu stehen. Und nicht zuerst an sich selbst zu denken, war sein entscheidender Fehler, der ihm ein weiteres halbes Jahr der Auseinandersetzungen einbrachte – bis hin zum totalen Bankrott seines Reichsverweseramtes. Wie lange würde es noch dauern, bis man ihn in Frankfurt absetzen oder ausweisen würde? Jetzt war alles denkbar. Das Kleindeutschtum war zum beherrschenden Mythos der Paulskirche geworden.

Im März 1849 diskutierte man tagelang über den Antrag des Abgeordneten Welckers, dem König von Preußen die erbliche deutsche Kaiserwürde zu übertragen, selbst wenn dieser sie nicht wolle.

In dieser Phase fasste der Österreicher Johann Nepomuk Berger die Haltung vieler zusammen – und sagte geradezu prophetisch eine Entwicklung voraus, die über Königgrätz bis ins 20. Jahrhundert führte: »Sie werden sich Deutsch-Österreich nicht erobern. Ist einmal Deutschland preußisch geworden, dann werden auch die Sympathien der Deutsch-Österreicher erlöschen, denn die Österreicher wollen deutsch, nicht preußisch werden.« Dennoch stimmten am 28. März 290 Abgeordnete in der Paulskirche dafür, den preußischen König Friedrich Wilhelm IV. zum Kaiser der Deutschen zu machen – zum »Volkskaiser«; 248 enthielten sich der Stimme, 29 fehlten.

Johann hatte die Kaiserwahl der Nationalversammlung als einen Schlag gegen seine Person und Funktion empfunden. Er war, wie er schrieb, *am Ende des Lateins;* man ließ ihn gewissermaßen zwischen allen Sesseln Platz nehmen. Freilich: Auch die Preußenfreunde blamierten sich. Am 3. April traf in Berlin eine Abordnung aus Frankfurt ein, mit feierlichem Zeremoniell vom künftigen »Volkskaiser« empfangen. Der Präsident der Paulskirche, Simson, erläuterte dem König den Beschluss der Nationalversammlung und die Wahl zum Kaiser. Mit festem Blick sah Friedrich Wilhelm die Abgeordneten an. Und dann erklärte er, die Krone »aus Dreck und Lettern« nicht annehmen zu wollen; er müsse erst die gekrönten Fürsten Deutschlands darüber befragen. Er denke jedenfalls nicht daran, sich »ein Hundehalsband umschnallen zu lassen, das ihn unauflöslich an die Volkssouveränität« fesseln würde.

Nun war über Nacht auch für Johann wieder alles anders. Am 5. April schon erklärte Wien dem Reichsverweser, dass an seinen Rücktritt nicht zu denken sei. Er müsse als Österreicher gefälligst bedenken, »dass so viele hochwichtige Interessen unseres Vaterlandes mit jenen des übrigen Deutschlands eng verknüpft sind«. Er habe auszuharren, »ad maiorem Austriae gloriam«. Immerhin bequemte sich jetzt auch Franz Joseph zu einem Brief an den alten Onkel: Johann möge bitte weiterhin Österreichs Interessen in der Paulskirche vertreten.

Nur: Diese begann sich aufzulösen. Am 3. Mai 1849 beschloss der linke Rest der Paulskirche, von Frankfurt nach Stuttgart zu übersiedeln. Nur mehr 71 Abgeordnete genügten für diesen Mehrheitsentschluss, bis auch in Stuttgart dieses Rumpfparlament ein unrühmliches Ende fand.
Johann aber war noch immer Reichsverweser. Die Aufforderung des preußischen Königs, ihm die Zentralgewalt zu übertragen, negierte er. Dafür nahm die Rumpf-Nationalversammlung in Stuttgart die Kompetenz in Anspruch, wonach »jeder deutsche Staatsbürger … dem Erzherzog Johann als anmaßlichem Reichsverweser Gehorsam zu leisten weder schuldig noch befugt« sei. Formell war Johann damit ein abgesetztes Oberhaupt. Aber hatte Stuttgart eine wirkliche, legale Kompetenz dazu? Johann vertrat jetzt ausschließlich die Interessen Österreichs.
Für das demokratische Experiment – die Paulskirche – wurde jetzt die letzte Runde eingeläutet. Das letzte revolutionäre Aufflackern war in einigen deutschen Ländern blutig unterdrückt worden; aber nicht nur revolutionärer Pöbel, den man in Wien und Berlin so sehr verachtete, wurde vor die Gerichte gestellt, eingesperrt oder zur Flucht gezwungen: Es waren durchaus ehrenwerte Männer, die einer guten Sache zu dienen meinten. Tausende flüchteten, allein die Schweiz nahm 11.000 Flüchtlinge auf. Amerika erfuhr einen starken deutschen Einwandererzufluss. Denunzianten, Opportunisten und Informanten hatten große Auftritte. Metternich und sein System schienen wieder auferstanden zu sein, die Hoffnung auf eine neue Zeit war endgültig zerstört. Die Reaktion hatte überall gesiegt.
Wenige Tage vor Weihnachten 1849 trat Erzherzog Johann zurück. In seiner Abschiedserklärung sprach der Reichsverweser nicht mehr vom deutschen Volk, das seine Geschicke selbst in die Hand nehmen sollte, sondern vom Beistand des Allmächtigen und von der Eintracht der Fürsten, auf die es jetzt ankomme. Frankfurt, die verhasst-geliebte Stadt, bereitete Johann einen Abschied mit Illumination und Fackelzug. Ein wenig pathetisch, aber gut gemeint, gab man Johann die besten Wünsche mit auf den Weg – zurück in die steirische Welt und dass sich »in das Wehen der Bergluft ein Hauch der Erinnerung an die Stadt, welche so bedeutungsvolle und segensreiche Spuren des hohen Wirkens trägt, mischen werde«.

Warum aber scheiterte die Revolution? Zweifellos, weil eine Revolution von oben den freien Geistern der Zeit nicht mehr zumutbar war; Johann hatte sie nur in einer kurzen Anfangsphase seiner Reichsverweserschaft für möglich gehalten. Für eine Revolution von unten fehlte aber der soziale, der gesellschaftliche Unterbau. Noch waren Deutschland und Österreich agrarisch ausgerichtete Militär-Staaten, noch waren die Städte klein, noch fehlten die großstädtischen Massen.

Und so versagte Johann in Frankfurt vor allem aus zwei Gründen: Er hatte nicht Mut und Konsequenz, gegen die Monarchen – seine Neffen und Cousins – die Macht der Straße einzusetzen; und er trat nicht mit einem klaren Konzept vor das Paulskirchenparlament. Überrascht von seiner Wahl ließ er sich gewissermaßen von der Revolution treiben; er bestimmte nicht die Entwicklung, indem er den Abgeordneten und seiner Regierung Ziele vorgab, sondern wurde zum Spielball der verschiedenen Richtungen und Cliquen. Falsche Loyalität gegenüber seinem österreichischen Herrscherhaus hinderte ihn überdies, im entscheidenden Moment zuzugreifen, nämlich als Friedrich Wilhelm IV. von Preußen die historische österreichische Vorherrschaft auch akzeptiert hätte. Johanns Fehler bestand in seinem Charakter, loyal zu sein; aber in einem »tollen Jahr« war diese biedere Geradlinigkeit auch nicht gefragt. Und wie schnell er vom Heros einer Generation zur lächerlichen Figur wurde, illustriert wohl nichts besser als der epigrammatische Vers Franz Grillparzers: »Verwesung ist der Tod; soviel weiß jeder Leser. Drum statt lebend'ger Macht – nennt man dich Reichs-Verweser.«

Der Bürgermeister von Stainz

Johanns Rückkehr nach Österreich zu Beginn des Jahres 1850 führte ihm die neue Lage in der österreichischen Monarchie deutlich vor Augen. Ab Oktober 1848 war der Widerstand einer ins Anarchische abgerutschten Revolution blutig von den Truppen der kaiserlichen Generäle zusammenkartätscht worden. Der junge Franz Joseph war Kaiser. Er erließ eine oktroyierte, also aufgezwungene Verfassung, die Österreich als zentralistischen Einheitsstaat organisieren sollte.

Danach stellte in Italien Feldmarschall Radetzky durch seinen Sieg bei Novara im Süden der Monarchie die Ruhe wieder her. Auch die kurzzeitige Republik Venedig unter Daniele Manin zerfiel nach dem Einsatz österreichischer Truppen. Franz Joseph konnte sich ganz auf Ungarn konzentrieren, denn der ungarische Reichstag hatte das Haus Habsburg-Lothringen für abgesetzt erklärt. Und als nach einer Zusammenkunft des Kaisers mit Zar Nikolaus I. russische Hilfstruppen in Ungarn einmarschierten, brach der magyarische Widerstand heroisch zusammen.

Johann, der Reichsverweser in Pension, sah sich einer verwandelten Welt gegenüber. Franz Joseph war ihm nicht nur aufgrund von Alter und Lebenserfahrung fremd, sondern auch angesichts seiner Bindung an die reaktionäre Generalsclique, der er den Thron verdankte. Dabei dürfte es nicht nur ein Versöhnungsversuch gewesen sein, dass Franz Joseph bald nach Johanns Rückkehr aus Frankfurt seine Bereitschaft anzeigte, Anna in den Grafenstand zu erheben. Wieder dürfte es dem Erzherzog aber nicht so sehr um Titel und Ehre gegangen sein, als vielmehr um die Tatsache, dass man nicht nur negativ über seinen – und seiner Frau – Einsatz in Frankfurt urteilte. Am 9. Jänner 1850 erging ein kaiserliches Handschreiben, in dem die Verdienste Annas vor allem in der »Anhänglichkeit« gegenüber Johann gesehen wurden. Anna sollte den Titel einer Gräfin von Meran, Freiin von Brandhofen tragen und ihrem Sohn damit gleichgestellt sein. Ihr Wappen sollte in einem Feld »auf einem Rasenhügel ein Alpenhaus« – den Brandhof – zeigen; Steinadler und Gämse sollten Schildhalter sein, der Wahlspruch sollte lauten: »Sic Deus mecum, quid contra me« (Wenn Gott mit mir ist, wer ist (dann) gegen mich?). Dieser Sinnspruch ist eine Spruchzeile, die sich im Schweizertor der Wiener Hofburg (bis heute leserlich) als eingeritztes Kuriosum findet.

Kaum ein halbes Jahr nach der Rückkehr nach Österreich erreichte Johann dann in Gastein, wo er sich zur Kur aufhielt, ein Brief der Gemeinde Stainz. In Stainz besaß Johann seit 1840 ein Gut sowie das zur Herrschaft gehörende Schloss – ein vierkantiger Prachtbau, von dem aus man einen großartigen Blick in das steirische Hügelland genießt.

Die Stainzer hatten Johann, so schrieben sie nun nach Gastein, ihn, den Heimkehrer, zu ihrem Bürgermeister gewählt.

Johann, nunmehr fast 70 Jahre alt, nahm die Wahl an. In einem Brief dankte er – und stellte weder Bedingungen noch machte er Einschränkungen: *Meine lieben Stainzer! Die von Euch auf mich gefallene Wahl zu Eurem Gemeindevorstand hat mich als Beweis Eures Vertrauens sehr erfreut, ich zögere keinen Augenblick dieselbe anzunehmen. Meine Gesinnung gegen Euch konnten die veränderten Verhältnisse nicht ändern, so wie früher als Grundherr Euer Freund, für Euer Wohl besorgt, so jetzt als Glied Eurer Gemeinde. Wir wollen nun ernstlich, aufrichtig und beharrlich die Aufgaben lösen.*
Welch großartige Gesinnung! Der Mann, der erst vor kurzem ein Held der Revolution und geheimer Fürst Deutschlands gewesen war und der nun, nach dem Scheitern zum verschmähten Repräsentanten eines Abenteuers geworden war, der deshalb auch Schmerz, Scham und Trauer empfand: Dieser Mann resignierte nicht und zog sich nicht in den Schmollwinkel gekränkter Eitelkeit zurück. Er wurde nicht zum Besserwisser aus Räson oder zum zornigen Pensionisten, der über die Übelkeit der Zeiten sinniert. Nein, er stellte sich, wenngleich sicherlich auch müde, zur Verfügung. Und wenn ihm auch bewusst war, dass das Bürgermeisteramt von Stainz sicher keine Krönung seines Lebens sein konnte, so nahm er die Wahl ohne Koketterie an.
Immerhin: Es war dies die erste zivile öffentliche Funktion in der Steiermark, die Johann jetzt ausübte; in Stainz von Mitbürgern gewählt, sah er darin wohl auch ein Bekenntnis zur demokratischen Willensbildung, die gerade nach der Revolution mehr als verpönt war. Und erstaunlich, dass gerade dadurch Johanns Popularität in seiner steirischen Welt noch größer wurde. Es entstanden in diesen Monaten neue Lob- und Huldigungsgedichte, Franz Dingelstedt etwa betitelte sein Poem mit: »Einem Vergessenen«. Und ein Anonymus schrieb über »Erzherzog Johann – oder Undank ist der Welten Lohn«.
In der folgenden Zeit nahm Johann seine Verpflichtung als Bürgermeister durchaus ernst. Er saß dem Gemeinderat vor, der zumeist im Gasthof Stöger in Stainz zusammentrat, und kümmerte sich um die kleinen Dinge des Gemeindealltags. Nach Stainz wurden eine Bezirkshauptmannschaft und ein Bezirksgericht verlegt, Johann stellte provisorische Amtsräume zur Verfügung. Auch eine Filiale der Landwirtschaftsgesell-

schaft nahm in Stainz ihren Sitz. Man richtete eine Apotheke ein, und Johann setzte sich für die Abhaltung eines Wochenmarktes ein. Immerhin: 1851 wurde in Stainz bereits eine Straßenbeleuchtung organisiert, neue Wege und Brücken wurden angelegt. Das Gemeinderatsprotokoll vermerkt, worum sich Johann damals kümmern musste: Da ging es um die Entfernung von Mistpfützen im Ort, um feuerpolizeiliche Maßnahmen (noch waren ja die meisten Häuser strohgedeckt) oder um die am Marktplatz »herumweidenden Gänse« – weil sie die nächtliche Ruhe der Bürger störten.

Johanns Interessen in diesen Jahren gelten natürlich auch seinen Gründungen, voran dem Joanneum, der Landwirtschaftsgesellschaft, den Industrievereinen. 1852 wird auch ein »Forstverein« begründet, nachdem bereits 1848 eine »Gartenbaugesellschaft für Steiermark« ins Leben getreten war. 1850 löst sich aus dem innerösterreichischen Geschichtsverein der »Historische Verein für Steiermark«, und Johann wird Protektor und Ehrenpräsident. Man kann bald sogar einen eigenen Landesarchäologen anstellen, und Johann nimmt sich der jungen Historiker an.

Nun treten auch soziale Einrichtungen in den Vordergrund. Johann selbst hatte in der Zeit der Revolution die Grundablöse befürwortet, obwohl sie ihn natürlich als Grundbesitzer in der Steiermark persönlich betraf. Er will, wie er Innenminister Bach schreibt, ein Beispiel setzen, wie man die Grundablöse einvernehmlich regeln könne: *Ich will Frieden und Ruhe und zufriedene Gesichter sehen, darum tue ich, was ich kann.* In jenen Fällen, in denen noch vor der damals festgelegten gesetzlichen Regelung eine freiwillige vereinbart war, hält sich Johann an jene, die die Bauern besser, ihn selbst schlechter stellt. Er will die Freude haben, *eine Sache erfüllt zu sehen, für welche ich seit Jahren schon vorgearbeitet hatte.* Er verhält sich großzügig und bekennt sich stets zu den sozialen Pflichten, die Eigentum auferlegt. Einem Bergverwalter sichert er eine Art Ertragsbeteiligung – neben der normalen Besoldung – zu: ein weitblickender Gedanke. 1854 ist er auch noch zusätzlich bereit, als Protektor eines »Männer-Kranken und Leichen-Unterstützungs-Vereins« zu fungieren; die soziale Not macht solche Einrichtungen notwendig, begann doch nach 1848 ein sich ständig beschleunigender Industrialisierungsprozess in Österreich. Über die Landwirtschaftsgesellschaft ist Johann auch bei der Ausarbeitung einer neuen, verbesserten Dienstbotenordnung beteiligt.

Johanns Frau, die Gräfin von Meran, unterstützt jetzt Johann bei seinen sozialen Aufgaben. So kommt es zur Gründung eines Kinderspitals in Graz, dem »Anna-Kinderspital«. Johanns Frau übernimmt auch die Verwaltung der Güter. Einem Freund schreibt Johann, dass er keinen einzigen trüben häuslichen Augenblick hat.

Erstaunlich ist, wie gesund und rüstig Johann in diesen Jahren noch ist. Das Bergsteigen gibt er nicht auf, wenn er sich auch nicht mehr ehrgeizige Ziele setzt. Die Jagd bleibt seine Leidenschaft. Anna und der Erzherzog reisen jetzt auch viel – was nicht zuletzt darin begründet ist, dass mit dem Schloss Schenna in Tirol ein neuer Wohnsitz entstanden ist.

1854 wird schließlich auch die Semmeringbahn fertig gestellt. Der Weg von Graz nach Wien ist kein Problem mehr. Johann kann einen späten Triumph seiner Beharrlichkeit vom Fenstersitz aus genießen.

Und 1858 zieht es ihn, zehn Jahre nach dem Revolutionssturm, noch einmal nach Frankfurt, der Stadt von Triumph und Niederlage. Es war ein heißer Sommer, und Johann leidet außerordentlich unter der Hitze. Begleitet von Anna, trifft er mit der Bahn – von Würzburg kommend – am 6. Juni in Frankfurt ein. Er wohnt im »Englischen Hof«, sieht die alte Krönungsstadt wieder; fährt die Zeil entlang, wo er zehn Jahre vorher jubelnd begrüßt worden war; besucht auch Paradeplatz und Rossmarkt. *Alte Erinnerungen wurden wieder wach,* notierte er.

Und das Erstaunliche: Die Leute erkennen ihn, begrüßen ihn; er hat das Gefühl, als sei alles wieder wie einst: *Ich glaube nicht, dass es Eitelkeit von mir ist, dass ich dies sage – mir tut es wohl, dass man mich nicht vergessen hat.* Schließlich besucht er auch die Paulskirche, die wieder zur evangelischen Kirche geworden war: *Ich blickte wehmütig herunter und dachte mir, es waren doch größtenteils die vorzüglicheren Köpfe Deutschlands da versammelt … Und was ist das Ergebnis? Der arme Michel und die gute Germania sind noch nicht durch ihre Probejahre durch.*

Am 10. Juni trifft Johann schließlich mit jenem Mann zusammen, der die Geschichte Deutschlands in der zweiten Hälfte des Jahrhunderts nachhaltig bestimmen soll – was aber 1858 noch niemand weiß: Mit Otto von Bismarck. Das erstaunlichste ist, dass Johann eine dramatische Vision skizziert: *Dann kam der preußische Bundestags-Gesandte Bismark (sic!), ein sehr gebildeter, artiger Mann, der aber des Sinnes ist, Österreich (müsse) heraus aus Deutschland, Preußen an die Spitze und dann kann eine Allianz zwischen beiden Großmächten statt haben. Eine sehr erfreuliche Ansicht, welcher ich nicht beipflichten kann.*

Vor allem aber geht es Johann darum, den europäischen Frieden zu erhalten. Niemand soll an Eroberungen denken, meint er, *jedem sollte man das Seine ungestört lassen und gegen jede Störung gemeinschaftlich wachen.* Das alte Metternichsche System?

Als im April 1859 Österreich das Königreich Sardinien-Piemont auffordert, die Unterstützung der italienischen Irredenta einzustellen, mischt sich Frankreich in den Notenkrieg ein. In Europa wird fast über Nacht ein militärischer Konflikt unvermeidlich. Radetzky, der erfahrene Haudegen Österreichs am italienischen Kriegsschauplatz, war ein Jahr früher gestorben. Jetzt marschiert Österreich wieder. In die Niederlage.

Johann erlebte aber weder Magenta noch die Katastrophe von Solferino. Am 24. April 1859 schreibt er noch an den Freiherrn von Jochmus, dass es darauf ankomme, die *Rechts- und Redlichkeitsgrundsätze einzuhalten*; und im Übrigen gelte es, die *Sache der Menschheit* hochzuhalten. Am 6. Mai begrüßt Johann in Graz auch noch den auf der Durchreise befindlichen Großherzog von Toskana; den Regenten jenes Landes also , in dem er, Johann, 77 Jahre vorher zur Welt gekommen ist. Er ist etwas verkühlt und es regnet in Strömen. An diesem Tag absolviert er noch eine Sitzung im Joanneum, schreibt Briefe und lässt sich Akten bringen.

Am darauf folgenden Sonntag kann er nicht mehr die Messe besuchen. Franz Graf Meran, der Sohn des Erzherzogs, ist zu diesem Zeitpunkt als Offizier in Ödenburg stationiert. Ein Telegramm ruft den Rittmeister nach Graz zurück – ans Krankenbett des Vaters. Dort diagnostizieren die Ärzte eine Lungenentzündung.

Am 11. Mai trifft – es ist 3 Uhr morgens – Franz aus Ödenburg ein. Er findet den Vater nur noch sterbend vor.

Um 8 Uhr 45 konstatieren die Ärzte den Tod des Erzherzogs. In Wien wird Hoftrauer angeordnet. Eine Woche später gedenkt Kaiser Franz Joseph mit Kaiserin Elisabeth, seiner jungen Frau, und dem gesamten in Wien weilenden Hof bei einem Requiem in der Hofburgpfarrkirche des Verstorbenen.

In Graz wird Johann mit Ehrfurcht und Trauer zu Grabe getragen. Er findet seine Ruhestätte im Mausoleum. Erst neun Jahre später wird der Leichnam, Johanns Wunsch entsprechend, nach Südtirol überführt.

In seinem Testament hat der Erzherzog das Vermögen seinem Sohn vermacht und seine Frau lebenslang mit einem Unterhalt von jährlich 24.000 Gulden ausgestattet.

Anna, Gräfin Meran, überlebt Erzherzog Johann um mehr als 26 Jahre. Sie stirbt im Jahre 1885 in ihrem Geburtsort in Aussee, wird aber neben ihrem Mann in Schenna bei Meran beigesetzt.

1878 wird am Hauptplatz von Graz ein Brunnendenkmal errichtet. Es stellt den Erzherzog überlebensgroß dar, ihm zu Füssen die personifizierten Flüsse Mur, Enns, Drau und Sann. Auf dem Sockel steht die Verszeile:

»Unvergessen lebt im Volke
Der des Volkes nie vergaß.«

Personenregister

M

N

O

P

Literatur

1848 – Protokolle einer Revolution, Wien-München, 1968
1848 »Das tolle Jahr« – Chronologie einer Revolution, Sonderausstellung des Historischen Museums der Stadt Wien, 1998
Allmayer-Beck, Johann Christof (zus. mit **Erich Lessing**), Die k.u.k. Armee 1848 bis 1914, München, Gütersloh, Wien 1974
Arnold, Robert F., und **Wagner, Karl,** Achtzehnhundertneun. Die politische Lyrik des Kriegsjahres, Wien 1909.
Arnold, Wolfgang, Erzherzog Johann – Sein Leben im Roman, Graz 1980.
Barth, Anna, Agrarpolitik im Vormärz. Die steirische Landwirtschaftsgesellschaft unter Erzherzog Johann, Graz 1980.
Basch-Ritter, Renate, Anna Plochl, die Frau an der Seite Erzherzog Johanns, Graz 2005
Bernard, J. F., Talleyrand (Taschenbuch), München 1979.
Bezdeka, Maria, Biographie des Freiherrn von Hormayr, Diss., Wien 1953.
Bohnenblust, Ernst, Geschichte der Schweiz, Erlenbach–Zürich 1974.
Burg, Hermann (d.i. Robert Baravalle), Erzherzog Johann. Der Mensch, sein Leben und Werk, Graz 1949.
Christe, Oskar, Erzherzog Karl von Österreich , Wien 1902.
Das junge Deutschland, Texte und Dokumente, Stuttgart 1966.
Drimmel, Heinrich, Oktober 1848, Wien 1978.
Ders., Kaiser Franz, Ein Wiener übersteht Napoleon, Wien 1981.
Eichtinger, Karl, Das Jahr 1848 im Spiegel der steirischen Presse, Diss., Graz 1963.
Erzherzog Johann, Der Brandhofer und seine Hausfrau, von ihm selbst erzählet. 1850. Aus dem Familienarchive des Erzherzogs hg. v. Alfred Wokaun, Graz 1930, 2. Auflage hg. v. Walter Koschatzky, Graz 1959.
Erzherzog-Johann-Gedächtnisausstellung, Katalog, Joanneum Graz 1959.
Erzherzog Johanns Briefe an Joseph Freiherrn von Harnmer-Purgstall. In: Mitteilungen des Historischen Vereines für Steiermark, 1889.
Festgabe der Gemeinde Wien zur Erinnerung an die Befreiungskriege 1815, Wien 1915.
Geramb, Viktor, Erzherzog Johanns Bedeutung für die steirische Volkskunde. In: Das steiermärkische Landesmuseum und seine Sammlung, Graz 1911.
Ders., Die Knaffl-Handschrift. Eine obersteirische Volkskunde aus dem Jahre 1813. In: Quellen zur deutschen Volkskunde, Berlin und Leipzig 1928.
Ders., Erzherzog Johann als Alpenwanderer. Jahrbuch 1911 des Steirischen Gebirgsvereines, Graz 1912.
Ders., Ein Leben für die Anderen. Erzherzog Johann und die Steiermark, Wien 1959
Grab, Walter (Hg.), Die Revolution von 1848. Eine Dokumentation, München 1980
Grogger, Paula, Die Hochzeit. Ein Spiel vom Prinzen Johann, Graz 1937.
Gutkas, Karl, Geschichte des Landes Niederösterreich, St. Pölten 1974.
Hafner, Otfried, Das große Erzherzog Johann –Buch, Graz 1992
Hantsch, Hugo, Die Geschichte Österreichs (1648–1918), Band 2. Graz 1962.
Häusler, Wolfgang, Vom Pauperismus zur Arbeiterbewegung, Wien 1978.
Henking, Karl, Johannes von Müller, Bd. 2., Stuttgart 1928
Hermand, Jost (Hg.), Der deutsche Vormärz, Texte und Dokumente, Stuttgart 1967.
Hermann, Carl Hans, Deutsche Militärgeschichte, Frankfurt/M. 1966.
Herre, Franz, Freiherr vom Stein (Taschenbuch), Köln 1975.
Hillinger, Ingeborg, Die Bedeutung Erzherzog Johanns für die Geschichtsforschung in der Steiermark, Diss., Graz 1950

Hirn, Josef, Tirols Erhebung im Jahre 1809, Innsbruck 1909.
Hoor, Ernst, Erzherzog Johann als Reichsverweser (Briefwechsel mit Fürst Felix z. Schwarzenberg)
Ibler, Hermann, Die deutsche Bewegung und die Frankfurter Nationalversammlung im Spiegel der steirischen Presse 1848/49, Diss. Graz 1927.
Kammer der gewerblichen Wirtschaft (Steiermark), 125-Jahre-Festschrift, Graz 1976.
Kammermaler um Erzherzog Johann, Ausstellung. Neue Galerie am Landesmuseum Joanneum Katalog, Graz 1959
Karner, Stefan, Die Steiermark im 20. Jahrhundert, Graz, Wien, Köln, 2000
Kernmayr, Hans Gustl, Erzherzog Johanns große Liebe. Die Liebesgeschichte der steirischen Postmeisterstochter Anna Plochl mit Erzherzog Johann, Gmunden, Bad Ischl, 1949.
Kersten, Kurt, Die deutsche Revolution, Frankfurt/M. 1955.
Kissinger, Henry, Großmacht, Diplomatie. Von der Staatskunst Metternichs und Castlereaghs, Düsseldorf 1962.
Klein, Anton, Erzherzog Johann von Österreich. In: Österreich in Geschichte und Literatur, Jg. 3, 1959.
Klier, Heinz Erich, Der Alpenbund, Diss., Salzburg 1952.
Klingenstein Grete, Erzherzog Johann von Österreich (2 Bände), 1982
Koschatzky, Walter, Der Brandhofer, Wien 1978
Krainz, Johann, Erzherzog Johann, der Schutzengel der Steiermark. Illustriert. Wien: Rauch 1880.
Krones, Franz, Aus Österreichs stillen und bewegten Jahren 1810–1812 und 1813–1815. In: Zeitgeschichtliche Studien. Aus dem Tagebuch Erzherzog Johanns von Österreich 1810–1812.
Ders., Hormayrs Lebensgang bis 1816 und seine Briefe an den Vorgenannten 1815–1816, Innsbruck 1892. Ders., Tirol1812–1816 und Erzherzog Johann von Österreich. Zumeist aus seinem Nachlasse dargestellt, Innsbruck 1890.
Ders., Aus dem Tagebuch Erzherzog Johanns von Österreich 1810 bis 1815. Zur Geschichte der Befreiungskriege und des Wiener Kongresses, Innsbruck 1891.
Leitner, Wilhelm, Erzherzog Johann Generaldirektor des Genie- und Fortifikationswesens (1801–1849), Diss., Graz 1949.
Luschin v. Ebengreuth, Arnold, Das Joanneum, dessen Gründung, Entwicklung und Ausbau zum Steiermärkischen Landesmuseum (1811–1911). In: Das Steiermärkische Landesmuseum Joanneum und seine Sammlungen, Graz 1911.
Magenschab, Hans, Josef II. – Österreichs Weg in die Moderne, Wien, 2006
Magenschab, Hans, Held und Rebell der Alpen, Wien 1998
Mayr, Joseph Karl, Hormayrs Verhaftung 1813. In: Zeitschrift für bayrische Landesgeschichte, Bd. 13, 1942.
Mell, Anton, Die Anfänge der Bauernbefreiung in Steiermark, Graz 1901.
Ders., Erzherzog Johann von Österreich und sein Wirken in Steiermark. In: Das steierm. Landesmuseum und seine Sammlungen, Graz 1911.
Mellach, Kurt (Hg.), 1848 – Protokolle einer Revolution, Wien 1968.
Mikoletzky, Hanns Leo, Österreich – Das entscheidende 19. Jahrhundert, Wien 1972.
Moser, Monika, Stellung Erzherzog Johanns zu Problemen der Österreichischen Außenpolitik und seine Beziehung zu außerösterreichischen Ländern im Vormärz, **Diss.**, Wien 1973.
Nenning, Günter, Erzherzog Johanns Wiederkehr, Wien 1990
Oncken, Hermann, Österreich und Preußen im Befreiungskriege 1811–1815, Berlin 1879.
Palmer, Alan, Metternich, London 1972.
Paulin, Karl, Andreas Hofer und der Tiroler Freiheitskampf, Innsbruck 1970.

Peljak, Wolfgang, Das Tagebuch des Erzherzogs Johann von Österreich über seine Reisen in Großbritannien (1815/16) als Quelle für Sozialgeschichte, Diss., Graz 1952.
Pölzl, Karl, Die öffentliche Meinung in Wien 1848 über die Neuordnung Deutschlands, Wien 1948.
Popelka, Fritz, Erzherzog Johann. In: Zeitschrift des Historischen Vereines für Steiermark, Sonderband 4: Erzherzog Johann und die Steiermark, Graz 1959.
Posch, Andreas, Erzherzog Johann und Metternich. Aus ungedruckten Briefen und Tagebuchaufzeichnungen des Erzherzogs. Festschrift Julius Franz Schütz, Graz–Köln 1954.
Puschnig, R., Ein Tag im Hause Erzherzog Johanns, In: Zeitschrift des Historischen Vereines für Steiermark, Graz 1959.
Rauchensteiner, Manfried, Kaiser Franz und Erzherzog Karl, Wien 1972.
Rolletschek, Giselbert, Zur geistigen Entwicklung des Frh. Josef von Hormayr, Diss., Wien 1937.
Roth, Benno, Der steirische Prinz Erzherzog Johann, 1958.
Ders., Zum Gedenken an den steirischen Prinzen Erzherzog Johann, Seckau 1959.
Roth, F. Q., Zur Geschichte des Brandhofes in der Zeitschrift des Historischen Vereines für Steiermark, Graz 1959.
Roth, Paul W., Industriespionage im Zeitalter der Industriellen Revolution, Habilitationsvortrag 1976.
Scheuer, Grete, Johann von Österreich im Lichte der Presse, Graz 1959.
Schlossar, Anton, Erzherzog Johann und seine Bedeutung für die Steiermark, Graz 1878.
Ders., Der Steiermärkische Gewerbeverein 1837–1887, Graz 1887.
Seidlmayer, Michael, Geschichte Italiens, Stuttgart 1962.
Sieburg, Friedrich, Napoleon, Stuttgart 1978.
Simon, Kurt, Erzherzog Johann bei Wagram. Eine quellenkritische Untersuchung über die Verspätung des Erzherzogs Johann bei Wagram. In: Historische Studien, Heft 15, Berlin 1900.
Solomon, Maynard, Beethoven, München 1979.
Spork, Dietlinde, Die deutschen Flugschriften und Broschüren des Jahres 1848 in der Steiermark, Diss., Graz 1958.
Srbik, Heinrich v., Geist und Geschichte vom deutschen Humanismus bis zur Gegenwart, München–Salzburg 1950.
Ders., Metternich, Graz 1979.
Strallhofer, Peter, Erzherzog Johann und die Publizistik, Graz 1969.
Theiss, Viktor, Leben und Wirken Erzherzog Johanns. In: Forschungen zur geschichtlichen Landeskunde der Steiermark, Bd. 17, Graz 1960 und 1963.
Ders., Erzherzog Johann, der steirische Prinz. Ein Lebensbild, Illustr., Graz 1950.
Ders., Wiedersehen mit Frankfurt in der Zeitschrift des Historischen Vereines für Steiermark, Graz 1959.
Wandruszka, Adam, Leopold II. (2 Bände). Wien 1963 und 1965.
Ders., Das Haus Habsburg, Wien 1978.
Ders., Großdeutsche und kleindeutsche Ideologie 1840–1871 in Deutschland und Österreich (Hg. Robert A. Kann und Friedrich E. Prinz), Wien 1980.
Weigend-Abendroth, Friedrich, Der Reichsverräter am Rhein, Erzkanzler Carl von Dalberg, Stuttgart 1980.
Wiesflecker, Hermann, Das Zeitalter Erzherzog Johanns. In: Jahrbuch der Handelskammer Steiermark, Graz 1958.
Ders., Erzherzog Johann, ein Leben für die Steiermark, Graz 1959.
Wilfinger, Hans, Erzherzog Johann und Stainz, Stainz 1959.
Wurzbach, Constantin v., Biografisches Lexikon des Kaisertums Österreich, Wien 1855.
Zitzenbacher, Walter, Das große Steiermark-Buch, Wien 1980.
Ders., (Hg.), Landeschronik Steiermark, Wien 1988